오십에 읽는 손자병법

불확실한 삶을 대비하기 위한 2,500년의 전략

오십에 읽는 손자병법

ⓒ 최송목 2024

1판 1쇄 2024년 2월 28일
1판 13쇄 2024년 10월 7일

지은이 최송목
펴낸이 유경민 노종한
기획편집 유노북스 이현정 조혜진 권혜지 정현석 **유노라이프** 권순범 구혜진 **유노책주** 김세민 이지윤
기획마케팅 1팀 우현권 이상운 **2팀** 이선영 김승혜 최예은
디자인 남다희 홍진기 허정수
기획관리 차은영
펴낸곳 유노콘텐츠그룹 주식회사
법인등록번호 110111-8138128
주소 서울시 마포구 월드컵로20길 5, 4층
전화 02-323-7763 **팩스** 02-323-7764 **이메일** info@uknowbooks.com

ISBN 979-11-7183-011-4 (03140)

오십에 읽는 손자병법

兵法 孫子

불확실한 삶을
대비하기 위한
2,500년의 전략

최송목 지음

손자병법

유노
북스

인생의
다중 위험 구간을
순조롭게 나아가기 위해

흔히 나이 오십이라고 하면 '인생 절반'이라는 말을 많이 합니다. 아마도 100세 기준으로 절반이라는 의미겠죠. 말로는 절반이고 기대 수명도 100세라지만 오십이 되면 왠지 정점에서 기울어지는 듯한 느낌이 들고 미래에 대한 걱정이 앞서는 것은 어쩔 수 없는 것 같습니다.

오십은 다른 방향으로 변화하기 시작하는 일종의 변곡점이라고 볼 수 있습니다. 천천히 퇴직을 준비해야 하고 장차 자녀들 결혼도 시켜야 하며 직장과 사업에서 능력의 한계를 느끼게 되는 나이다 보니 미래의 정점도 어느 정도 보이기 시작합니다. 나이가 많아지니 몸도 여기저기 불편한 구석이 생깁니다. 시간은 다소 여유로워졌지만 남아돌아 생긴 여유가 아니라 살아온 세월의 익숙함으로 인한 관성과 세상이 호락호락하지 않음을 알고부터 줄어든 용기로 생긴 여유입니다.

이렇게 퇴직, 재취업, 사업, 부부, 자녀, 미래 걱정 등이 복잡하게 얽히고설키는 상황이 바로 오십 이후 우리가 마주하는 현실입니다. 그동안 봐 왔던 인생 선배, 우리 할아버지 할머니는 오십에 일찌감치 일선에서 물러나 쉬다가 돌아가셨는데 우리는 갑자기 늘어난 수명으로 본의 아니게 새로운 미래를 꾸려 가야 합니다.

오십부터는 위태롭지 않아야 한다

《손자병법》은 사실 전쟁의, 전쟁에 의한, 전쟁을 위한 전략서입니다. 미사일이나 탱크도 아니고 창칼을 쓰던 2,500년 전의 고전적 전쟁법입니다. 이런 고대 병법에 관심이 있어 인생 중반에 이 책을 펼치는 사람은 아무도 없을 것입니다. 더구나 지금은 전쟁 상황도 아니고 대다수 일반인이 군과 관련된 일을 하는 것도 아닙니다. 그렇다고 일반 비즈니스에《손자병법》을 바로 적용해 상대를 적으로 보고 싸워 이기는 법을 갈고닦는다고 한들 무슨 소용이 있겠습니까. 또 내용으로 말하자면 손자가 주장하는 핵심은 속임수와 기습인데 지금 같은 평화와 존중의 시대에 일상에서 그런 논리를 폈다가는 자칫 욕먹을 수도 있겠죠. 마치 마키아벨리의《군주론》을 예찬하는 것처럼 말이죠.

그래서 《손자병법》을 오십이라는 변곡점에서는 다른 시선으로 바라볼 필요가 있겠습니다. 제가 《손자병법》의 6,109자에서 주목한 단어는 "지피지기(知彼知己)"입니다. 1편 〈시계(始計)〉부터 13편 〈용간(用間)〉까지 지피지기가 스며 있지 않은 곳이 없습니다. 각 문장에서 이 단어를 직접 언급하기도 하고 생략하기도 하지만 지피지기는 《손자병법》 전편에 걸쳐 내재돼 있다고 봐도 무방하겠습니다.

그리고 흔히 이어지는 말이 "백전불태(百戰不殆)"입니다. 지피지기 백전불태는 '적을 알고 나를 알면 백 번 싸워도 위태롭지 않다'는 뜻입니다. 손자가 살았던 춘추 시대 말기는 국가 간 이합집산과 충돌이 잦았고, 능력 있는 사상가가 많았으며, 전략가들의 움직임이 매우 활발해 피아 구분이 모호했던 시기였습니다. 이런 혼돈의 시대 정신이 잘 반영된 전략이 지피지기 백전불태입니다. 손자는 이 책을 쓰면서 상대를 관찰하고 자신의 능력을 가늠하며 상황을 정리해 최후의 승자가 되는 방법을 생각한 것입니다. 즉 지피지기를 통해 상대방과 나를 알고 결과적으로 '살아남는' 것이죠. 지피지기는 수단이고 그에 따른 결과 또는 목표가 불태인 것입니다. 다른 말로 바꾸면 '흔들리는 세상에서 크고 작은 다툼이 있어도 끝까지 살아남는다는 것'입니다. 이때 위태롭지 않은 것이 승리보다 더 중요합니다.

오십의 인생도 2,500년 전 손자의 상황과 비슷한 양상으로 전개되는 것 같습니다. 어느 정도 인생의 성과가 축적돼 안정된 직장과 사업체, 재산이 있고 퇴근하면 돌아갈 가정이 있으며 주변에는 좋은 친구들이 있습니다. 하지만 이런 기반이 다시 중대한 전환기를 맞이하고 있습니다. 한마디로 오십은 다중 위험 구간에 진입한 것입니다. 앞으로 얻을 것보다는 잃을 것이 많은 오십의 지금 상황이 바로 손자가 지피지기로 불태를 필요로 했던 2,500년 전과 유사함을 보이고 있습니다.

따라서 우리는《손자병법》에 담긴 통찰과 지혜로 오십에 직면하는 다중 위험 구간을 순조롭게 뚫고 나아가야 하겠습니다. 마치 손자가 백 번 싸워도 위태롭지 않기 위해(百戰不殆, 백전불태) 지피지기를 통해 이길 수 있는 상황을 만들어 놓고 싸운 것(先勝求戰, 선승구전)과 맥을 같이한다고 볼 수 있습니다.

이런 전제하에 이 책에서는 지피지기를 근간으로 1장에서는 오십이라는 인생의 변곡점에서 가장 먼저 주목해야 할 것으로 변화를 꼽아 안과 밖의 상황을 파악했으며, 2장에서는 흔들리지 않기 위한 계산과 전략을 다뤘고, 3장에서는 주고받는 감정을 어떻게 다룰 것인가의 방법론을 살펴봤으며, 4장에서는 사람들과 지혜롭게 공존하기 위한 오십의 인간관계를 다뤘고, 5장에서는 자칫 나약하게 기울어질 수 있는 오십의 태도를 강세로 전환하는 멘털 통제법을 제시했습니다. 한마디로 오십부터는 나와 나를 둘러싼 상황의 변화에 맞춰 새로운 인생 전략을 마련해야 합니다. 그것이 오십의 불태 전략입니다.

그래서 저는 다음과 같이 희망하고 기대합니다. 여러분은 이 책을 통해 오십의 다중 위험 구간을 잘 통과할 수 있는 다각도의 지혜와 방법을 터득하게 될 것입니다. 상황의 변화에 여유롭게 대처할 수 있는 사고와 영감을 얻게 될 것입니다. 또 오십 대 이후의 불확실한 미래를 좀 더 여유롭고 편안한 마음으로 맞이할 수 있을 것입니다. 나아가 지금까지의 가치관에서 자신을 되돌아보고 상대를 들여다보면서 현명하게 사는 방법을 찾게 될 것입니다.

2,500년의 지혜가 담긴 현실적인 인생 전략

괜찮은 담배가 없듯이 괜찮은 전쟁은 없습니다. 담배는 무조건 해롭고 전쟁은 무조건 나쁩니다. 싸움은 자기에게 싫은 것을 남에게 강요하는 행위입니다. 이름과 규모만 다를 뿐 전쟁과 싸움은 본질이 같습니다. 손자 연구의 권위자 리링 교수는 《유일한 규칙》에서 "병법은 살인 예술이고 군인은 직업 킬러다"라고 했습니다. 모든 전쟁에 대규모 살인이 있었고 스파이가 활동했으며 속임수가 있었습니다. 하지만 기밀을 몰래 빼내거나 암살을 하는 행위는 아무리 조국을 위한 것이라고 해도 의롭다고 할 수 없으며 살인이 기본인 전쟁은 미화할 수 없습니다.

그런데 왜 인간은 과거에도 지금도 전쟁을 끊임없이 추구하고 있을까요? 금방 끝날 것 같던 우크라이나와 러시아 간 전쟁이 장기화되면서 양측에 애꿎은 죽음이 늘어나고 있습니다. 러시아는 병사 20만여 명이 사망해 죄수까지 동원하고 우크라이나는 병력 약 7만 명이 사망해 사십 대 국민까지 동원하는 실정입니다. 전쟁 초부터 당사국은 물론 세계 모든 국가가 말로는 평화니 휴머니즘 이니 외치고 있지만 죽고 죽이는 살상은 계속되고 있습니다.

인간이 전쟁을 하는 이유는 크게 두 가지로 볼 수 있습니다. 강자는 탐욕 때문에, 약자는 죽지 않기 위해 전쟁을 합니다. 치는 쪽은 상대방이 가진 것을 빼앗기 위해 인적·물적 자원을 총동원해 공격하고, 당하는 쪽은 죽기 싫으니 수단과 방법을 가리지 않고 살고 보자는 식으로 방어할 수밖에 없는 것이죠. 이긴 쪽은 많은 전리품과 무공 훈장과 무용담으로 잔칫집이지만 진 쪽은 수많은 죽음과 희생과 고통 속에서 신음해야 하는 지옥입니다.

대개 소규모로 시작되는 전쟁은 규모가 커지다 보면 양측 모두 수단과 방법을 가리지 않는 무서운 악마의 대결 양상을 띠게 됩니다. 그래서 가장 유효한 수단 방법으로 속임수와 기습이라는 기본 전략이 탄생했습니다. 가장 현실적인 수단 방법이기도 합니다. 손자가 '궤도(詭道)'라는 이름하에 전편에 걸쳐 다양한 속임수, 기만술, 교란술, 회피술, 기습 방법 등을 언급하고 강조한 이유입니다.

여기서 《손자병법》의 속임수를 문자 그대로 배우자는 것이 아닙니다. 예컨대 "상대를 흥분시켜 어지럽게 만들어라(怒而撓之, 노이요지)"를 뒤집어 보면 '상대가 나의 감정을 흔들어도 쉽사리

흥분하지 않는다'로 받아들일 수 있습니다. 또 "상대가 강할 때는 싸움을 피하라(强而避之, 강이피지)"를 달리 보면 '내가 강하면 상대가 함부로 싸움을 걸어 오지 않는다'로 해석할 수도 있습니다. 한마디로 손자의 속임수는 시대의 흐름을 반영할 수 있는 가장 효과적인 현실론이라고 볼 수 있습니다.

따라서 저는 이 책을 쓰면서 가능하다면 현대적 감각에 부합하는 적절한 생활 사례와 유연성 있는 접근을 통해 다원적 해설과 활용에 의미를 부여하려고 했습니다. 병법의 의미를 확장하고 비틀어 작게는 가정, 일상, 회사, 크게는 정치, 사회 분야에서 지피지기의 적용점과 전략적 시사점을 찾아보려는 시도입니다. 2,500년 전 손자의 통찰과 지혜가 나비처럼 훨훨 날아 현대를 살아가는 여러분의 가슴 모퉁이에 새로운 언어와 영감으로 살포시 내려앉기를 기대합니다.

차례

◉

1장
인생의 변곡점에서
가장 먼저 해야 할 것
오십의 변화 읽기

2장
흔들리지 않으려면
무엇을 바꿔야 하는가

오십의 계산과 전략

●

5장
내일은 어제와
무엇이 달라야 하는가

오십의 태도

15분 만에 이해하는 손자의 삶과 《손자병법》

손자는 누구인가

손자가 말씀하시기를 전쟁이란 국가의 큰일이다.

孫子 曰 兵者 國之大事

손자 왈 병자 국지대사

1편 〈시계〉

《손자병법》은 매 편이 '손자 왈' 이 세 글자로 시작됩니다. 이는 손자의 말을 듣고 누군가 받아 적은 것임을 뜻합니다. 손자 왈의 '손'은 성씨고 '자'는 존칭이며 '왈'은 '말한다'는 뜻으로 '공자 왈', '맹자 왈' 같은 쓰임새죠. '손 선생님이 말씀하시기를' 혹은 '손 선생님이 이렇게 말씀하셨다'는 표현입니다. 특히 존경하는 사람이나 스승의 말을 전할 때 많이 사용한 표현입니다. 그래서 주로 '손무'가 아닌 '손자'입니다. 결론적으로 손자와 손무는 같은 사람입니다.

손무의 자(字)는 장경(長卿)이며, 그는 춘추 시대 말기에 제나라의 낙안에서 태어나 주로 오나라에서 활동했던 장군이자 병법가입니다. 그가 태어나고 사망한 시기는 대략 공자와 같은 시기인 기원전 552년에서 기원전 479년으로 알려져 있습니다. 《사기》에 의하면 그의 조상인 진완은 본래 진(陳)나라 왕자였는데 33세가 되던 기원전 627년에 진나라에서 태자가 살해당하는 내란이 발생하자 제나라로 망명했습니다. 제나라 환공은 그에게 공정(工正)이라는 벼슬과 함께 전(田)씨 성을 주며 환대했고 진완의 5세손인 전서에 이르러서는 제나라의 대부가 됐습니다. 대부가 된 전서는 거나라와의 전쟁에서 큰 공을 세워 제경공으로부터 손(孫)씨 성과 낙안을 식읍으로 하사받았고 그의 아들이자 손무의 아버지인 손빙도 출사해 경(卿)의 지위에 올랐습니다. 그런데 왜 이렇게 자주 성씨가 바뀌었을까요? 당시 귀족만이 성을 가질 수 있는 시대였고 성을 부여받는 것이 영예로운 일이었기 때문입니다.

손자의 가계는 타국에서 이주해 온 신흥 세력이었지만 제나라에 깊이 뿌리를 내린 군사세가(軍事世家)가 됐습니다. 그렇게 손자는 정치, 군사와 관련된 다양한 지식과 정보에 노출된 환경에서 성장한 것으로 보입니다. 손자의 조부인 전서가 손씨로 바뀐 후에 손자 일가는 다른 전씨들과 관계가 점차 소원해졌고 토착 귀족 세력으로부터 정치적인 견제를 받았습니다. 이에 손자는 자신도 권력 투쟁의 희생양이 될 것을 우려해 남방의 신흥국 오나라로 망명했습니다.

《손자병법》이란 무엇인가

군웅이 할거하던 춘추 시대에는 100여 개 이상의 제후국이 패권을 다퉜습니다. 또한 유능한 인재들이 고국을 떠나 타국에서 장수나 관리로 등용돼 자신의 비전을 펼치는 것이 보편적인 상황이었습니다. 제후국 간의 치열한 패권 경쟁과 이합집산 과정에서 우위를 점하기 위해 제후들은 신분과 출신보다는 능력 위주로 인재를 등용할 수밖에 없었기에 능력만 갖추면 언제든지 발탁돼 재능을 발휘할 수 있는 시대였습니다.

이때 손자도 장수 전략가로서의 탁월함을 평가받고 증명하기 위해 《손자병법》을 저술했다고 볼 수 있습니다. 《동주 열국지》에 의하면 손자는 오나라 나부산에 은거하다가 우연히 사냥하러 온 오자서와 만나게 됐고, 기원전 515년 오자서는 개혁 군주로서 천하 패권을 꿈꾸던 오왕 합려에게 손자를 천거했습니다. 이후 합려는 손자의 병법 총 13편을 미리 읽고 궁중 여인들을 대상으로 손자의 실전 지휘 능력을 시험한 후에 장수(후일 상장군)로 등용했습니다.

손자가 살았던 춘추 시대 말기에는 100여 개국이 13개국으로 줄어드는 과정에서 무력에 의한 정치 방식인 패도(覇道) 정치가 보편화돼 있었습니다. 이때 패도 정치의 근간은 강력한 군사력이었고 국가 간 분쟁 해결의 수단은 원정이었습니다. 즉 묘산을 통해 원정 여부를 결정하고 장군을 선택하고 이동하고 교전하는 것이 보편적인 전쟁 개념이었습니다. 《손자병법》 전편의 내용이 원정에 맞춰진 이유입니다.

1편 〈시계〉에서 13편 〈용간〉까지 총 13편의 논리 구조와 기술 형식에 대해서는 학자마다 다양한 견해가 있습니다. 이를 종합해 보면 〈시계〉에서 최상위 개념으로 궤도(詭道) 개념을 제시하고 〈작전〉부터 〈화공〉까지의 총 11편에서는 궤도의 총론을 구현하기 위한 운용 개념을 수록했습니다. 마지막 〈용간〉은 전쟁 전반의 정보 전략 지원 개념으로 이해할 수 있겠습니다.

《손자병법》 총 13편을 현대적 감각과 언어로 이해하기 쉽게 정리하면 다음과 같습니다. 1편 〈시계(始計)〉는 전쟁을 치르기 전에 전쟁을 할지, 말지를 국내외의 여러 가지 상황을 종합해 추정하고 계산하고 결정하는 과정입니다. 말하자면 'To be or not to be'와 같습니다.

2편 〈작전(作戰)〉과 3편 〈모공(謀攻)〉은 전쟁을 하기로 결정한 후 전쟁 착수의 첫 단계로서 전체적인 전략을 수립하고 계획을 짜는 단계입니다. 이 단계에서는 국내외의 정치·경제 상황 등을 고려해 가능하면 무력 충돌 없이 외교나 협상으로 전쟁을 회피하는 것이 주 목표입니다.

4편 〈군형(軍形)〉과 5편 〈병세(兵勢)〉, 6편 〈허실(虛實)〉의 총 세 편은 군대 배치, 피아의 전력 분석을 통해 기회를 포착하는 단계로서 군사의 자산을 운용하는 방법을 다룹니다.

7편 〈군쟁(軍爭)〉부터 12편 〈화공(火攻)〉까지의 총 6편은 실제 전쟁 현장에서의 상황 대처법을 주로 다룹니다. 고대 전투의 특성

시점	구성	주제	내용	현대적 의미
전쟁 전	1. 시계(始計)	전쟁 여부 결정	국내외 정치·경제 상황 전반 추정, 검토, 추산을 통한 전쟁 여부 결정	국가 안전 보장 회의
전쟁 개시	2. 작전(作戰)	정치·경제를 기반으로 한 전체 전략 수립	속도 중심 작전, 간접·직접 공격, 국지전과 전면전 등 총체적인 전략 수립	합동 참모 회의
	3. 모공(謀攻)			
	4. 군형(軍形)	군사 자산 운용 전략	전투 준비, 병력 배치, 피아 전력 자산 분석을 통한 기회 포착	각군 참모 회의
	5. 병세(兵勢)			
	6. 허실(虛實)			
	7. 군쟁(軍爭)	전장에서의 실전 대응법	다양한 전투 상황 예측, 우발 상황 대처, 군대의 이동·주둔·지형 유형과 조건 분석 등	전투 현장 막사 회의
	8. 구변(九變)			
	9. 행군(行軍)			
	10. 지형(地形)			
	11. 구지(九地)			
	12. 화공(火攻)			
전쟁 전반	13. 용간(用間)	정보 전략	정보, 첩보 수집 활용법	특정 없음

상 현대전과는 무관한 부분이 많지만 자연 조건과 지형 지물의 기술적인 활용법은 재래식 무기를 사용하는 현대전에서도 여전히 유용합니다.

13편 〈용간(用間)〉은 전체적인 국가 전략의 근간으로서 정보의 중요성을 강조하며 스파이, 첩보를 통한 정보 수집과 활용법을 다룹니다.

《손자병법》은 어떻게 으뜸가는 병법서가 됐는가

역사서의 기록을 종합하면 손자는 기원전 512년(합려 3년)의 서(徐)나라와 종오 정벌, 기원전 511년(합려 4년)과 기원전 508년(합려 7년)의 초나라와의 국지전, 기원전 506년(합려 9년)의 초나라 원정 등에서 주도적인 역할을 수행한 것으로 보입니다. 즉 손자는 기원전 512년부터 기원전 504년까지 오왕 합려의 핵심 참모로서 원정의 개념을 설정하는 등 전략을 기획하고 이에 필요한 군사력을 키우는 데 기여했습니다. 손자는 8년이라는 비교적 짧은 기간에 탁월한 군사적 성과를 달성함으로써 자신이 《손자병법》에서 언급한 군사력 구축 및 운용 개념의 유용성을 증명했습니다.

《동주 열국지》에 따르면 손자는 은퇴 후 산중에 은둔하면서 자신의 실전 경험을 바탕으로 병법을 수정·보완했다고 합니다. 이렇게 완성된 《손자병법》은 전국 시대부터 진한 시대를 거치면서 오랫동안 전사(轉寫)·수정·증편돼 동한의 반고가 《한서예문지》를 저술할 때는 82편까지 늘어났습니다. 이를 삼국 시대의 위왕 조조가 13편으로 선별하고 정리해 주석을 붙인《손자약해》로 편찬했는데 보통《위무주손자》로 알려져 있습니다. 오늘날 우리가 보는 대부분의《손자병법》책들은 조조의《위무주손자》를 기초로 한 것이라고 보면 무방하겠습니다.

《손자병법》은 나폴레옹도 전쟁터에서 항상 휴대하고 애독했으며, 독일의 빌헬름 2세는 제1차 세계 대전에서 패한 후 이것을 읽고 "내가 20년 전에 이 책을 읽었더라면" 하고 한탄했다고 합니다. 오늘날 현대 군사 전략가로 명성이 높은 리델 하트도 자신이 지은 20여 권에 수록된 모든 전쟁의 원칙과 원리가 6,109자(송대의 판본에 따라 5,967자, 5,965자, 6,007자)의《손자병법》에 들어 있다고 고백했습니다.

《손자병법》의 총 13편은 전국 시대를 거쳐 한나라 때 크게 유행했습니다. 송나라 때부터는 '무경칠서(武經七書)'라 하며《손자》와 함께《오자》,《사마법》,《위료자》,《육도》,《삼략》,《이위공문대》의 7종을 묶어 편찬했는데 이 가운데《손자병법》을 으뜸으로 쳤습니다. 우리나라에서는 삼국 시대부터 고려를 거쳐 조선 왕조 말기에 이르기까지 역대로《손자병법》을 애독했고, 특히 조선 초기부터는 무관의 과거 시험에 필수 과목으로 선정됐습니다.《고려사》와《조선왕조실록》및 개인 문집 등의 사료를 보면 고려의 김방경과 최영, 조선의 유성룡, 이순신, 곽재우 등은《손자병법》을 깊이 이해하고 실전에 활용한 장수였음을 알 수 있습니다. 일본에는 우리나라를 거쳐 7세기경에 전파됐으며 18세기 이후에 는 영어, 프랑스어, 독일어 등으로 번역되면서 유럽 각국의 군사 학자가 탐독하는 명저가 됐습니다.

《손자병법》은 기업가들에게도 인기가 많습니다. 대표적인 일 본 기업 중 토요타, 소니, 소프트뱅크, 파나소닉 등은 자사의 경영 활동에 《손자병법》의 경쟁 법칙을 적용한 바 있습니다. 한국계 일 본인인 소프트뱅크의 사장 손정의는 자신의 성공 비결이 《손자병 법》이라고 했습니다. 《손정의의 선택》에 의하면, 그는 손자가 성 공적인 전략을 실행할 수 있었던 '오사칠계(五事七計)'를 기반으 로 경영 전략을 도입했습니다. 오사칠계란 전력의 기본적인 다섯 가지 요소(道天地將法, 도·천·지·장·법)와 일곱 가지 기준의 비교 분석을 통해 능력 차이를 객관적으로 가늠해 승산이 있는지를 판 단하는 것을 말합니다. 이외에도 마이크로소프트의 창립자 빌 게 이츠, 페이스북(현 메타)의 창립자 마크 저커버그 등 미국 기업인 들이 경영 전략에 《손자병법》을 도입한 적이 있다고 밝혔습니다.

《손자병법》과 다른 병법서의 차이

손자 연구의 권위자인 리링 교수의 《유일한 규칙》에 의하면, 병 법서에서는 주체와 객체가 구분되고 공격과 수비가 있습니다. 이 때 손자는 공격을 중시하고 묵자는 수비를 중시한다는 점에서 서로 다룹니다. 묵자는 초나라의 공격을 아홉 번이나 굳게 지켜 낸 수비의 달인이자 침략을 자제(非攻, 비공)하고 겸애를 주장한 평화주의자입니다.

나폴레옹 시대 프로이센 출신의 탁월한 군사 전략가이자《전쟁론》의 저자인 클라우제비츠는 힘을 중시했으며 협상보다 전쟁을 우선시했습니다. 반면 손자는 전략을 중시했으며 웬만하면 협상이나 책략으로 전쟁을 대신하려 했고 전쟁은 최후의 수단으로 삼았습니다. 한편 손자와 클라우제비츠의 병법이 모두 정규전을 염두에 두고 있다면 마오쩌둥의 병법은 게릴라전, 비밀 작전, 테러 파괴 공작, 심리전 등의 비정규전이라고 할 수 있습니다. 이런 비정규전과 시간을 끌면서 버티는 지구전은 모두 약자의 전략으로 상대를 속이는 것을 강조합니다.

《손자병법》의 세 가지 특징

일반 서적의 글자 수가 300페이지 기준으로 대략 15만 자인 점을 감안하면《손자병법》은 불과 6,000자 정도로 거의 소책자에 가깝다고 할 수 있겠습니다. 워낙 분량이 적다 보니 주석과 해설을 곁들여 읽는다고 해도 만만해 보입니다. 그래서 누구나 단시간에 쉽게 독파할 수 있습니다. '몇백 번을 읽었다', '수천 번을 독파했다'는 말들이 괜히 나온 것이 아닌 듯 싶습니다. 하지만 여기에 간과하기 쉬운 함정이 하나 있습니다. 바로 단숨에 읽을 수 있다는 만

만함 때문에 《손자병법》을 눈으로만 읽을 경우 그 안에 숨겨진 깊은 통찰과 지혜를 놓칠 수 있다는 것입니다. 글자에 집착해 본질을 보지 못하고, 표면을 보느라 내면을 놓칠 수 있죠. 이런 점을 염두에 두고 《손자병법》의 특징을 몇 가지 살펴보겠습니다.

《손자병법》은 대전략이다

현대의 전쟁은 총력전입니다. 이는 나폴레옹 시대부터 나타난 현상으로, 군인과 민간의 경계가 무너졌고 군사 수단과 비군사 수단이 복합적으로 쓰이고 있습니다. 클라우제비츠의 《전쟁론》은 이 점에 주목해 '전쟁은 정치의 연속'이라는 설을 제시했습니다. 전략이 '대전략'으로 변한 것인데, 《손자병법》 또한 다루는 범위가 매우 넓습니다. 군주와 장수의 관계를 논하고 군인과 민간의 관계를 논하며 군대 부역과 출병의 관계를 논합니다. 또 책략과 교류와 군대를 정벌하는 일의 상호 관련성을 논했습니다. 따라서 손자의 전략 역시 대전략(Grand Strategy)입니다.

《손자병법》은 논리적이다

어떤 주제의 글이든 시대 정신과 작가만의 독특한 사상이 배기 마련입니다. 손자는 병법의 이름으로 그의 철학과 사상을 《손자병법》에 심었습니다. 병법서로 출발했지만 인문학을 담았고 철학을 담았고 자신의 사상을 담았습니다. 그래서 많은 해설이 있습니다. 그중 국방대학교 국방관리대학원 박재일의 논문 '《손자병법》의 性格에 관한 연구'를 중심으로 살펴보도록 하겠습니다.

손자의 용병은 '궤도'를 최상위 기본 개념으로 삼고 있습니다. 궤도는 기만, 교란 등의 여건을 마련하고 적절한 시간, 장소, 방법을 선택해 기습하는 개념입니다. 그 하위 개념을 크게 네 가지로 정리할 수 있습니다. 바로 전승(全勝), 선승(先勝), 속승(速勝), 필승(必勝)입니다.

그중 전승은 벌모(伐謀), 벌교(伐交)로 이어지는 정치·외교적 책략으로, 가능한 무력 충돌 없이 '온전하게' 승리하는 것을 최상의 목표로 하는 '최소 피해, 최대 효과'의 승리 개념입니다. (〈시계〉, 〈작전〉, 〈모공〉, 〈용간〉)

선승은 군사력의 압도적인 우위로 비대칭적 여건을 조성함으로써 미리 이겨 놓고 싸우는 "선승구전(先勝求戰)"의 용병 개념입니다. (〈군형〉, 〈병세〉, 〈허실〉)

속승은 기만에 기초해 적이 예상하지 못하는 비대칭적인 군사력으로 신속하게 공격하고 대응이 불가능하게 하는 속전속결 전략입니다. (〈군쟁〉, 〈구변〉, 〈구지〉)

필승은 피아의 상황, 지형, 기상 조건을 숙지하고 적의 의도에 부합하는 승리 요건을 조성한 다음 적의 약점에 아군의 전투력을 집중하면 반드시 승리한다는 개념입니다. (〈행군〉, 〈지형〉)

《손자병법》은 이 네 가지 개념을 근간으로 하며 용병의 단계별로 하향식 논리 구조로 구성돼 있습니다. 다른 한편 원정의 수행 단계별로 보면 원정 결심→원정 준비→이동→교전으로 구성돼 있습니다.

《손자병법》은 함축적이다

일반 서적이 대략 15만 자 내외라는 점을 감안할 때 손자의 6,000자는 그것의 4퍼센트 분량입니다. 그나마도 당시의 자연 지리와 지형을 활용하는 기술적인 부분의 여섯 편(〈군쟁〉, 〈구변〉, 〈행군〉, 〈지형〉, 〈구지〉, 〈화공〉)을 빼면 실제로 현대인과 맞닿는 부분은 7편 분량뿐입니다. 이렇게 되면 실제 활용 가능한 분량은 일반 서적의 2퍼센트 정도로 줄어듭니다. 전문 작가라면 하루아침에 원고를 마감해도 될 수준의 미니북이죠. 이렇게 짧은 문장으로 구성된 얇은 책이다 보니 독자가 알아서 생각하고 알아서 자기 상황에 대입해 상상할 수밖에 없습니다. 《손자병법》은 2,500년 후의 현대인도 원문을 자의적으로 해석하고 현재 자기 상황에 맞게 적용할 수 있는 여유를 주고 있습니다.

또 《손자병법》의 글은 불친절합니다. 차근차근 설명해 주지 않습니다. 툭 던져 놓듯이 쓴 글입니다. 종이가 없던 시절이라 죽편에 자기 생각을 압축 표현하다 보니 어쩔 수 없었을 것입니다. 압축의 단문은 독자로 하여금 여러 가지 해석을 낳습니다. 그래서 수백 편의 해설서가 나오고 원본보다 해설이 긴 책이 많죠.

《손자병법》은 문장이 간결합니다. 시가 아니지만 시처럼 짧습니다. 학문적으로나 논리적으로 혼란을 줄 소지가 다분합니다. 지금 시대의 독자가 보면 해석이 모호할 수 있으니 분명 단점이겠죠. 그러나 한편으로 독자의 다양한 상상을 수용할 수 있으니 서로 다른 시각을 가진 독자를 받아들일 수 있다는 강점이 있습니다. 단문의 역설입니다. 그래서 사람들은 각자의 생각으로 《손자병법》을 이해하고 받아들이고 열광합니다. 자의적인 해석으로 상상의 폭을 넓힙니다.

결론적으로 《손자병법》은 전쟁이라는 한정된 상황에서의 전술 지휘법이 담긴 전략서로 출발했지만 인간을 깊이 있게 이해하고, 전쟁의 복합적인 요소들의 본질을 꿰뚫어 보고, 세부적인 전술뿐만 아니라 전쟁과 관련한 외교, 정치, 심리, 천문, 지리 등도 같이 언급함으로써 내용 전반을 총체적 전략, 즉 '대전략' 수준으로 끌어올렸습니다. 또한 전체적인 구성이 매우 체계적이고 논리적이며 정교합니다. 짧은 단문으로 다양한 해설의 여지가 있는 것이 오히려 장점으로 작용하며 현실을 통찰해 지혜를 모으고 풍부한 상상력과 영감을 불러오는 데 도움이 됩니다.

1장

인생의 변곡점에서
가장 먼저
해야 할 것

【 오십의 변화 읽기 】

상황에 맞춰
나를 바꾼다

【 변중변 】

소리의 기본은 다섯 가지지만 이것이 변하면
모두를 다 청취하기가 불가능하다.
색의 기본은 다섯 가지지만 이것이 변하면
모두를 다 관찰하기가 불가능하다.

聲不過五 五聲之變 不可勝聽也 色不過五 五色之變 不可勝觀也
성불과오 오성지변 불가승청야 색불과오 오색지변 불가승관야

5편 〈병세〉

이제 여러분에게도 인생의 오후가 시작되고 있습니다. 몸도 건
강하고 전문성도 최고점인 지금, 여러분의 가치는 여전히 그대로
고 마음도 아직 청춘인데 사회는 그렇게 생각하지 않는 것 같습니
다. 인생의 오후에는 사회가 보는 나의 가치가 갑자기 떨어집니

다. 나이 오십을 넘고 육십을 넘기면 받아 주는 곳이 줄고 일을 한다고 하더라도 소득이 절반으로 감소하기 시작합니다. 사회가 보는 나의 가치가 급락하면서 내가 생각하는 나의 가치와 큰 갭이 생기기 시작합니다. 인생 오후의 큰 낙차를 절감하기 시작하죠.

자녀가 같이 있다가 출가하고, 부모님이 계시다가 안 계시고, 직장이 있다가 없어지고, 월급이 꼬박꼬박 들어오다가 뚝 끊기고, 배우자가 곁에 있다가 없어지는 시기의 시작입니다. 미래에셋자산운용의 고문 김경록의 표현에 의하면 '1에서 0으로의 디지털적 변화'가 시작되는 변곡점입니다. 앞으로 여러분에게 구체적으로 어떤 변화가 찾아올까요?

변화의 한가운데에 선 오십

먼저 하루가 다르게 바뀌는 몸의 변화입니다. 멀쩡하던 허리와 어깨가 가끔씩 아프고, 어제 먹고 오늘 또 먹어도 아침이면 끄떡 없던 소주도 이제는 내일이 걱정돼 조심스러워집니다. 버스와 전철에서도 자리 같은 것은 안중에도 없었는데 어느 날부터인가 빈자리에 자꾸 눈이 갑니다. 그뿐입니까? 활자가 작아진 것도 아닌데 신문이 잘 안 읽히고 흐릿하게 보입니다. 약은 어떻습니까? 예방 차원에서 먹어도 그만 안 먹어도 그만이던 비타민 같은 영양제가 이제는 반드시 먹어야 사는 고혈압, 고지혈증의 치료제로 바뀌어 갑니다.

마음은 어떻습니까? 젊었을 때부터 꿈꿨던 일들을 못다 이뤄 아쉽습니다. 어느 정도 이뤘다고 해도 괜스레 밀려오는 공허한 마음은 어쩔 수 없는 것 같습니다. 마음의 변화가 일어나는 시기입니다. 솔로몬 왕의 유명한 말 가운데 다음 같은 말이 있습니다.

"헛되고 헛되니 모든 것이 헛되도다!"

솔로몬은 범상치 않은 지혜로 명성을 얻었을 뿐 아니라 온갖 종류의 막대한 재물을 쌓았습니다. 안 해 본 것 없고 못다 이룬 것 없는 솔로몬조차 이렇게 한탄했는데 지금의 우리야 말할 나위가 있겠습니까?

통상 부부가 오십을 넘으면 결혼 생활 20년 차에서 30년 차에 도달해 물리적으로 관계의 한계에 봉착합니다. 오랜 기간 같이 살다 보면 익숙해지는 것도 있지만 지겨운 감정도 생겨납니다. 애틋한 대화도 나눠 본 지가 언제인지 가물가물합니다. 그래서인지 그동안 드러내지 않았던 불만으로 부부 갈등이 발생하기 시작합니다. 자식이 어릴 때는 애들 눈치라도 봤지만 이제는 그런 완충 지대조차도 없어졌습니다. 3년 차에서 10년 차에 찾아왔던 권태기와는 원인과 차원이 다릅니다.

부모 자식 관계에도 변화가 찾아옵니다. 50세 이상이라면 자식도 많게는 30세, 적게는 초등학생으로 장성하거나 사춘기의 나이

일 테니 이때쯤은 아들딸이 각자의 정체성과 독자적인 발언, 생활권을 확보하려고 드는 시기입니다. 그 때문에 이제까지 슬하 어린애로만 보이던 자녀들이 부모에게 대등한 관계 설정을 요구하거나 반항합니다. 부모와 자식이 수직 관계에서 수평 관계로 전환되는 변곡점입니다. 아이들은 벗어나려고 하고 부모는 지금까지 행했던 지배와 소유권을 지키려고 할 것입니다. 가족 구조의 변화가 갈등을 만듭니다. 이때 일어나는 갈등은 우연이 아니라 예고돼 있던 필연적 갈등입니다. 피할 것이 아니라 해결해야 할 변화입니다.

오십 이전까지는 주로 비즈니스 위주의 인간관계, 세월 위주의 친구 관계를 유지했을 것입니다. 물 흐르는 대로 관계를 형성한 것이죠. 초중고등학교와 대학교, 고향, 친족, 직장, 사업 등으로 주어진 인간관계입니다. 이런 관계에서는 대개 물리적인 힘, 즉 돈이 별로 없다거나 몸이 쇠락해지거나 생활 패턴과 삶의 철학이 바뀌면 서로에게 자연스럽게 소원해지고 우정도 식어 갑니다. 우정도 식물처럼 물을 주고 가꿔야 하는데 내가 가만히 있으니 저쪽도 가만히, 그러다 보니 우정도 시들시들 풀 죽어 가기 시작합니다. 우정도 위태로워지는 변곡점에 들어섰습니다.

그리고 인간이라면 피할 수 없는 주제, 바로 죽음에 대한 생각이 변화합니다. 오십 줄에 접어들면 주변 지인들이 지병이나 사고로 죽었다는 소식을 드물게 접하기 시작합니다. 어릴 적 할아버지, 할머니가 돌아가시고 한참을 남의 일로만 생각했던 죽음을 가까운 친구나 지인들로부터 접하게 되면 '내게도 언젠가 올 수 있는 문제구나' 하는 생각이 듭니다. 내가 내일 갑자기 죽을 수도 있다는 가능성과 앞으로 30년, 더 나아가 100세 넘어서까지 살 수도 있을 것이라는 기대를 동시에 생각하면서 살아가는 것이죠.

어떻게 보면 인간의 노년은 심장 마비처럼 갑작스러운 죽음이 아닌 이상 자녀들에게 짐이 될 수 있습니다. 질병, 사고, 병원, 간병으로 이어지는 예측 가능한 일련의 로드 맵입니다. 내가 내 몸을 마음대로 움직이지 못하는 시기가 길 수도 짧을 수도 있지만 이런 순간은 언젠가 반드시 옵니다. 그때 주변인이나 남은 가족들에게 가벼운 짐이 되도록 미리미리 준비하는 것이 합리적이라고 생각합니다. 몸 건강, 정신 건강, 재산 문제를 포함해 살아온 궤적의 전반적인 문제들을 정리하고 재설정하는 것이죠.

마지막으로 살펴봐야 할 부분은 세상의 트렌드 변화입니다. 지금까지가 내부 변화였다면 이 문제는 외부 변화입니다. 서울대학교 교수 김난도는 《트렌드 코리아 2024》에서 2024년의 대표적 키워드로 '분초사회'를 꼽았습니다. 분초사회는 시간의 효율성을 극대화하기 위해 분초를 다투며 산다는 의미입니다. 시간 대비 얼마나 효과적인 경험을 가져다주는지를 중요하게 생각해야 한다는 것이죠.

또 다른 이슈는 '슈링코노믹스(shrink+economics, 축소 경제)'가 한국에서도 현실이 되고 있다는 점입니다. '인구 감소→지역 경제 붕괴→거주민 이탈→인구 감소'로 이어지는 악순환입니다. 이 밖에도 솔로 이코노미(solo economy, 1인 가구 경제), 노령화 등 여러 이슈가 있겠습니다만 거시적인 사회·경제의 변화에 딱히 어떤 영향력을 행사하자거나 거창한 사업 아이템을 거론하자는 것이 아닙니다. 다만 일기 예보를 보고 우산을 챙기는 정도의 마음은 가져야 비바람을 피할 수 있지 않을까 하는 차원의 살핌입니다.

우리는 이제 세 가지의 눈으로 세상을 바라봐야 합니다. 바로 곤충의 눈, 새의 눈, 물고기의 눈입니다. 곤충의 눈을 통해 입체적으로 보고, 새의 눈을 통해 높은 곳에서 보고, 물고기의 눈을 통해 물결, 즉 시대의 흐름을 파악하는 것입니다. '현장형 미래 전문가' 홍성국의 《수축사회》에서 말하는 "거대한 대전환"의 이 시대에 세상을 보는 눈입니다.

변화할 것인가 낙오될 것인가

지금까지 살펴본 부부 관계부터 자식 관계, 친구 관계, 죽음에 대한 생각, 세상의 트렌드까지 어느 것 하나 가볍게 넘길 수 없는 주제입니다. 비단 이것뿐이겠습니까? 언급한 내용 외에도 우리를 둘러싼 다양한 변화가 수없이 많습니다. 한마디로 오십이 됐다는 것은 온갖 새로운 변화와 혼란이 예견되는 다중 위험 구간에 진입한 것이라고 할 수 있습니다.

"가만히 있으면 중간이라도 간다"라는 속담이 있습니다. 함부로 경거망동 말라는 뜻이기도 하고, 함부로 변화하면 힘들어질 수도 있다는 말이겠죠. 지금까지는 나이 들면 가만히 있는 것이 하나의 덕목이었고 살던 대로 살면서 나이 듦을 순순히 받아들이고 노쇠에 순응하는 것이 맞는 태도였습니다. 하지만 지금부터는 좀 달라져야 할 것 같습니다. 인류 역사상 최초로 노령 인구가 청년의 수를 넘어서는 시대, 즉 '슈퍼 에이지'라는 새로운 시대가 오고 있습니다. 정년 개념에도 변화가 일어나고 '그랜플루언서(Granfluencer)' 같은 노년의 활동도 늘어나면서 할머니, 할아버지 들의 활동이 살아나고 있습니다. 새삼 젊어진다는 말이 아니라 노화가 천천히 진행됨에 따라 지레 노인이 되거나 또는 함부로 노인 행세하기가 어려워지고 있다는 말입니다. 가만히 있으면 중간이라도 가는 것이 아니라 가만히 있으면 낙오자가 되는 것이죠.

퇴직을 앞둔 사람들이 흔히 주고받는 전형적인 대화가 있습니다.

"요즘 어떻게 지내나?"
"응, 그냥 이것저것 생각하는 중이야."

물론 퇴직 준비를 위한 시간이 따로 주어지는 것도 아니고 개인차가 있기는 하지만 익숙한 생활에 젖어 지내다 보면 어느덧 정년을 맞이합니다. 그때는 이미 늦었죠. 평소 안락한 생활을 하다 보면 금방 다가올 퇴직 후의 낭떠러지를 감지하지 못할 수도 있습니다.

그래서 저는 앞서 "가만히 있으면 중간이라도 간다"라는 속담을 '가만히 있으면 낭떨어지다'로 바꾸면 어떨까 싶습니다. 아차 하는 순간 이미 늦습니다.

이제부터 여러분이 갈 길은 앞서간 인생 선배들조차도 잘 모르는, 누구도 경험해 보지 못한 초행길입니다. 과거에 반복됐던 경험과 학습 효과는 더 이상 동일하게 작동하지 않습니다. 과거가 미래의 안내자 구실을 못합니다. 지금까지 여러분이 익숙하게 처리해 온 과거와는 전혀 다른 미래입니다. 어느 날 식당에 밥 먹으러 갔는데 갑자기 점원 대신 키오스크가 나타난 것처럼 말이죠.

상대의 변화와 상황에 맞춰 승리를 쟁취하라.
能因敵變化而取勝
능인적변화이취승

6편 〈허실〉

《손자병법》에 나오는 말입니다. 이때 '변(變)'은 혼자 변화하는 것이 아니라 상대의 변화에 따라 나를 변화하는 '변중변(變中變)'이어야 합니다. 즉 상대도 움직이고 나도 움직이는 상황에서 지피지기를 통한 '변화'입니다.

"변화하지 않으면 추락한다. 변화해도 추락한다."

한국 단색화의 거장 박서보가 남긴 비문(碑文)입니다. 끊임없이 변화를 모색해야 하지만 잘못 변화해도 추락한다는 뜻입니다.

'변중변(變中變)'의 움직이는 타깃을 맞추려면 지금까지와는 다른 눈과 다른 긴장감으로 변화를 맞이해야 합니다. 그렇다고 무작정 변화하거나 움직이면 위험합니다. 그래서 기준이 되는 희망과 목표가 필요합니다. 과거와는 조금 다른 희망과 목표입니다. 지금까지 추구했던 근사하고 담대한 목표와는 다르게 소박한 색깔의 희망과 목표와 철학입니다. 마치 박서보의 단색화처럼 말이죠.

요즘 시중의 책, 강연, 유튜브, 단톡방, SNS에는 '나를 찾자', '곱게 나이 들자', '실컷 즐기자', '사는 대로 살자' 등 별의별 구호, 철학, 좋은 말씀이 난무합니다. 오십에 들어서니 유독 이런 말들이 눈에 띕니다. 아마도 이런 것이 보이는 나이라서 그럴 테죠. 그런데 이 말 들으면 이 말이 맞는 말 같고, 저 말 들으면 저 말이 맞는 것 같습니다. 제가 팔랑귀라서 그런 것일까요? 아무튼 본인도 하지 못한 일이지만 남들이라도 잘해 보라는 뜻으로 하는 말이라고 해석해 봅니다. 어쨌든 날마다 보이고 쌓이는 것이 좋은 말씀입니다. 이제 행동으로 실행에 옮기는 일만 남았습니다.

"가만히 있으면 변하는 것이 없어. 어떡하냐고 고민만 하는 것이 아니라 해결을 해야지."

지금 이 순간 딱 맞는 말입니다. 귀신 같은 야구 전략으로 야구의 신, '야신'으로 통하는 김성근 감독이 최근 내놓은 에세이집《인생은 순간이다》에서 한 말입니다. 2024년 현재 83세인 김성근, 그는 아직도 펑고를 치는 현역입니다.

결론적으로 '변중변 지피지기'입니다. 제가 말씀드리는 '변화'란 단순히 상대를 알고 나를 아는 것의 변화가 아닙니다. 그것으로는 백전불태를 하기에 2퍼센트 모자랍니다. 상대와 나를 아는 것에 그치지 않고 주변 상황까지 감안해서 변해야 합니다. 손자는 〈지형〉에서 "지형과 상황이 달라지면 태도와 행동도 달라져야 한다"라고 했습니다. 상대의 변화와 상황의 변화에 따라 나를 변화해야 합니다. 나아가 잘 변화하고 좋은 방향으로 변화해야 합니다. 그래야 안전하고 위태롭지 않습니다.

위태롭지 않은 것이
최상이다

【 불태 】

적을 알고 나를 알면 백 번 싸워도 위태롭지 않다.
적의 상황을 모르고 내 상황만 알고 있다면
한 번은 승리하고 한 번은 패배한다.
적의 상황을 모르고 내 상황도 모르면
매번 전쟁을 할 때마다 반드시 위태로워진다.

知彼知己 百戰不殆 不知彼而知己 一勝一負 不知彼不知己 每戰必殆
지피지기 백전불태 부지피이지기 일승일부 부지피부지기 매전필태

3편〈모공〉

"지피지기 백전백승(知彼知己 百戰百勝)"은 흔히 쓰는 말입니다. 한 번쯤 다 들어 봤고 한자를 몰라도 뜻은 대충 알고 있습니다. 그런데 사실 정확한 원문은 '백전백승'이 아니라 '백전불태(百

戰不殆)'입니다. 저도 《손자병법》을 접하기 전까지는 '지피지기 백전백승'인 줄 알았습니다. 단순한 이 두 글자 차이에는 엄청난 '다름'이 숨어 있습니다. 《손자병법》의 〈모공〉에 나오는 이 말은 백 번 싸워 백 번을 이기는 것이 아니라 백 번의 전쟁을 치러도 위태롭지 않다는 것을 뜻하죠.

두 글자 차이에 담긴 인생의 진리

수많은 전쟁을 치르다 보면 전쟁은 이겨도 장수가 죽을 수도 있고, 정치 권력이 무너질 수도 있고, 나라 자체가 망할 수도 있습니다. 그러므로 손자가 말하는 백전불태는 수많은 전쟁을 겪더라도 아군의 피해가 거의 없거나 경제적 기반이 흔들리지 않고 정권도 온전히 유지되는 상태를 말합니다. 즉 끄떡없는 시스템을 뜻합니다. 싸움에 이기고도 망할 수 있다는 것이 잘 납득이 가지 않겠죠. 하지만 전쟁은 물자, 사람, 시스템 등 국가의 전체적인 힘을 쏟아붓는 총력전이므로 이기고도 지치거나 망할 수 있습니다. 불태의 실패, 즉 '승자의 저주'입니다.

승자의 저주는 세 명의 기술자 케이펜, 클랩, 캠벨이 1971년 발표한 논문에 처음 등장합니다. 석유 회사들이 채굴권을 얻기 위해 경매를 했는데, 경매가 종료된 후 경매에 승리한 기업이 사후에 오히려 손해를 보는 역설적 현상이 발생한 것입니다. 이 같은 상황이 승자에게 내려진 저주 같다고 해서 '승자의 저주'라고 불리게 됐습니다. 최근에는 기업 인수 합병(M&A) 등 다양한 사회적 현상에도 사용되고 있습니다.

고전적이고 대표적인 전쟁 사례로는 '피로스의 승리'가 있습니다. 그리스 북부 에피루스 지방의 왕 피로스 1세는 로마와의 전투에서 연전연승을 거뒀으나 연속적인 작은 전쟁의 승리감에 도취돼 인심을 잃고 주변에 적을 너무 많이 만들어 결국 큰 전쟁에서 패배했습니다.

항우도 싸움에서 이기고도 불태에 실패했습니다. 항우는 천부적인 군사적 능력과 용맹함을 바탕으로 거병 후 고작 2년 만에 중국을 제패하고 패왕으로 군림합니다. 몇천 명의 병사로 수십만 대군을 패주시키거나 단신으로 기병 수백여 명을 쓸어 버리는 등 기록만 보면 무협지를 보고 있다고 착각할 지경입니다. 팽성 대전에서는 고작 3만의 군사로 56만 대군과 맞붙어 아군에게는 별다른 피해 없이 적군 30만 명을 일방적으로 초토화시켰습니다. 이는 전 세계 전쟁사를 통틀어 그 유례를 찾아보기 힘든 케이스입니다.

몰락한 귀공자 출신의 항우는 자신의 무용과 카리스마로 순식간에 천하를 석권하고 정점에 올랐으나 군주로서의 정치 능력 부족으로 몰락했습니다. 그의 생애는 한마디로 드라마틱합니다. 패왕(霸王), 만인지적(萬人之敵), 역발산기개세(力拔山氣蓋世) 등은 모두 항우로부터 유래한 말입니다. 지금도 그는 용맹한 장수와 힘의 아이콘으로 남아 있죠. 31세의 짧은 일생 동안 상상을 초월하는 강렬한 힘과 개성, 포스를 떨치고 우미인과의 로맨스 등 많은 이야기를 남긴 그는 《초한지》, 〈패왕별희〉 등 다양한 작품의 영감이 됐고 '영웅호걸', '최강의 사나이', '짧고 굵게 살다 간 사나이'의 대명사로서 2,200년이 지난 지금도 많은 이야깃거리를 던져 주고 있습니다.

70여 차례의 전투에서 단 한 번도 패하지 않았던 항우지만, 해하 전투에서 최초이자 최후의 패배를 당하며 그의 삶은 죽음으로 허무하게 끝났습니다. 이 지점이 바로 손자가 백전백승이 아니라 백전불태를 주장하는 핵심적인 이유입니다. 수많은 승리, 공들여 쌓아 올린 탑이 단 한 번의 패배로 날아가 버리는 것을 경계하자는 것입니다.

백승이라는 환상보다 중요한 것

현대를 살아가는 우리도 사소한 일이든 뭐든 시도하면서 살아갑니다. 꼭 거창한 도전이 아니라도 취업 면접이나 자격시험을 본다거나 프로젝트를 진행합니다. 이때 우리는 그런 일들이 어느 정도의 승률을 기록했는지 생각해 볼 필요가 있습니다. 합격과 불합격, 당선, 탈락, 점수 몇 점 등 명확한 등급이나 수치로 승패가 뚜렷한 것도 있지만 만족, 불만족 등으로 비계량적인 것도 있습니다. 여러분의 승률은 어느 정도 됩니까? 당연히 백전백승은 없을 것이고 아마 절반의 승리도 달성하기 어려웠을 것입니다.

객관적인 승률의 좋은 사례로 야구를 이야기해 보겠습니다. KBO리그는 2015년 이후 타율이 0.290 이상이면 일단 준수한 타자로 평가하고, 0.310 이상이면 팀 내 핵심 타자로, 0.360 이상이면 리그를 지배하는 최고 수준의 타자로 평가합니다. 만약 4할, 즉 40퍼센트 이상의 타율이면 전설이라고 합니다. 그러니 누가 백전백승이라고 얘기한다면 아무도 믿지 않을 것입니다. 그냥 허풍이겠거니 흘려버리겠죠. 하물며 죽고 사는 전쟁터에서 100퍼센트 전승인 백전백승을 기대하는 것은 어불성설입니다. 가정 자체가 잘못됐고 확률적으로도 있을 수 없는 환상이죠. 아무리 적게 잡아도 한두 번은 패할 수 있기 때문입니다.

결론적으로 실전에서 백전백승은 없습니다. 그래서 손자는 백번의 싸움에서 한두 번, 열 번, 20번, 설령 완패하더라도 결코 무너지지 않고 끄떡없는 상태를 유지하는 것이 최상이라는 의미로 불태라는 단어를 선택했습니다. 이기는 것보다 위태롭지 않은 것이 현실적으로 최상의 전략이라고 본 것이죠.

기왕 스포츠 이야기를 했으니 스포츠 스타들의 사례를 살펴보겠습니다. 미국의 프로 야구팀 샌디에이고 파드리스의 2루수 이안 킨슬러가 메이저 리그 통산 성적 1,888경기 타율 2할 6푼 9리(7,423타수 1,999안타)로 2,000안타를 단 1타 남겨 두고 은퇴를 선언했습니다. 그에 앞서 워싱턴 세네터스의 역사상 최고의 타자 샘 라이스는 2,987안타로 3,000안타에서 단 13타 남겨 두고 커리어를 마쳤습니다. 이 둘은 왜 대기록을 눈앞에 두고 아쉽게 은퇴를 선언했을까요? 정말 아깝습니다.

한국 축구의 전설 차범근은 1972년 20세의 나이로 최연소 국가대표에 뽑히고 '독일 분데스리가의 갈색 폭격기', '차붐'이라는 별명을 얻으며 독일 팬들의 사랑을 받았던 축구계의 전설입니다. 국제축구역사통계연맹(IFFHS)은 그를 '20세기 아시아 선수'로도 선정했습니다. 그는 리그 통산 98골을 기록하며 돌연 은퇴했습니다. 왜 단 2골을 눈앞에 두고 100골의 문턱에서 은퇴를 선언했을까요?

이번에는 죽음을 넘나드는 검객 이야기입니다. 미야모토 무사시는 일본의 전설적인 검객입니다. 전국의 고수와 60여 차례의 진검 승부를 벌이며 '도장 깨기'를 하는 동안 단 한 번도 패한 적이 없습니다. 하지만 29세 이후 더는 검술 시합을 벌이지 않았습니다. 왜 갑자기 멈췄을까요? 29세라면 젊고 혈기도 왕성했을 텐데 말이죠. 단언할 수는 없지만 그에게도 분명 100승에 도전하고자 하는 충동이 있었을 것입니다. 하지만 그는 더 이상의 도전이 이전의 도전과 다를 것임을 감지했고 필시 죽음과 함께 60승 무패 기록이 깨질 것이라는 사실도 알아챘을 것입니다. 그래서 멈춘 것입니다. 이런 지피지기의 상황 판단으로 그는 검의 전설로 남았습니다.

《손자병법》을 익혀 그런 행동을 했는지는 모르겠지만 스포츠 영웅 차범근, 이안 킨슬러, 샘 라이스, 전설적 검객 미야모토 무사시는 결과적으로 지피지기를 통해 100승이라는 환상보다는 불패라는 안

전한 현실을 선택했습니다. 진정한 승자라고 볼 수 있습니다.

《손자병법》에는 보이지 않는 클라이맥스가 숨어 있습니다. 손자는 오나라 왕 합려에게 고용돼 오자서와 함께 초나라를 굴복시키지만 어느 날 갑자기 역사 기록에서 사라졌습니다. 왜 갑자기 은퇴했을까요? 합려의 아들 부차는 충신 오자서를 죽이고 고사성어 '와신상담(臥薪嘗膽)'의 주인공인 월나라 왕 구천에게 목숨을 잃었습니다. 막바지에 분별력을 상실한 부차의 태도를 보고 백전불태의 지혜로운 손자가 위험을 느껴 그런 결정을 내리지 않았나 짐작합니다.

사업에도 똑같이 적용할 수 있습니다. 이기는 경영이 아니라 위태롭지 않은 경영을 해야 합니다. 새로운 것을 시도하고 도전하다 보면 열 개 중 한두 개는 실패할 수도 있겠죠. 아니, 그보다 더 많은 실패가 있을 수 있습니다. 실패가 두렵다고 도전을 멈출 수도 없습니다. 사업에서 도전과 시도는 불가피하기 때문입니다. 이때 실패가 회사의 존망과 연결돼서는 안 된다는 것, 한두 번 실패해도 끄떡없는 시스템을 갖추는 것이 불태의 핵심입니다. 부디 불태하십시오.

알면 알수록
유리하다

【 상대 】

전쟁을 할 때는 적의 의도를 따라 살펴라.

爲兵之事 在於順祥敵之意
위병지사 재어순상적지의

11편 〈구지〉

"너는 물고기에 대해서 어찌 그리 잘 아느냐?"

"물고기를 알아야 물고기를 잡응께요. 홍어 댕기는 길은 홍어가 알고, 가오리 댕기는 길은 가오리가 앙께요."

영화 〈자산어보〉의 명대사입니다. 정약전이 흑산도 유배 생활 중 《자산어보》를 기록하는 과정에서 토박이 어부인 창대와 주고

받은 대화입니다. '물고기를 알아야 물고기를 잡을 수 있다'로 요약되는 이 말은 결국 지피지기의 다른 말입니다.

흔히 지피지기라고 하면 현대인에게는 다소 거리감 있는 고리타분한 옛말로 생각합니다. 그러나 지피지기는 여러분이 생각하는 것보다 생활 가까이에 있습니다.

사람에 대한 관심을 늦추지 마라

코로나19로 약 3년 만에 지인을 만났습니다.

"요즘 딸은 학교 잘 다니고 있어요? 전공이 산업 디자인이죠?"
"그걸 아직 기억하고 계시네요. 덕분에 잘 다니고 있습니다."
"참, 어머님 당뇨 수치는 어떠세요?"
"아직 그대로예요. 다행히 더 심해지지는 않았어요. 그런데 우리 만난 지도 꽤 된 것 같은데 아직까지도 그런 것을 다 기억해 주시고…. 걱정해 주셔서 정말 감사합니다."

3년이나 지났고 자주 연락하는 사이도 아닌데 어떻게 제가 그의 딸을 기억하고 어머니의 당뇨를 생각할 수 있었을까요?

이번에는 제가 컨설팅하는 업체에 재방문했던 사례입니다. 약 1년 만입니다.

"지난해 매출이 85억 원이었죠? 올해 매출은 어떠세요?"

"올해는 105억 원 정도 예상하고 있어요."

"성적이 좋으시네요. 그러면 직원도 좀 늘었나요? 제가 기억하기로는 작년에 51명이었다고 들었는데⋯."

"이제 60명 정도 돼요. 열 명 정도 늘었네요. 아무래도 매출을 커버하려면⋯."

간만에 만나도 이렇게 자연스럽게 대화가 이어집니다. 마치 어제 만난 것처럼 말이죠. 바쁜 사람 앞에 두고 작년에 물었던 것을 또 물어보면 당연한 질문도 짜증 날 때가 있는 법입니다.

이런 제 기억력을 두고 다들 놀라워합니다. 하지만 사실은 그리 놀랄 일도 아닙니다. 제 전화번호 메모장에는 특별한 기록들이 있기 때문이죠. 사람들에 대한 자잘한 메모입니다. 비즈니스 목적의 만남이니 회사의 위치는 물론이고 상대가 거주하는 지역과 좋아하는 음식, 술, 취미를 비롯해 아들딸(초등학교 몇 학년인지, 대학생이라면 전공이 무엇인지 등), 부모님, 부인의 근황 등에 대한 내용이죠. 일부러 물어서 알아 낸 내용도 있지만 오며 가며 같이 밥 먹고 술 마시다 보니 자연스럽게 나온 이야기들을 메모해 놓은 덕분입니다. 컨설팅이나 심층 비즈니스를 위한 관계라면 별도로 메모를 해 둡니다.

이때 주의할 점은 상대방이 본인 입으로 말한 정보만으로 대화를 이어 가야 한다는 것입니다. 소문으로 들은 내용이나 예민한 정보는 먼저 말하지 않는 것이 좋습니다. 속으로만 담아 두고 면전에서는 티 내지 않는 것이 좋겠죠. 확인되지 않은 정보거나 상대가 꺼리는 내용일 수 있기 때문입니다.

어쨌든 이런 간단한 메모가 오랜만에 만났을 때나 비즈니스로 분위기가 딱딱해졌을 때 의외로 많은 도움이 됩니다. 일종의 지피지기인 셈이죠. 당연히 그날그날 추가로 업데이트해 두는 것은 필수입니다. 매번 만날 때마다 상황을 기억하거나 메모해 상황의 연속성이 유지되도록 함으로써 제가 항상 그에게 관심을 갖고 있음을 나타내는 것이죠. 사람은 누구나 자기에게 관심 주는 사람을 좋아하게 돼 있습니다.

그런데 구면이 아니라 오늘 처음 만나는 사람일 경우는 어떻게 지피지기해야 할까요? 매우 중요한 사람이라면 사전 조사가 필요합니다. 처음 만나는 사이로는 여러 경우가 있을 수 있습니다. 부탁을 해야 하는 경우나 부탁을 들어 줘야 하는 경우, 내가 그 자리에서 어떤 사안에 대해 의사 결정을 해야 하는 경우, 회사 면접 시험의 경우, 컨설팅 조언을 해 주러 갔을 경우, 단순히 좋은 관계를 시작하려는 사교 모임의 경우 등이 있을 것입니다. 각 경우마다 사전 조사의 정도나 깊이가 다를 수 있겠습니다만 요즘에는 일반적인 정보 정도는 인터넷으로 거의 찾아볼 수 있습니다. 신문사나 포털 사이트의 인물 정보를 참고하면 대강의 피상적인 정보는 쉽게 접근 가능하죠. 유명 인물일 경우 더 심층적인 정보는 유료 사이트를 이용하면 됩니다. 유명 인사가 아니라서 인터넷에 정보가 없다고요? 어렵지 않습니다. 중고등학교와 대학교의 선후배를 비롯해 지인 네트워크를 활용해서 평판이나 스타일을 조회할 수 있습니다.

회사의 대표를 만나러 가는 경우를 생각해 보겠습니다. 먼저 그 회사의 홈페이지와 뉴스 기사를 통해 조직과 규모를 가늠할 수 있겠죠. 기사는 게재한 곳이 지방지인지, 인터넷 신문인지, 중앙 일간지인지에 따라 신뢰도나 상대의 영향력을 짐작할 수 있습니다. 특히 사장의 인터뷰 기사는 CEO의 개인적인 생각이나 경영 이념, 철학을 읽어 낼 수 있기 때문에 각별히 집중해서 살펴 볼 필요가 있습니다. 신문사 기자가 인터뷰 때 주로 묻는 질문의 유형이 정해져 있기 때문이죠. 그래서 대개는 CEO 인터뷰만으로도 그 사람을 대강은 파악할 수 있죠. 특히 일부 인터뷰 기사에는 취미, 어린 시절, 가족 사항도 상세히 나와 있어 유용합니다.

지피지기가 이처럼 생활 곳곳에 있네요. 조금만 신경 쓰고 약간의 응용만 곁들이면 지피지기를 비즈니스에서도 유용하게 적용할 수 있을 것 같습니다. 이렇게 주변으로부터 '똑똑하다', '나를 좋아하는구나' 등의 생각을 이끌어 내는 것이죠.

진영 밖에서만
보이는 것이 있다

【 경영 】

소규모 전투로 적의 동정을 살펴라.

作之而知動靜之理
작지이지동정지리

6편 〈허실〉

사업은 증거주의를 기반으로 하는 법정 논리가 적용되는 곳이 아닙니다. 학교처럼 잘잘못과 시시비비를 가려 주는 선생님이 없고 결정적인 증거로 판단하고 결정하며 행동하지 않습니다. 그럴 시간도 없고 그리해 봤자 소용이 없죠. 모든 일은 앞뒤 정황으로 판단하고 추정해 결정해야 합니다. 명백한 증거나 확실한 결과가 나올 때까지 기다렸다가 행동에 옮기면 그때는 이미 늦습니다. 그러므로 속도감 있게 오직 예측과 판단으로 행동해야 합니다.

이런 점은 〈대부〉에서 적나라하게 엿볼 수 있습니다. 영화에서 각 패밀리는 오직 정황으로 모든 것을 판단하고 움직입니다. 그들은 상황이 주어지면 블랙박스 개념으로 판단합니다. '1+?=3'의 수식이 주어지면 답으로 2를 추론하는 것처럼 전후 상황으로 블랙박스 속의 상황을 유추합니다. 앞서 말한 수식처럼 추론이 명확한 것도 있지만 대개는 불분명합니다.

그래서 그들은 설령 틀릴지라도 마냥 기다리지 않습니다. '죽느냐 사느냐'를 즉각 판단하고 즉시 행동합니다. 판단하는 쪽은 유리한 국면보다는 불리한 국면에 무게를 두고 리스크를 관리합니다. 그러니 이때 상대방은 불필요하게 의심받을 행동을 최대한 자제하고 조심스럽게 움직입니다. 그러지 않으면 바로 죽으니까요. 이 모든 것의 기반이 지피지기입니다. 상대방이 만나는 사람, 그의 표정, 손발의 움직임, 주고받는 물건, 통화 등을 종합해 퍼즐을 맞추고 지피지기를 완성해 가는 것이죠.

기회를 포착하기 위한 경영의 지피지기

다른 나라, 다른 회사, 다른 매장을 잘 알아야 교류도 잘하고 벤치마킹도 잘할 수 있습니다. 적진을 둘러보는 것처럼 말이죠.

이웃 제후의 책모를 모르면 외교가 불가능하다. 산림의 험난함이나 늪지대 같은 지형 특성을 모르면 행군이 불가능하다.

不知諸侯之謀者 不能豫交 不知山林 險阻 沮澤之形者 不能行軍

부지제후지모자 불능예교 부지산림 험조 저택지형자 불능행군

11편 〈구지〉

1993년 2월, 전 삼성그룹의 회장 이건희는 삼성전자를 비롯한 핵심 계열사들의 CEO와 임원을 미국 로스앤젤레스로 불렀습니다. 도착하니 그들에게는 엉뚱하게도 전자 제품을 쇼핑하고 오라는 지시가 떨어졌습니다. 그리고 그날 저녁, 이 회장의 질문이 쏟아졌습니다.

"삼성의 TV와 냉장고가 어디에 전시돼 있던가? 판매점 중앙에 있던가, 구석에 있던가?"

"소니와 필립스의 가격이 얼마나 차이 나던가?"

"점원은 어떤 제품을 사라고 추천하던가?"

당시 삼성의 전자 제품은 먼지를 뒤집어쓴 채 매장 구석에 처박혀 있었습니다. 국내 1등인 삼성 제품이 세계 일류 제품에 비해서는 참으로 초라하다는 사실을 확인한 것이죠.

'너 자신을 알라'는 이튿날에도 계속됐습니다. 이 회장은 숙소의 연회장을 통째로 빌려 삼성의 제품과 경쟁사의 제품을 비교하

는 전시회를 열었습니다. 완제품을 보여 줄 뿐만 아니라 분해까지
해 회로와 배선, 부품 등을 볼 수 있게 했습니다. 분해된 TV를 보
면서 이 회장이 사장단에게 말했습니다.

"봐라. 소니 TV는 배선이 깔끔하고 군더더기가 없지 않나. 그
런데 우리 것은 선들이 얽히고설켜 있다."

신세계그룹 부회장 정용진은 2021년 4월 18일 경쟁 업체인 더
현대 서울을 찾았습니다. 더현대 서울은 지하 7층에서 지상 8층까
지의 규모로 영업 면적이 약 2만 6,953평에 달하는 서울 최대 규모
의 백화점입니다. 서울 여의도에 위치해 신세계백화점 영등포점
과 상권이 겹칩니다. 그는 매장 방문은 물론 지하의 식당에서 식사
도 했습니다. 일반적으로 기업의 오너들은 경쟁사 점포를 방문하
더라도 공개를 꺼리지만 정 부회장은 자신의 인스타그램에 방문
사실을 알렸습니다. 그가 살펴본 곳은 경쟁사의 주요 점포 외에도
호텔과 대형마트까지 업종도 다양합니다. 경쟁사의 강점과 약점
을 살펴보고 기회를 포착하고자 하는 지피지기 경영입니다.
　정용진 부회장은 2023년 1월 미국 라스베이거스에서 열린 세계
최대 가전·IT 전시회 'CES 2023'에서도 LG전자와 삼성전자의 부
스를 둘러봤습니다. 최신 기술의 동향을 살펴보고 그룹의 미래 성
장 동력을 확보하기 위한 차원입니다.

지난 'CES 2019'에서도 국내 CEO, 기업 총수들이 경쟁사의 전시장을 누볐습니다. 삼성전자의 부회장 김기남이 현대자동차 부스를 둘러봤고 삼성전자 사장 김현석은 아우디 부스를 방문했습니다. 네이버 대표 한성숙은 삼성전자 전시장을 찾았고 LG유플러스 부회장 하현회는 현대자동차와 기아자동차, 혼다 등 완성차 업체를 찾았습니다. 이들 CEO는 업종을 뛰어넘는 시선으로 지피지기를 통해 성장을 도모하려는 것입니다.

직접 둘러보는 것을 넘어 이제는 직접 남의 회사에서 일하고 경험을 쌓는 방식으로 지피지기를 실천하기도 합니다. 롯데그룹 신동빈 회장은 1977년 일본에서 대학을 졸업하고 미국 컬럼비아 대학교에서 MBA 학위를 받은 뒤 노무라증권에 들어가 런던 지점에서 8년간 근무했습니다. 평소 그가 재무 관리와 인수 합병 등에 깊은 관심을 보이는 것도 과거 경력과 무관하지 않아 보입니다.

정의선 부회장도 외부에서 경력을 쌓고 돌아온 케이스입니다. 1994년 고려대학교 경영학과를 졸업하고 현대모비스(당시 현대 정공)에서 과장으로 약 1년간 근무한 뒤 곧장 미국 샌프란시스코 대학교 경영 대학원에 들어갔습니다. 1997년 MBA 학위를 받은 뒤 2년간 일본 이토추상사 뉴욕 지사에서 근무하며 글로벌 경험을 쌓았습니다.

총수에 이어 2세, 후계자들도 지피지기를 이어 가고 있습니다. 금호그룹 회장의 장남 박세창 부회장과 동부그룹 회장의 장남인

김남호 동부제철 차장은 경영 컨설팅 업체 AT커니에서 컨설턴트로 일했습니다. 통상 경영 컨설팅은 여러 기업의 경영 활동을 검토하고 전략을 수립하는 업무의 특성상 단기간 내 경영에 대한 식견을 쌓는 데 효과적인 것으로 알려져 있죠.

손자의 지피지기는 전쟁을 기반으로 하는 아군과 적군의 지피지기였지만 근래에는 마피아가 생사를 오가는 정황 판단을 하고, 기업의 총수가 다른 회사를 방문하거나 타 업종을 둘러보고, 자식들을 남의 회사에서 일을 시키는 등으로 형식이 바뀌었습니다. 이것으로 미루어 볼 때 지피지기는 형태와 모습만 바뀔 뿐 지속적으로 우리에게 따라붙는 숙명의 단어라고 할 수 있겠습니다.

가정에서도 계산이
필요하다

【 가정 】

승산이 많으면 이기고 승산이 적으면 이길 수 없는데
하물며 그런 계산조차 하지 않으면 어찌 되겠는가.
나는 이를 보고 승패를 예견할 수 있다.

多算勝 少算不勝 而況於無算乎 吾以此觀之 勝負見矣
다산승 소산불승 이황어무산호 오이차관지 승부견의

1편 〈시계〉

부부 관계도 나름 생각하고 예측하면서 살아야 한다고 생각합
니다. 사는 대로 살면 '그냥' 살아지고 생각하면서 살면 '생각대로'
살아집니다.

오십 이전에는 남편이 사회생활과 경제적 기여로 바빠 부부간

교감과 소통이 뜸해도 재정적인 기여자로 인정돼 아내가 인내할 수 있었습니다. 하지만 오십 이후는 능력의 한계치에 도달하고 수입의 쇠퇴기에 접어드는 시기입니다. 이 시점에 가사를 전담하는 부인과의 관계에 틈새가 생기고 갈등이 발생하면 회복 불능의 힘든 국면이 시작됩니다.

오십이 지나면 늙은 숫사자처럼 이빨도 몇 개 빠지고 왕성한 사냥 실력도 점차 쇠퇴합니다. 사냥 능력이 급속히 저하하는데도 여전히 보스의 왕관을 고수하려고 하면 무리에서 퇴출되는 위기를 맞게 됩니다. 가족 관계나 부부 관계에서도 다를 바가 없다고 봅니다.

특히 오십 이후는 부부 관계에서 페로몬의 급격한 불균형이 발생하는 시기입니다. 이런 물리적 변화를 빨리 인식하고 서로 지피지기의 정신으로 태도 전환을 하지 않으면 가정의 위기를 초래할 수 있습니다. 이런 류의 갈등이 시작되는 시기가 오십 전후라는 점을 미리 예견하고 준비해야 합니다. 이때 남편의 사냥 능력(경제적 수입) 저하의 정도와 부인의 신체적 변화(완경기, 노화의 본격화, 호르몬 불균형 등)와 감정 변화, 가정의 재정 상황 등 집안의 전체적인 상황을 잘 파악하는 것이 손자가 이야기하는 지피지기의 출발점입니다. 언제, 어디서, 어떤 원인으로 갈등이나 충돌이 벌어질지 모를 일입니다.

이때 백전불태하기 위해서는 집안의 상황에 따라 발생하는 각종 갈등을 이전과는 다른 시각으로 파악하고 잘 조정해야 합니다. 예측 불허의 갈등과 충돌에 지혜롭게 대처하고 집안을 위태롭지 않고 평화롭게 유지하는 것으로 백전불태를 해석할 수 있습니다. 《손자병법》은 병법서니 당연히 이런 내용까지 있을 리는 없겠죠. 하지만 적용 가능한 항목을 찾아볼 수 있습니다.

회복 불능의 국면으로 넘어가기 전에

장수는 나라를 보좌하는 사람이다. 보좌를 잘하면 국가는 반드시 강해지고, 보좌에 틈이 생기면 국가는 반드시 약해진다.

夫將者 國之輔也 輔周則國必強 輔隙則國必弱

부장자 국지보야 보주즉국필강 보극즉국필약

3편 〈모공〉

물론 이 말은 국가와 장수, 임금과 장수의 군신 관계가 좋아야 하고 틈이 생기지 않아야 한다는 뜻입니다. 전형적인 사례가 이순신과 선조의 관계입니다. 1597년 정유재란 전후로 이순신 장군의 적은 왜군이 아니라 선조였다고 할 수 있을 정도로 둘의 관계가 좋지 않았습니다.

이 구절에서 나라(國)를 가정으로 바꿔 똑같이 적용할 수 있겠습니다. 부부나 부모 자식의 관계가 화목하면 가정이 평안하고 행복할 테지만 틈이 생기면 불화가 싹트고 가정도 결국 불행해지는 것이죠.

지피지기 백전불태는 부모 자식 간에도 적용할 수 있습니다. 부모가 오십 대면 자식도 삼십 대 이상으로 장성할 테니 이때쯤이면 각자의 정체성이 확보되는 시기에 접어듭니다. 이제까지 슬하 어린아이로만 보이던 자녀들이 본격적으로 자기주장을 강하게 하는 시기죠. 자연스럽게 신구 간, 부모 자식 간 갈등이 시작됩니다. 이런 갈등은 구조적이고 자연스러운 현상입니다. 그럼에도 당사자가 자기만 겪는 특별한 상황으로 확대 인식하는 바람에 사태를 키우는 사례도 많은 것 같습니다.

어느 날 TV 다큐멘터리에서 딸에게 존대하는 엄마를 본 적 있습니다. 존댓말을 가르치기 위해서 어린 자녀들과 존댓말을 나누는 부모는 가끔 봤지만 성인이 다 된 딸에게, 그것도 평상시 대화에서 존칭을 쓰는 경우는 드물다고 봐야죠. 그 프로그램을 보고 나서 곰곰이 되짚어 보니 참 좋은 습관이라는 생각이 들었습니다. 어릴 때는 가르치기 위해서, 성장해서는 동등한 개체로 대우하기 위해 존댓말을 쓰는 것이 맞다는 생각이죠. 가족을 자신의 소유물 혹은 자기중심적인 관점에서의 수직적 구성원에서 수평적인 구성원으로 전환하는 것이죠.

따라서 부모는 자녀를 지금까지의 관성처럼 어린애 취급하거나 보살피려고만 들지 말고 그들의 자유 의지와 정체성을 이해하고 인내하는 마음으로 그들을 보듬고 격려해야겠습니다. 새장을 떠나는 새끼 새를 바라보는 마음으로 새로운 둥지에서 잘 살아갈 수 있도록 용기를 불어넣어는 것이죠. 이러한 지피지기는 결과적으로 부모 자식 간의 대화 단절이나 갈등을 줄여 줄 것입니다. 또한 가정에 평화가 유지될 테니 자연스럽게 위기가 줄어드는 불태의 전략이 되는 것입니다.

오십 이후에 가정의 화목을 이루는 핵심 요소는 크게 두 가지로 요약할 수 있을 것 같습니다.

가정을 공동으로 관리해야 한다는 인식

너무 당연한 말이지만 실생활에서는 마치 하느님이 업무 분장이라도 내려 준 것처럼 사는 분이 많습니다. 아내는 집안일만 하고 남편은 돈 벌어 주는 것으로 말입니다. 가정은 부부가 결합해 안팎의 공동 노동으로 이룩한 공동의 자산이고 합작품입니다. 그러니 관리도 공동으로 해야 합니다.

그런데 젊어서 돈 벌어 줬다고, 남자가 할 일은 다 했다고 노년에 집에서 빈둥빈둥하거나 혼자 제 갈 길 가는 이가 많습니다. 젊어서 남편 뒷바라지하던 일이 이제 끝났다고 맛집 투어를 다니거나 카페에서 수다만 일삼는 아내도 많습니다. 프레임이 바뀌었는데도 과거 선배들의 행동과 습관을 고수하는 것은 어리석은 일입니다. 할아버지, 할머니 시대의 꽉 막힌 전통적 프레임은 버려야 합니다.

새로운 구조에서는 새로운 생각을 장착해야 합니다. 청소, 밥하기, 설거지, 장보기, 요리 등 종목을 가리지 마십시오. 남자와 여자가 따로 할 일이 정해져 있다는 생각 자체를 버려야 합니다. 애초에 하늘에서 분장해 놓은 업무는 없습니다. '30년 동안 아내가 했으니 이제 나머지 30년은 남편인 내가 한다'는 생각으로 임하는 것도 괜찮은 것 같습니다.

잘 듣고 온화하게 말하는 태도

흔히 사람들은 '가족끼리인데 뭐 어때' 하면서 아무렇게나 말을 던지고 존중 없는 태도로 가족을 대하는 경향이 있습니다. 대화란 마치 공을 던지는 일과 같습니다. 공을 부드럽게 던질 수도 있고 세게 던질 수도 있습니다. 부드럽게 던지면 상대방이 공을 받기 더 쉽고 상대와 공 던지기 게임을 계속하기도 더 쉬울 것입니다. 비슷하게 아내, 남편, 아들딸에게 재치 있고 온화하게 말하면 그들도 내 말을 잘 듣고 대화를 이어 갈 가능성이 더 커집니다.

'프라우스'라는 그리스어는 '온화'로 번역되는 동시에 길들여진 야생마를 뜻하기도 했습니다. 말이 길이 들었다고 해서 힘이 약해진 것이 아닙니다. 오히려 꾸준한 훈련을 통해 강한 힘을 제어할 수 있게 된 것이죠.

가족과 의견 차이가 생기면 먼저 잘 듣고 온화하게 말해야 합니다. 감정을 다스리려고 의식적으로 노력해야 합니다. 온화함은 사람의 마음을 끄는 특성이 있어 다른 사람들과 잘 지내는 데도 도움이 됩니다. 가정의 평화, 마음의 평화가 저절로 굴러옵니다.

아는 것도
새롭게 바라보라

【 부부 】

지혜로운 사람은 반드시 이로움과 해로움 양면을 같이 고려한다.

智者之慮 必雜於利害
지자지려 필잡어리해

8편 〈구변〉

사람들은 가족, 부부에게는 계산이 필요 없다거나 불필요한 격식을 차릴 필요가 없다고 생각하는 경향이 있습니다. 그래서 함부로 또는 일방적으로 희생을 강요하기도 합니다. 손자는 이동하거나 주둔하는 중에 생기는 다양한 상황을 전제로 유리함과 불리함을 생각했지만 부부 생활에서도 서로를 헤아리는 지피지기의 지혜와 배려가 필요한 것 같습니다. 생활이 어렵고 바쁠 때일수록 배려의 균형 감각을 잘 유지하면 시간이 흘러도 현명하게 모든 일을 잘 풀어 갈 수 있다는 의미로 해석할 수 있습니다.

수십 개 국가의 행복도 통계를 분석한 미국 브루킹스연구소의 수석 연구원에 따르면 행복 지수를 그래프로 그리면 십 대, 이십 대에 행복했다가 사오십 대에 바닥을 친 다음 다시 올라간다고 합니다. 심리학, 경제학, 뇌 과학을 아우르며 생애 연구와 빅 데이터를 분석한 결과 행복 곡선은 알파벳 U 형태라고 주장합니다.

한국의 경우 양상이 좀 다르게 나타났습니다. 2023년 UN의 '세계행복보고서'에 따르면, 한국은 10점 만점에 5.951점으로 조사 대상 137개국 중 57위입니다. OECD 정회원국 38개국 중에서 한국보다 행복도가 낮은 곳은 그리스, 콜롬비아, 튀르키예 세 곳뿐입니다. 행복 곡선도 세계적인 추세와는 달리 역 U자 또는 L자 형태로 많이 나오고 있습니다. 결혼 생활 초기에 잠깐 행복했다가 이후 다시 행복감이 떨어져서 회복되지 않는다는 뜻입니다.

단기에 고도성장하는 과정에서 오직 먹고사는 문제와 경제적인 목표를 최우선 과제로 삼은 것이 주원인이겠죠. 그동안 물질적으로는 많은 성과를 이뤘지만 부모 자식 간, 부부간 대화나 행복 추구에는 다소 소홀했거나 우선순위에서 차순위로 미뤄 둔 탓일 것입니다. 이외에도 여러 가지 이유가 있겠지만 어쨌든 안타까운 일입니다. 한국보건사회연구원의 '행복 지수 개발에 관한 연구'에 따르면 행복을 구성하는 영역 중에서 가족(부부) 관계가 차지하는 비중이 33.2퍼센트로 가장 높았습니다. 결국은 부부, 가정이 행복해야 개인도 행복해질수 있다는 것입니다.

사랑이 무형이 아닌 유형으로 존재하기 위해

가정을 이루는 중요 인물인 아내와 남편, 자녀, 부모에 대해 몇 가지 질문을 해 보겠습니다. 여러분은 가족 구성원에 대해 무엇을 알고 있으며 얼마나 알고 있나요? 그가 좋아하는 음식, 좋아하는 음악과 영화의 장르를 알고 있나요? 먹고 싶지 않은 음식, 듣기 싫은 음악, 제일 싫어하는 포인트가 뭔지 알고 있나요? 그의 철학과 종교, 정치관에 대해 얼마나 알고 이해하고 있나요?

아마도 이런 질문을 하면 '내가 그런 것을 모르고 있었다고?' 또는 '그런 것까지 알아야 하나?' 생각할지도 모르겠습니다. 하지만 여러분의 직장 동료나 친구들과는 점심 식사와 술자리에서 흔히 나누는 질문이고 대화입니다. 가족이라고 이런 대화와 관심을 소홀히 할 근거나 이유는 전혀 없습니다. 하지만 우리 대부분은 가족이라는 이유로, 항상 나를 응원해 줄 든든한 조력자라는 믿음으로 그들을 질문의 대상에서 제외하고 담론의 모퉁이에 멀찍이 내팽개쳐 둡니다. 그래서 가족들 개인의 정체성과 본질을 보는 지피지기의 눈을 잠시 감고 있었던 것이 아닌가 싶습니다.

가족 구성원의 중심축인 부부를 중심으로 이야기를 전개해 보겠습니다. 통상 부부가 결혼 생활 20년에서 30년에 접어들면 서로에게 익숙해지는 동시에 멀어집니다. 서로를 너무 잘 알다 보니 오히려 대화가 필요 없어지고 그러다 보니 차츰 멀어지는 것이죠. 상대를 너무나 잘 아는 것 같으면서 너무 모르게 되는 것입니다. 사소한 갈등이나 말다툼도 전혀 모르는 타인이면 금방 해결될 텐데 부부 사이에는 오히려 해결이 어려운 경우도 발생합니다. 타인일 경우 예의상으로나 주변의 중재로 금방 봉합될 수 있는 문제가 유독 부부간 갈등에서는 어느 누구도 해결 못하는 수렁의 난제가 돼 버립니다. 신혼 시절 혈기 왕성하던 때의 갈등이나 부부 싸움과는 전혀 다른 차원에 진입합니다. 작은 갈등이라도 발생하면 오직 둘이서만 해결해야 하니까 그 또한 큰 난제입니다. 말리거나 중재해 줄 사람이 전혀 없기 때문입니다. 젊었을 때는 부모에게라도 쪼르르 갔는데 이제는 응석을 받아 줄 부모님도 안 계시거나 그럴 수도 없습니다. 그러다 보니 중년 부부 중 대화가 없는 '벙어리 부부', 밥만 같이 먹는 하숙집 룸메이트 같은 부부, 등기부에만 부부라고 등재된 각자도생의 한 지붕 두 사람, 따로 살다가 자식들 결혼식 날에만 부부인 척하는 '레고형 부부'도 있습니다. 이제 얽힌 문제를 풀 결자해지의 마음으로 지금까지 외부로 향했던 그 당신의 예리한 눈을 내부의 반려자에게 살며시 돌려 보십시오.

이름을 불러라

'○○ 엄마' 또는 '저기요'라는 호칭을 버려야 합니다. '야', '너',

'어이', '이봐' 등 이름도 없이 함부로 부르는 것이 일상인 부부도 있습니다. 오십부터는 부부간 호칭이 중요합니다. 사람들은 직장에서 대리, 과장, 부장, 이사 등 호칭에 민감합니다. 자신은 호칭에 이렇게 민감하면서 정작 배우자는 존재감 없는 호칭으로 부르는 것을 아무렇지도 않게 생각하는 경향이 있습니다.

내가 그의 이름을 불러 주기 전에는

그는 다만

하나의 몸짓에 지나지 않았다.

내가 그의 이름을 불러 줬을 때

그는 나에게로 와서

꽃이 되었다.

내가 그의 이름을 불러 준 것처럼

나의 이 빛깔과 향기에 알맞은

누가 나의 이름을 불러 다오

그에게로 가서 나도

그의 꽃이 되고 싶다

김춘수, 〈꽃〉

이 시구에서처럼 이름을 불러 준다는 것은 상대방을 의미 있게 인식한다는 뜻입니다. 상대방이 존재감을 느끼게 해 주는 가장 쉬운 방법은 상대방의 이름을 부르는 것입니다. 이름은 존중을 의미하고 존재를 전제로 합니다. 그동안 존재감 없이 '○○ 엄마', '○○ 아빠'로 존재했던 배우자를 되찾아 와야 합니다.

사랑을 거리낌없이 말하라

분명 한국에서 나고 자란 토종 한국인으로서 한국어만 사용해온 사람들이 유독 발음 못하는 단어가 '사랑'입니다. 남편과 아내가 서로를 부릅니다.

"○○ 엄마! 내가 당신 '저기'하는 것 알지?"
"여보! 내가 말 안 해도 '거시기'하는 내 마음 잘 알지?"

이렇게 표현하는 분이 많습니다. 특히 나이 지긋한 분들이 그렇습니다. 왜 군이 멀쩡한 단어를 놔두고 '저기'와 '거시기'로 바꿔 말하는지 모르겠습니다.

제가 스페인을 여행했을 때 가이드에게 들었던 얘기를 해 보겠습니다. 그가 스페인 여자와 결혼해서 가장 적응하기 힘들었던 것이 "사랑해"라고 말하는 것이었답니다. 사실 한국에서는 부부가 일생 동안 한 번도 하지 않아도 전혀 이상하지 않은 말이 '사랑해'죠. 그런데 스페인에서는 직장인이건 프리랜서건 일어나자마자 한 번, 아침에 한 번, 점심에 한 번, 저녁에 한 번, 취침 전에 한 번 총합 5회 이상을 기본적으로 사랑한다고 말해야 한답니다. 이에 더해 식당에서 의자를 당겨 주거나 차에서 내릴 때 손을 잡아 주는 것 등 실생활에서 부인을 배려하는 행동이 한두 가지가 아니라는 것이죠. 저도 귀국해서 노력해 보려 했지만 쉽지 않았던 기억이 있습니다.

'사랑해'를 '저기'와 '거시기'로 바꿔 말하는 화법은 메타포도, 소위 '속 깊은 사랑'도 아닙니다. 변명입니다. 화자의 일방적인 언어고 표현의 미숙함일 뿐입니다. 이제는 청자의 입장에서 말해야 합니다. 과감히 '저기'와 '거시기'를 버려야 합니다. 살면서 가장 억울한 것은 진실을 보여 주지 못하는 것입니다. 나중에 후회하지 말고 지금부터 시작해 보시기 바랍니다. 사랑을 바로 표현하는 것만이 아내가 사랑받고 있다고 느끼게 하는 가장 좋은 방법입니다.

또 오십이 넘으면 남녀 간의 페로몬 효과도 감소합니다. 이를 보완해 줄 좋은 보충제가 바로 "사랑해"라는 말입니다. 이에 더해 손을 잡아 주고 미소를 지으며 안아 주고 칭찬해 주고 때로는 예기치 않은 선물을 해도 좋습니다. 이런 말과 행동은 남편에게는 좀 사소해 보일 수 있지만 아내의 가슴에 아주 오랫동안 기억될 것입니다.

온화하고 부드럽게 말을 걸어라

부부간에는 말투가 아주 중요합니다. 말투는 행복과 불행을 가르는 경계선이자 문지방입니다. 세상 모든 불행과 행복의 단초는 지극히 사소한 문제에서 출발합니다. 일상의 태도, 표정, 말투가 그것입니다. 그중에서도 가장 핵심은 말투입니다. 말이 아니라 말투라고 한 것에 유의할 필요가 있습니다. 말투는 말하는 태도, 말의 품질입니다. 특히 은퇴 부부 중에는 같이 보내는 시간이 늘다 보니 집안일을 도와주지도 않으면서 사사건건 지적과 잔소리를 하거나, '고맙다'는 따뜻한 말 한마디는커녕 비난과 명령조 말투를 계속하는 경우가 있습니다. 그러면 아내가 지칩니다. 오십 이후의 부부 문제는 오직 당사자만이 해결 가능합니다. 두 사람의 문제는 두 사람이 결자해지해야 합니다. 그 시작은 온화하고 부드러운 말투입니다.

서로 세워 줘라

간혹 지금까지 잘 살아온 것이 자기 덕분이라고 서로 셀프 공치사하기 바쁜 부부를 봅니다. 물론 농담이라고 하면서도 뼈 있는 말입니다. 남편은 돈 벌어 줬다고, 아내는 살림하고 뒤치다꺼리한다고 힘들었다는 이야기를 하면서 서로 공을 다툽니다. 그것이 새삼 무슨 의미가 있을까요? 공을 자기에게 돌리는 것만치 어리석은 일은 없습니다. 이제부터라도 누가 물으면 "모두 아내(남편) 덕분입니다"라고 말하십시오. 서로에게 '고맙습니다'라는 감사의 말을 자주 하십시오.

30년, 40년 같이 살았으니 '굳이 그런 것을 말로 하지 않아도 된다'는 분도 있습니다. '이심전심'이라는 말도 합니다. 하지만 부부 간 침묵은 독입니다. 무슨 말이라도 하시고 가능하다면 상대를 세워 주십시오. 칭찬하고 감사하십시오. 그래야 당신도 섭니다. 부인이 먼저 귀부인 대접을 받아야 남자가 귀공자가 되는 것처럼 말이죠.

서로에게 자유를 줘라

중년의 부부 싸움은 대체로 내 자유와 상대의 자유가 충돌하는 지점, 즉 내 욕망이 상대의 욕망과 교차하는 지점에서 생기는 갈등입니다. "우리 부부는 지금껏 단 한 번도 싸운 적이 없어요"라며 자랑삼아 말하는 부부를 간혹 봅니다. 정말 금슬이 좋아서일까요? 혹 어느 한쪽이 참아 내느라 너무 힘들지는 않았을까요? 훌륭한 부부, 건강한 부부는 싸움이 전혀 없는 부부가 아니라 가능하면 싸우지 않으려고 서로 노력하고, 설령 싸우더라도 쉽게 화해하고 갈등을 풀어 가는 구조를 가진 부부라고 봅니다.

경찰 영화에서 경찰이 범인을 연행할 때 범인과 같이 수갑을 차는 장면을 볼 수 있습니다. 같이 가더라도 누군가 일방적으로 끌고 가면 연행이고, 서로 마음이 맞아 같이 가면 동행입니다. 부부는 서로를 속박하는 존재가 돼서는 안 됩니다. 이제 그만 상대를 풀어 주십시오. 오십은 각자의 개성이 뚜렷해지는 시기입니다.

속박이 지겨워지고 자유가 그리워지는 시기입니다. 단순히 배우자가 싫어서가 아니라 꽃봉오리가 여물면 터지듯 그런 시기가 됐다는 뜻입니다. 지금까지 부모의 잔소리, 공부, 직장, 일 등 자유를 억압하는 요소가 많았습니다. 이제는 자식으로부터의 자유, 남편으로부터의 자유, 아내로부터의 자유입니다.

부부는 서로에게 자유를 줄 수 있어야 합니다. 이는 그에게도 자유, 나에게도 자유입니다. 밥 차려 주기 위해 남편을 기다리거나 별일 없이 남편을 잡아 두는 족쇄형 동반 활동은 이제 청산해야 합니다. 연행에서 동행으로의 전환입니다. 오십 대의 자유는 물리적인 자유에서 출발해 영혼의 자유까지 배려하는 것입니다. 이때 자유는 서로에게 선물이 될 수 있습니다. 함께하는 취미 생활도 좋지만 같이하는 취미가 어느 한쪽의 양보와 배려에서 비롯됐다면 그 또한 벗어나야 합니다. 각자가 좋아하는 취미를 찾는 것이 좋겠습니다. 새로운 세계가 보일 것입니다.

요약하면 오십 대 부부의 행복은 지피지기에 있습니다. 상대를 살피고, 온화한 마음을 담아 이름을 부르고, 자신과 상대의 어떤 기대와 욕구가 좌절되고 충돌하는지를 점검하는 것입니다. 서로가 무엇을 바라는지, 무엇을 좋아하고 무엇을 싫어하는지 지피지기하는 것이죠. 이때 서로 맞춰 가려는 협상의 유연성과 양보하려는 자세가 중요합니다.

특히 중년 부부는 30년에서 40년 동안 같이 오래 살았으니 서로를 너무 잘 안다는 착각에서 벗어나야 합니다. 음성과 표정 등 상대의 변화를 새로운 시선으로 살피고 읽을 줄 알아야 합니다. "10년이면 강산도 변한다"라는 말이 사람에게도 적용됩니다. 오십이면 벌써 다섯 번씩이나 변한 서로입니다. 그도 다섯 번 변했고 나도 다섯 번 변했다는 것을 서로 인정해야 합니다. 그렇게 새로워진 두 사람이 오십에 마주한 것입니다. 그런 시각으로 상대를 봐야 두 사람의 미래가 바뀝니다. 희망이 보입니다. 사랑은 마음으로만 느끼는 무형이 아니라 행동으로 보여 주는 유형입니다.

관성을 버리고
주도권을 잡아라

【 주도권 】

적을 불러야지 내가 적에게 불려 가지 않는다.

致人而不致於人
치인이불치어인

6편 〈허실〉

승부에서 가장 중요한 것이 주도권 장악입니다. 공격할지 방어할지, 전쟁을 해야 할지 말아야 할지도 주도권을 가진 자가 선택할 수 있습니다. 위 구절은 전투의 시간과 장소를 내가 잘 아는 곳, 내가 가장 컨디션이 좋을 때로 선택한다는 뜻입니다. 한마디로 상대를 내 뜻대로 조종하고 전쟁의 주도권을 내가 갖고 가겠다는 뜻입니다.

인생도 그렇습니다. 여러분은 인생을 끌고 가고 있습니까, 인생에 끌려가고 있습니까? 옛날에는 리더와 팔로워, 주인과 종이 나뉘어 있었지만 지금은 모두가 주인이고 리더인 시대입니다. 예를 들어 청소부가 단순히 월급만을 위해 일한다면 팔로워라고 볼 수 있습니다. 그러나 사무실을 오가는 사람들이 행복해한다고 생각하며 정성을 다하고 자부심을 느낀다면 리더라고 볼 수 있습니다. 정체성을 가지면 리더가 되는 것이죠. 손자는 휘둘리지 않고 주체적인 인생의 주인에 대해 말하고 있는 것입니다.

끌고 가는 인생인가 끌려가는 인생인가

펭귄 효과(Penguin effect)가 있습니다. 먹잇감을 구하기 위해 바다에 뛰어들어야 하지만 바다표범 같은 천적들이 있어 잠시 주저하는 펭귄의 습성에서 유래한 말입니다. 수백 마리가 작은 빙산의 끝에서 머뭇거리는 이때 두려움을 떨쳐 내고 가장 먼저 뛰어드는 펭귄이 퍼스트 펭귄입니다. 그제야 우왕좌왕하던 다른 펭귄들이 뒤를 따릅니다.

'퍼스트 펭귄'은 미국 카네기멜론대학교의 컴퓨터 공학과 교수 랜디 포시의 《마지막 강의》를 통해 대중에게 알려졌습니다. 오늘날 우리가 물건을 구매할 때 어떤 제품에 대해 확신을 갖지 못하다가 주위의 누군가가 사면 선뜻 구매 대열에 합류하는 현상을 펭귄 효과라고 합니다.

아프리카 탄자니아의 세렝게티 대초원에도 펭귄 효과와 비슷한 현상을 발견할 수 있습니다. 건기가 시작되면 누 떼 수만 마리가 먹이를 찾아 북쪽으로 약 1,000킬로미터를 대이동합니다. 누 떼의 최대 고비는 초원을 가로지르는 마라강을 건너는 일인데, 강에는 악어들이 있고 강 건너편에는 사자들이 기다리고 있습니다. 이 절체절명의 상황에서 1마리 누가 용기를 냅니다. 그리고 그를 따라 수만 마리의 누가 잇따라 강으로 뛰어들어 나아갑니다.

여러분은 어떻습니까? 먼저 움직이는 편입니까, 아니면 남들 가는 데로 따라가는 편입니까? 2020년 2월 오스카 분장상을 수상한 일본계 미국인 카즈 히로의 인터뷰를 흥미롭게 지켜본 적이 있습니다. 그는 "일본에서는 꿈을 이루기 어려웠고, 그곳의 순종적인 문화가 싫어 미국에 왔다"라고 말했습니다. 일본 국적을 포기하고 미국 시민권을 얻은 이유에 대해 "일본에서의 인간관계에 대해 고민하고 있었고 국적을 버림으로써 해결하고 싶었다", "개인으로서의 정체성을 확립하기 위해 일본 국적을 버리는 편이 좋다고 생각했다"라고 말했습니다. 그는 과감하게 펭귄의 세계를 탈출한 것이죠.

거리의 사상가로 불리는 우치다 다쓰루 교수는 이렇게 말했습니다.

"우리는 늘 어떤 시대, 어떤 지역, 어떤 사회 집단에 속해 있으며 그 조건이 우리의 견해나 느끼고 생각하는 방식을 기본적으로 결정한다. 따라서 우리는 생각만큼 자유롭거나 주체적으로 살고 있는 것이 아니다. 오히려 대부분의 경우 자기가 속한 사회 집단이 수용한 것만을 선택적으로 '보거나, 느끼거나, 생각하기' 마련이다. 그리고 그 집단이 무의식적으로 배제하고 있는 것은 애초부터 우리의 시야에 들어올 일이 없고, 우리의 감수성과 부딪치거나 우리가 하는 사색의 주제가 될 일도 없다."

이 점에 대해 니체도 "인간은 대부분의 경우 외적 규범의 노예에 불과하다. 우리가 보기에 당연하다고 생각되는 것은 실은 어떤 시대나 지역의 고유한 편견일 뿐이다"라고 말했습니다.

살아지는 삶에서 나는 사라지기 마련이다

이번에는 우리의 삶을 욕망의 시선으로 한번 보겠습니다. 프랑스의 철학자 자크 라캉은 "인간은 타인의 욕망을 욕망한다"라고 했습니다. 10살짜리 초등생 어린이가 100점을 받기 위해 열심히 공부하는 이유나, 명문대에 가기 위해 눈비를 맞으며 학원으로 향하는 수험생이나 이유는 같아 보입니다. 이처럼 우리 대부분은 자신이 진정으로 원하는 것이라기보다는 가족이나 부모, 사랑하는 연인, 사장, 상사, 회사, 더 나아가 이 사회가 원하는 것을 욕망하며 살아가고 있는 것 같습니다.

결국 현대인은 부모의 최초 칭찬인 걸음마 칭찬을 시작으로 공부, 성적, 경쟁 등 타인의 욕망과 기대가 덧씌워진 채 유년을 보내고, 성년에는 성공과 행복이라는 타인이 만들어 놓은 신기루 프레임에 휘청거리다 죽어 갑니다. '유능하다', '인정받고 싶다'는 욕구와 주변의 기대에 어떻게든 응답하고 싶다는 범생이 프레임에 갇힙니다. '남들이 나를 어떻게 평가할까?'라는 불안과 초조가 반복되고 잠재의식으로 자리 잡으면 나는 점차 증발해 작아집니다.

2023년 11월 5일 BTS 정국의 첫 솔로 정규 앨범 발매를 기념하는 공연이 있었습니다. 〈골든〉은 발매 당일에 약 215만 장이 팔리면서 더블 밀리언셀러를 기록했고 정국은 아시아 최초로 미국을 제외한 '글로벌 차트 톱10'에 세 곡을 동시 진입시킨 가수라는 기록을 세웠습니다. 마침내 BTS라는 그룹에서 홀로서기에 성공한 것입니다. 그는 자신이 잘하는 장르가 무엇인지, 도전하고 싶은 장르는 무엇인지, 무엇이 부족한지를 고민했고 무대에서 공연하는 자신의 모습을 상상하며 곡을 선정했습니다. 그는 다양한 장르를 소화하는 가수가 되고 싶었습니다. 그리고 그가 알을 깨고 나왔습니다.

그동안 우리는 좋은 모델을 본받기 위해 누군가를 존경하고 추앙하면서 따라다니기를 마다하지 않았습니다. 하지만 더 이상 위인을 존경하지 마십시오. 그냥 바라만 보십시오. 그들은 당신의 존경을 받기 위해 살다 가지 않았습니다. 살다 보니 존경받게 됐을 뿐입니다. 어쩌면 당신의 존경을 원치 않을 수도 있습니다. 그러니 이제 그만 존경을 거두고 당신의 길을 가십시오. 그들을 올려다보지도 말고 내려다보지도 말며 그저 '좋게' 보기만 하십시오. 인간이 인간을 존경하는 것은 어쩌면 일종의 편향적 몰입의 결과일지도 모릅니다. 인간이 아무리 위대하다고 해도 결국 죽어 가는 몸이고 배 속은 더러운 배설물로 가득 채워져 있기 때문입니다. 오십이면 이제 고유의 '자기'를 찾아서 스스로 일어설 때가 됐습니다. BTS의 정국처럼 여러분도 자신의 그룹을 빠져나올 때가 됐습니다.

캄보디아 출신의 당구 여제 스롱 피아비는 스포츠로 삶을 바꾼 대표적인 이주 여성입니다. 2011년에 결혼해 한국으로 온 그는 남편의 권유로 당구를 시작했고 10년 사이에 무서운 속도로 실력이 붙었습니다. 그렇게 여자 프로 당구(LPBA) 최초로 여섯 번의 우승 기록을 세우며 여자 당구계에 실력자로 이름을 올렸습니다. 그는 인터뷰에서 이런 말을 했습니다.

"스포츠에서는 본인이 대표다. 실패든 성공이든 내가 한 전부가 결국 내 스포츠 인생이고, 그 과정과 결과는 모두 내 몫이다. 지금의 과정과 결과는 자신만이 만들어 낼 수 있다. 환경을 떠나 내가 주인공인 인생을 멋있게 살았으면 한다."

그동안 관성에 의해 남의 것처럼 살아온 내 삶을 더는 계속할 수 없습니다. 그것은 사는 것이 아니라 살아지는 것입니다. 이제 여러분도 자기 인생의 방향키를 직접 잡을 때입니다. 이제 그만 표류를 끝내십시오.

죽음을 전제로
삶을 생각한다

【 건강 】

싸우게 될 지형과 기상 상태를 잘 알면 천 리 먼 거리 전투도 가능하다.
싸우게 될 지형과 기상 상태를 잘 모르면
왼쪽 부대가 오른쪽 부대를 구할 수 없고
오른쪽 부대가 왼쪽 부대를 구할 수 없다.

知戰之地 知戰之日 則可千里而會戰
지전지지 지전지일 즉가천리이회전

不知戰地 不知戰日 則左不能救右 右不能救左
부지전지 부지전일 즉좌불능구우 우불능구좌

6편 〈허실〉

얼른 생각하면 《손자병법》과 건강이 무슨 상관일까 생각할 수
도 있겠습니다. 그동안 젊고 혈기 왕성했을 때는 산이든 바다든

험하든 높든 별 상관없이 움직일 수 있었지만 이제는 장거리·장기간 여행, 험지와 고지는 아무래도 조심스럽고 기상 조건을 따져보고 몸 컨디션도 고려해서 움직여야 할 때가 됐습니다. 업무도 내가 감당할 수 있는지 체력, 인지 능력, 지력 모두 점검해야 한다고 볼 수 있습니다.

당신이 달려온 오십까지는 젊고 건강하다 보니 건강 면에서 큰 무리 없이 비교적 수월하게 살아왔습니다. 그러나 오십부터는 점차 근육도 약해지고 혈압, 심장, 혈관 등에 문제가 발생하며 본격적으로 쇠퇴기에 접어드는 시점입니다. 지금까지 달려온 50년의 세월은 비교적 가까운 거리로 느껴졌겠지만, 이제부터 달려갈 100세까지는 아프고 쇠락하고 고통이 따르는 먼 거리로 느껴질 가능성이 큽니다. 건강도 이제 장기전에 대비해야 합니다. 100세까지 온전히 건강을 유지하는 것도 힘든 일이겠지만 부부 중 한쪽에 갑작스러운 건강 문제가 생기는 것도 문제입니다. 어느 한쪽이 아프면 그나마 한쪽이 도울 수 있겠지만 두 사람 다 아프면 문제가 되겠죠. 하지만 한쪽이 갑자기 건강에 이상이 생겨도 큰 문제입니다.

나만의 문제가 아니다

제 지인 H는 프로그램 개발을 주업으로 하는 중소 기업체를 운영하고 있었습니다. 사업도 번창하고 돈도 꽤나 모았는데 어느 날 갑자기 뇌경색으로 쓰러져 거의 식물인간 상태가 됐습니다. 부인은 살림만 하던 사람이라 갑작스러운 사업 뒤처리가 잘될 리 없었습니다. 그러다 보니 사람들이 찾아오는 바람에 줄 돈은 줬지만 받을 돈은 몇몇 경우를 제외하고는 거의 받지 못하고 잘나가던 사업체도 헐값에 처분할 수밖에 없었습니다. 사업 승계, 상속 문제, 연명 치료 문제 등 건강할 때는 해도 그만 안 해도 그만이던 문제가 불시에 가장 심각한 문제로 떠올랐죠.

부부 금슬의 문제라서가 아니라, 오십까지 살다 보면 모든 일이 가족에게 투명하게 공개될 수 없습니다. 외부에서 일어난 여러 가지 일에 대해서 가족에게 일일이 말하는 남편은 아마도 드물 것입니다. 대개는 중요한 경우만 이야기하거나 아예 회사 일과 가정을 분리하는 집도 있겠죠. 남편 입장에서는 괜한 걱정을 가족에게 떠넘기기 싫어서일 테고 또 전문성이 떨어진다고 보고 입을 닫는 경우도 있겠죠. 아내 입장에서는 들어도 잘 모르니 당신이 알아서 하라는 식으로 되다 보니 자연스레 분리가 되는 것입니다. 하지만 위의 사례처럼 중소기업이고 사장이 1인 다역일 때 이런 문제가 생길 확률이 크다는 것이죠. 가장 최악은 H같이 갑자기 거동은 물론 의사 표현까지도 어려운 지경에 이르는 경우입니다. 통장 비밀번호, 복잡한 인증 번호를 까먹을 수도 있습니다. '설마. 나는 아니야. 아직 젊고 건강하니 괜찮아. 천천히 생각하지 뭐'라고 다들 생각할지 모르겠으나 이런 일은 불시에 누구에게나 찾아올 수 있습니다.

오십 이전까지의 건강은 대체로 자기만의 문제로 끝났습니다. 아프면 혼자 병원 가서 진료 받고 약 먹고 며칠 앓다가 다시 일어서면 그만이었습니다. 하지만 H의 사례에서 알 수 있듯 오십 이후의 건강은 자기만의 문제가 아닙니다. 딸린 가족의 생계와도 관련 있고 부속적인 문제가 줄줄이 엮여 있습니다. 개인의 건강 파탄에서 시작해 다른 일들도 도미노처럼 연쇄적으로 파탄 날 수도 있다는 얘기입니다. 심하게 다쳐서 거동이 불편하면 꼼짝없이 아내나 자식의 간병을 받을 수밖에 없습니다. 벌여 놓은 일들도 본인 없이는 수습이 불가할 수도 있습니다.

몸의 성능과 연식을 파악하라

건강 문제도 마찬가지로 지피지기 관점으로 봐야 할 문제입니다. 50년 동안 자기 몸 상태를 관찰해 왔다면 자기가 어떤 포인트에서 약하고 어떤 포인트에서 강한지, 인내심이 강한지 순발력이 강한지, 자기 나름대로 충분히 체력과 건강 상태를 파악했으리라 생각합니다.

당신은 몸이라는 자동차를 몰아서 지금의 이 상태까지 왔습니다. 2년 전에 바퀴를 갈았고, 트렁크 문짝이 찌그러져 있으니 조심해서 열어야 하고, 다음 달쯤 엔진 오일을 교환해야 하는 등의 상태와 120킬로미터 이상 주행할 때는 소리가 많이 나니 조심해야 하고, 에어컨 바람이 신통찮아도 수리 비용 때문에 내버려 두고 있는 등 성능에 대해서도 충분히 파악하고 있겠죠. 그렇다면 이제 남은 문제는 앞으로 수십 년도 지금까지처럼 운전을 잘하는 일입니다. 조금 달라진 것이 있다면 이제 많이 낡았으니까, 연식이 오래됐으니까 예전보다 더 관리에 신경을 써야 한다는 것이겠죠. 과거처럼 함부로 몸을 굴리거나 함부로 술을 마시거나 과식하거나 무리할 수 있는 상대가 아니라는 사실을 인식해야 합니다. 자동차와 마찬가지로 몸의 낡음도 동일하게 이해하고 인식해야 하죠.

오십 대까지 건강 관리의 이유는 건강하게 일하고 건강하게 잘 살기 위해서였습니다. 하지만 육십 이후의 건강 관리는 죽음을 전제로 죽음의 품질을 높이기 위함이 돼야 하지 않을까 생각합니다.

서울대학교 심리학과 교수 권석만은 《삶을 위한 죽음의 심리학》에서 "삶은 죽음을 배경으로 할 때 가장 잘 보인다"라고 했습니다. 오십 이후 건강 문제도 죽음을 배경으로 해야 잘 보일 것 같다는 생각을 해 봤습니다. 관점이 우울하다고 생각하실지 모르겠습니다만 회피할 수 없는 것이 죽음이고 바꿀 수 있는 것은 오직 죽음을 바라보는 시선뿐입니다. 그 낡아 가는 몸 따라 시선을 옮겨 가면서 건강을 잘 관리해야겠습니다.

최고 품질의 죽음은 병 없이 건강하게 무병장수하다가 죽는 것입니다. 즉 건강하게 잘 살다 짧게 앓고 죽는 것입니다. 소위 말하는 '구구팔팔이삼사', 즉 99세까지 팔팔(88)하게 살다가 노환으로

2일에서 3일 병석에 누웠다가 죽음(4)을 맞이하는 행복한 일생입니다.

그렇다면 인간의 한계 수명은 어느 정도일까요? 인간의 수명을 성서에 근거해서 살펴보면 아담이 930세, 셋이 912세, 에노스가 905세, 게난이 910세, 야렛이 962세, 노아가 950세, 최장수자인 므두셀라는 969세까지 살았다고 기록돼 있습니다. 그러나 창세기는 "그러므로 사람의 날은 120년이 될 것이다"라고 인간의 한계 수명을 120세로 규정했습니다. 시편에는 "우리의 수명은 70년, 특별히 강건하면 80년이지만 괴로움과 슬픔만 가득하고 신속히 지나가니 우리가 날아가 버립니다"라고도 돼 있습니다.

노화와 장수 분야의 학자들은 현대인의 성장 발육이 24세에서 25세에 완성되며 이 기간의 다섯 배가 인간의 한계 수명이라는 것을 근거로 인간은 120세에서 125세까지는 살 수 있다고 보는 경우가 많습니다. 또한 70세와 80세는 인간의 평균 수명으로 요즘 선진국의 평균 수명이 이에 근접하는 수치입니다. 2,000년 전 성경 말씀과 현대의 연구 결과가 거의 일치하고 있는 것도 신기합니다.

신체와 정신 모두의 건강이 중요하다

사람이 죽는 원인을 단순히 신체 건강의 문제만으로 볼 수 없습니다. 우리는 건강해도 외롭거나 지루하면 더 이상 살 수 없는 존재입니다. 비공식적 세계 최장수 노인으로 무려 146세까지 살았던 인도네시아 노인 음바 고토는 1870년생으로 2017년에 세상을 떠났습니다. 부인 네 명과 자식 열 명을 먼저 떠나 보낸 고토 할아버지는 극심한 외로움에 괴로워했고 손자는 BBC 인터뷰에서 "할아버지는 외로움과 지루함을 이기지 못하고 세상을 떠났다"라고 전했습니다.

"심심하지 않으려고! 심심하게 살기에는 인생이 너무 아깝지 않아요?"

개그맨 전유성의 말입니다. 전유성은 1세대 개그맨이지만 그가 걸어온 길을 되짚어 보면 개그맨은 그의 여러 직업 중 하나일 뿐입니다. '〈개그콘서트〉의 아버지' 전유성은 수많은 사람의 멘토인 동시에 성공한 공연 기획자이기도 합니다. 대한민국에서 '개그맨'이라는 단어를 처음 쓴 그는 초창기의 KBS 〈개그콘서트〉에 아이디어를 제공했고, '심야 볼링장'과 '심야 극장'이라는 아이디어를 국내에서 처음 현실화하기도 했습니다. 또한 베스트셀러 《인터넷 일주일만 하면 전유성만큼 한다》를 집필하기도 했습니다. 반려동물과 함께 즐기는 〈개나소나 콘서트〉를 만들었고, 지방 관객에게 개그를 배달하는 콘셉트로 경상북도 청도군에 '코미디 철가방 극장'을 세우기도 했습니다. 그는 신체도 건강하지만 마음도 건강합니다. 그 비결은 아마도 그의 일상에 지루함이 없기 때문이리라 생각합니다.

인간은 심심하면 죽습니다. 몸이 다소 불편하고 아프더라도 심심하지 않게 뭔가를 끊임없이 추구한다면 살아갈 수 있습니다. 하지만 심심하면 건강하더라도 재미가 없어 제풀에 일찍 죽을 수 있습니다. 세계적인 우주 천체 물리학자 스티븐 호킹은 루게릭병으로 움직일 수 없고 컴퓨터를 통해서만 말할 수 있는 신체적 장애에도 76세로 사망하는 그날까지 훌륭한 업적을 이뤘고 낙천적으로 자유롭게 살다 갔습니다.

"인생이 재미없다면 그것은 비극이다. 당신이 장애가 있더라도 잘할 수 있는 것에 집중하라. 장애 탓에 못하는 것들이 있어도 너무 유감스럽게 생각 마라. 신체적 장애가 있더라도 정신적 장애가 있어서는 안 된다."

결론적으로 인간은 아무리 신체를 단련해 건강한 몸을 유지해도 정신적으로 외롭거나 지겨우면 죽습니다. 인간은 괴로워도 죽고 싶지만 외로워도 죽고 싶고 지겨워도 죽고 싶은 존재입니다. 결국 인간을 죽음으로 몰아가는 것은 외로움과 지루함입니다.

외로움은 주변 사람들이 차츰 사라지기 때문이고 지루함은 사는 데 목표가 없기 때문입니다. 외로움은 어쩔 수 없는 일이지만 지루함은 스스로 목표를 설정함으로써 해결이 가능한 일입니다.

신체적 건강과 더불어 정신적 사회적 영적 안녕을 추구하는 목표 있는 삶이 건강을 추구하는 인생입니다. 사람들이 일반적으로 추구하는 신체적 건강만으로는 100세 시대를 극복할 수 없습니다. 오십부터는 몸 단련도 중요하지만 심심하거나 외롭지 않도록 뭔가를 노력해야겠습니다. 건강은 피지컬과 멘털의 합체입니다.

2장

흔들리지 않으려면
무엇을
바꿔야 하는가

【 오십의 계산과 전략 】

인생의 언어를
바꿔 보라

【 정체성 】

나를 알고 적을 알면 위태롭지 않게 승리할 것이다.

知己知彼 勝乃不殆
지기지피 승내불태

10편 〈지형〉

"MBTI가 어떻게 되세요?"

"뭐 하는 분이세요?"

요즘 방송이나 강좌에서 만나는 사람마다 MBTI를 묻습니다. 한마디로 '너는 누구냐?', '어떤 사람이냐?'는 것이죠. 자신의 유형도 말하고 타인의 유형도 궁금해합니다. 과거에는 사주를 보거나 사상 체질, 혈액형으로 유형을 나눴는데 이제는 MBTI가 대세입니다. 과학적으로 진화하는가 싶었는데 타로점도 같이 유행하는 것을 보니 반드시 그런 것은 아닌가 봅니다.

결국 이런 것들은 사람들이 자기 자신에 대해 명확히 모르기 때문에 유행합니다. 과거의 자기, 현재의 자기, 미래의 자기에 대해서 사람들은 몹시도 궁금해합니다. 어쩌다 알아맞히기라도 하면 놀라기도 하고 좋아하기도 합니다. 자신이 가장 잘 알고 있을 문제를 타인, 사주, 타로에 물어보고 MBTI와 사상 체질, 혈액형에 갇히려고 합니다. 청년들이야 세상 초년생이라 그 마음을 이해하겠으나 오십 넘은 나이에도 근거가 모호한 틀에 정체성을 함부로 내던져 자신을 유형화하는 것이 맞나 싶습니다.

그래서 저는 이런 형태의 지피지기에 거리를 두는 편입니다. 타로점은 무작위의 동전 던지기 같고, 사주팔자는 근거가 되는 통계의 신빙성이 희박하고, MBTI는 나도 잘 모르는 나를 16가지 틀로 규정한다는 것이 내키지도 않고 확신도 들지 않기 때문입니다. 저는 어떤 때는 내향형, 어떤 때는 외향형, 어떤 때는 감정형인가 싶다가, 어떤 때는 사고형이라 딱 하나로 '나'를 규정하기가 어렵습니다. 아마도 저는 다중인격자인가 봅니다. 사상 체질과 혈액형도 마찬가지죠. 두 가지 유형이 겹치거나 이 유형인지 저 유형인지 명확하지 않은 부분도 많다고 봅니다.

직업에 대한 질문을 받을 때도 똑같은 고민에 봉착합니다. 처음 만나는 분이 "뭐 하는 분이세요?", "어떤 일을 하세요?"라는 질문을 던지면 참으로 머리가 복잡해집니다. 삼십 대, 사십 대 때는 기껏해야 한두 개의 직장이나 직업을 거쳤을 테니 직업이나 하는 일을 규정하는 것이 별문제가 되지 않지만 나이가 들고 경험이 많아지고 여러 일을 하다 보면 본인조차 '내 직업이 뭐지?', '내가 무슨 일을 하고 있다고 말해야 하나?' 하며 혼돈이 생기죠.

하나의 직업으로 평생 사는 분도 있지만 저는 본의 아니게 많은 직업을 거쳤습니다. 은행원, 프로그래머, 증권 투자 상담사, 보험 설계사, 경영 컨설턴트, 사업가 등 수십 종입니다. 지금도 칼럼니스트로서 글이나 책을 쓰고, 가끔 강의 제안이 오면 강의를 하고, 자문 요청이 오면 컨설턴트나 고문으로서 출근하며 한마디로 이것저것을 가끔씩 합니다. 과거에도 그랬고 지금도 그렇고 하는 일을 한마디로 콕 집어 규정하기 어려운 다중 직업자이기 때문입니다. 그러니 그런 질문에 당황하고 얼버무리는 것이죠. 자신의 직업에 대해 답하는 일조차 이렇게 복잡하고 어렵습니다.

이제는 보이지 않는 나에 집중할 때

'나는 누구인가', '어떻게 살 것인가', '어떻게 죽을 것인가'는 현대인이 평소에는 잊고 살지만 가끔 생각하는, 인생에서 가장 중요한 질문입니다. 지피지기 중에서 '지기'입니다. 오십이라서 새삼 다가온 질문은 아닙니다. 사실은 오래전 언제부터인가 생각하고 고민했지만 해결하지 못한 난제죠. 그렇다고 나에게만 유별나게 주어진 문제도 아닌 것 같습니다. 사람이라면 누구나 살면서 한 번쯤은 하게 되는 공통의 궁금증입니다.

먼저 살다 간 인생 선배들도 그랬습니다. 프랑스의 화가 폴 고갱의 그림 중에도 〈우리는 어디에서 왔는가? 우리는 무엇인가? 우리는 어디로 가고 있는가?〉라는 제목의 작품이 있고, 삼성그룹의 창업주 이병철 회장도 타계 1개월 전 신부에게 던지는 24가지 질문에 이런 내용을 담았습니다. 두 사람 다 유감스럽게도 죽기 직전에 이런 질문을 생각했습니다.

저도 지금까지 수없이 간헐적으로 이런 질문을 했지만 이런 답도 없는 질문을 마지막 순간까지 반복하다가 앞서간 선배들처럼 죽고 싶지는 않습니다. 다 지나간 과거를 두고 새삼 MBTI나 타로를 보면서 손뼉이나 치고 고개를 끄덕이면서 시간을 보낼 수도 없습니다. 그래서 좀 더 이성적이고 논리적인 접근으로 자기 계발서를 통해 SWOT 분석을 하기도 합니다. 장단점, 위험 요소, 기회 등으로 나를 탐색하고 분석하고 방향을 제시하는 것이죠. 그러나 솔직히 여러분은 이런 자기 분석 기법이 없어서 자기를 몰랐던 것이 아닐 것입니다. 알면서도 확인해 보고 싶었던 것이겠죠.

어쨌든 지금까지는 이런 방법에 흥미를 갖는 것이 문제가 되지 않았습니다. 하지만 오십 이후에는 그러면 안 될 것 같습니다. 그 이유가 몇 가지 있습니다.

첫째, 시간이 얼마 남지 않았습니다. 그나마 삼십 대까지는 젊기도 하고 모르는 것도 많으니까 주저주저하는 것이 어쩌면 당연하고 괜찮았습니다. 하지만 하프 라인을 넘어선 오십은 이제 새로운 이닝의 시작으로 주어진 시간이 그리 많지 않습니다. 숫자상으로만 하프 타임이지 실제로 실제 활동 시간은 지나온 과거의 절반 정도만 주어질 것입니다.

둘째, 이미 충분히 고민했기 때문입니다. 지금까지 당신 자신을 파악한 것만으로도 데이터가 충분하고, 그렇다는 것은 이미 고민을 충분히 했다는 뜻입니다. 그러므로 이제는 그동안의 '보이는 나'를 뒤로하고 '보이지 않는 나'를 향해 갈 필요가 있습니다.

정체성과 아집을 구분하라

사람들은 흔히 주관을 갖고 살라고 말합니다. 자기 인생이니 자기를 위해 살라고 하면서 하루라도 빨리 정체성을 가지라고 합니다. 정체성을 무조건 가져야 하는 것으로 인식하죠. 그러나 정체성은 갖지 않아서 좋을 때가 있고 반드시 가져야 하는 때도 있습니다.

너무 이른 나이에 주관이 자리 잡으면 그로 인해 다른 사상이 들어올 틈이 없어집니다. 선택의 폭이 좁아지는 것이죠. 요행히 좋은 선택을 한다면 효율적으로 인생을 살겠지만 인생을 그렇게 효율적으로 살 확률은 매우 희박합니다. 중동에서 태어나면 이

슬람교도가 되고 인도에서 태어나면 힌두교도가 되고 태국에서 태어나면 불교도가 되는 것처럼 주어진 대로 살아갈 가능성이 큽니다.

종교뿐만 아니라 정체성과 주체 의식이 너무 젊은 나이에 확립되면 아집이 될 수도 있고 오히려 자아 발견과 발전에 걸림돌이 될 수도 있습니다. 오십이 다 되도록 정체성이 흔들리고 있다면 이제는 정체성을 견고히 할 필요가 있겠지만, 너무 이른 나이부터 확고해졌다면 자기 정체성을 뒤돌아볼 필요가 있습니다. '혹 잘못되지 않았나', '빠트린 것이 없나', '착각한 것이 아닌가'라는 질문으로 자신의 스펙트럼을 넓히는 것이죠.

줌파 라히리라는 영국의 소설가가 있습니다. 모국어를 내버려 두고 이탈리아어로 글을 쓰는 그를 두고 글항아리의 이은혜 편집장은 이렇게 말했습니다.

"다른 언어로 글을 써 본 사람과 그런 경험이 없는 사람은 서로 다른 세계에 속해 있을 것이다. (중략) 많은 좋은 것을 우리는 현재의 자신에게서 찾을 수 없고 대체로 타인의 권유로 만난다."

오십 대까지가 가장 바쁩니다. 정신없이 살다 보면 가끔 "내가 뭐 때문에 살지? 나는 왜 살지?"라는 질문에 부딪힙니다. 그때는 이런저런 이유 생각 말고 잠시 멈추면 됩니다. 오십은 쉼표의 시간입니다. 연주회에 가면 '막간'이 있습니다. 막과 막 사이의 쉬는 시간입니다. 배우도 쉬고 관객도 쉬는 시간이죠. 다른 측면으로는 준비의 시간입니다. 연기자와 스텝은 다음 막의 무대 장치와 분장을 준비하고, 관객은 화장실에 다녀오거나 목을 축이며 다음 막을 보기 위해 준비합니다. 서로의 준비 시간, 서로의 막간입니다. 다음 막에서는 인생의 언어를 바꿔 보는 것이 어떨까요?

나를 새롭게 설정하기 위한 자세

오십 이후의 지피지기는 과거의 지피지기와 다른 형태로 생각해야 합니다. 지금까지는 주로 사냥감을 얻기 위한 지피지기였습니다. 삶의 목적과 수단에 초점을 맞춘 지피지기였습니다. 보이는 사물이나 능력, 관계에 대한 지피지기였습니다. 흔히 은퇴하면 자신의 목표를 다 이룬 것처럼 은퇴와 목표 추구를 동일시하고 지레 무대에서 내려와 산으로, 바다로, 놀이와 쉼의 세계로 자신을 몰아세웁니다. 과연 옳은 전략인가 싶습니다. 육십이라는 숫자는 주어진 숫자고 주어진 은퇴일 뿐입니다. 당신 인생의 숙제는 아직 많이 남아 있습니다. 인생의 많은 목표 중 일부인 사냥만을 해결한 것이죠. 더 직설적으로 얘기하면 돈, 경제적인 부분에 불과합니다.

오십 이후에는 정신적 지표의 재설정이라는 나머지 과제로 나아가야 합니다. '나는 누구인가'의 설정이죠. 손자가 말하는 '지기'입니다. 그러나 각자 인생관, 종교 철학 등이 너무 다양하고 이는 개인의 독창성일 수 있기 때문에 그런 지표 설정은 접어 두고 이 책에서는 지표를 대하는 전략에 대해서만 언급하는 것이 맞을 듯 싶습니다.

첫째, 관념의 관성을 벗어나야 한다

내가 지금까지 믿었던 종교, 신념, 철학, 인생관에 대해 다시 생각해 보자는 뜻입니다. 잘 설정돼 있으면 더 다지고, 조금 부족하면 보충하고, 아예 잘못 세팅됐다면 재설정해야겠죠.

둘째, 타인이 들어올 틈을 만들어야 한다

나의 생각에 타인의 생각이 들어올 틈을 만들어야 합니다. 내 신념을 버리거나 양보를 하라는 것이 아닙니다. 그들에게 나의 생각을 강요하지 말되 그들과 평화롭게 지내기 위한 생각의 여유와 대화의 부드러운 태도를 가져야 한다는 말입니다. 노벨 문학상을 수상한 시인 토마스 트란스트 뢰메르는 〈미완의 천국〉이라는 시에서 "우리는 모두를 위한 방으로 통하는 반쯤 열린 문이다"라고 했습니다. 시작은 가까운 가족과 친구부터입니다. 그들을 위해 문을 살짝 열어 두십시오.

셋째, 오늘 할 일과 내일 할 일을 알면서 살아야 한다

오십쯤 살다 보니 그날그날 닥치는 대로 살거나, 반대로 매일매

일 같은 일을 반복하고 관성에 갇혀 사는 것이 몸에 뱄습니다. 이런 생활 양식에 조금은 변화를 줘야 합니다. 내일이 마치 생애 처음 맞이하는 새로운 날인 것처럼 말이죠. 사실 따지고 보면 새로운 날 맞습니다. 매 순간 새로움과 신선함을 느껴 보십시오. 마음을 그리 먹으면 내일 무엇을 할지 계획이 생길 테고, 일주일, 1개월, 1년의 일정이 세워질 것이며 계획이 딱 버티고 있으니 희망과 목표가 저절로 완성되겠죠.

넷째, 썩기보다는 낡아 가야 한다

오십부터는 낡아 가는 나이에 접어듭니다. 낡아 갈 것인가, 썩어 갈 것인가를 선택해야 할 나이입니다. 썩어 가는 인생이 되지 마십시오. 50년 정도 살다 보니 다들 '인생 나들이'에 익숙해질 나이가 됐습니다. 그래서 외출할 때도 대충 꾸미거나 아무 옷, 아무 신발, 아무 머리로 대충 정리하고 면도도 아예 하지 않고 나가기도 합니다. 50년 낡은 몸을 전보다 더욱더 다듬고 잘 차려입고 면도도 깨끗이 해도 모자랄 판에 젊었을 때보다 몸단장 시간을 줄이고 행색도 평범하다니, 과연 옳은 처신일까요?

오십부터는 옷차림, 향수, 면도, 신발 등 외양에 각별히 신경을 써야 합니다. 지금까지 그렇게 살지 않았다면 새로 태어나는 기분으로 단장을 시작하시고, 지금까지 조금씩 해 왔다면 더욱더 강도를 높이셔야 합니다. 집 밖으로 쓰레기 하나를 버리러 가더라도 제대로 입어야 합니다. 낡아 가는 몸에 페인팅을 하고 점차 부패해 가는 몸에 향수라도 뿌려 혹 날 수 있는 악취를 막아 주서야 합니다. 애벌레가 허물을 벗어던지고 나비로 다시 태어나듯 지난날의 당신 모습을 말끔히 지우십시오. 썩어 가지 마십시오. 부디 낡아 가시기 바랍니다.

내게 유리한
상황을 만들어라

【 준비 】

승리하는 군대는 먼저 승리할 수 있는 상황을 만들어 놓고 싸운다.
패배하는 군대는 먼저 싸움을 시작하고 난 후에 승리를 구한다.

勝兵先勝而後求戰 敗兵先戰而後求勝
승병선승이후구전 패병선전이후구승

4편 〈군형〉

'이기는 싸움만 한다.'

'이겨 놓고 이긴다.'

'승리는 세팅이다.'

저는 처음에 이런 말이 말장난으로만 들렸습니다. 이것이 말이 되나? 하지만 45전 40승 5무를 기록한 이순신 장군의 경이적인 해전 결과를 보면 이해가 됩니다. 가진 배, 군사, 무기가 부족했는데도 그는 싸울 때마다 이겼습니다. 특히 명량 해전은 조선군이 가장 열세인 상황에서 거둔 승리이기에 기적이라고 해도 과언이 아닙니다. 당시 이순신 장군은 판옥선 13척에 초탐선 32척뿐이었지만 왜군의 군선 330여 척 중 100척 이상 침몰시켜 조선 수군이 압도적인 승리를 거뒀습니다.

이순신 장군의 승리 비결에 여러 분석이 있지만 그가 이길 가능성이 높은 전투를 했다는 점이 가장 설득력 있습니다. 바로 지피지기로 "선승구전(先勝求戰)"한 것이죠. 《손자병법》의 "선승구전"은 말 그대로 '먼저 승리할 수 있는 조건을 설계해 놓고 전투를 한다'는 뜻입니다. 먼저 이길 수 있는 구조를 짜 놓는 것이죠. 사실상 승리를 세팅해 놓고 승리를 확인하기 위해 전투를 벌인다는 것입니다. 이런 관점에서 보면 《손자병법》의 승리는 드라마틱하지 않습니다. 당연한 것이고 예정된 결과물일 뿐입니다. 장수와 병사들은 그저 설계한 대로 움직이기만 했을 뿐 승리는 저절로 따라온 것이죠. 이에 반해 지는 군대는 일단 전투를 시작한 뒤 그때부터 승리하는 방법을 찾습니다. 따라서 유능한 장수는 이길 수밖에 없는 구조를 짜고 형세를 만드는 데 주력합니다. 이순신 장군도 바로 그런 사람이었습니다. 그는 전투를 벌이기 전에 승산을 높이려고 최선을 다했습니다. 왜군의 약점과 조선 수군의 강점을 파악하고 그 약점과 강점이 최대한 드러날 수 있는 전투를 기획한 것입니다. 손자가 가장 좋아하는 싸움, '이기는 세팅'입니다.

이기는 세팅뿐만 아니라 지는 세팅도 있습니다. 미국 필라델피아의 빈민가 청년 척 웨프너의 이야기입니다. 4회전 복서 겸 가게 점원으로 근근이 살아가고 있던 그에게 어느 날 기회가 왔습니다. 독립 기념일의 이벤트 게임으로 무명 복서에게 챔피언 도전권이 주어진 것입니다. 당시 헤비급 세계 챔피언이었던 알리와의 경기였는데 그는 15회 마지막 19초를 남기고 TKO패를 당했습니다. 당연히 질 게임을 진 것이죠. 이 장면을 실베스터 스탤론이 보고 나서 만든 영화가 바로 1976년에 개봉한 〈록키〉입니다. 손자가 가장 싫어하고 가장 피하고자 하는 싸움 지는 세팅의 사례입니다.

바위로 계란 치기 전략

사실 '이기는 세팅'이라는 말은 환상으로 들릴 수도 있겠습니다. 그렇지만 '단단한 돌로 계란을 치는 것'은 현실적이고 이해하기 쉽습니다.

적의 강약점을 이용해서 숫돌로 계란 치듯 쉽게 이겨라.

如以碬投卵者 虛實是也

여이단투란자 허실시야

5편 〈병세〉

적의 실(實)한 곳을 피해 허(虛)한 곳을 친다는 것이죠. 바위로 계란 치듯 쉽게 이길 수 있는 조건으로 승부하는 선승구전의 사례는 우리의 실생활에서도 쉽게 찾아볼 수 있습니다. 예컨대 운전면허 필기시험 같은 것입니다. 문제 은행에서 모의고사를 보면 대개는 합격, 불합격의 결과를 사전에 예측할 수 있습니다. 이때 합격선이 70점인데 모의고사 점수가 90점으로 나왔다면 본시험에서는 거의 합격한다고 봐도 무방합니다. 이기는 세팅입니다. 영어 시험인 토익이나 토플, 기타 자격시험의 경우도 비슷한 예측이 가능하다고 봅니다. 미리 합격해 놓고 시험을 보는 것이죠. 또 자격시험의 경우 한꺼번에 공부하기 힘들면 쉬운 과목부터 공부해서 합격하는 것도 일종의 '바위로 계란 치기' 전략이 되겠습니다.

기록경기인 육상, 수영, 마라톤, 역도 등도 대개 경기 전에 선수 간 승패가 결정돼 있다고 볼 수 있습니다. 역도 경기를 위해서는 1차 시기에 대한 기록 카드를 작성해 미리 심판에게 제출해야 합니다. 이때 본인의 시합 최고 기록보다 20킬로그램을 초과해서 허위로 작성하면 안 된다는 규정이 있습니다. 무게를 선택하는 1차 시기부터 현격한 차이가 나면 특별한 이변이 없는 한 순위가 깨지지 않습니다. 이와 같이 우승 후보는 당일 그 기록을 단지 증명하는 자리가 될 뿐입니다. 특히 압도적 기록 차가 날 경우는 더욱 그렇습니다. 이겨 놓고 이기는 것이죠.

이기는 것도 일종의 습관입니다. 세계 최강 한국 남자 펜싱 사브

르 대표팀 구본길이 한 신문 인터뷰에서 다음과 같이 말했습니다.

"연습에서도 자꾸 찔리면 습관이 돼 버려요. 상대 칼에 찔리는 감각에 익숙해지면 힘든 상황을 이겨 내지 못하고 멘털을 놔 버립니다. 본게임은 물론이고 연습 게임에서도 이기는 습관을 들여야 합니다."

그는 2012 런던 올림픽, 2020 도쿄 올림픽에서 두 개의 금메달을 획득했고 최근 2023년 9월 항저우 아시안게임도 석권했습니다.
이기는 세팅은 마음먹는다고 하루아침에 뚝딱 되는 것이 아닙니다. 손에 익어야 하고 이기는 습관이 몸에 배야 합니다. 연습은 완벽을 낳습니다. 그리고 그 바탕에는 절박함을 근간으로 하는 근성이 있어야 합니다. 그래야 이기는 것이 습관으로 자리 잡습니다. 그렇게 할 때 그에게 게임은 '어쩌다' 이기는 것이 아니라 '당연히' 이기는 것이 되죠. 이기는 것도 습관이니까요.

내가 만든
길을 걷는다

【 인생 기획 】

승리는 만들 수 있다.

勝可爲也
승가위야

6편 〈허실〉

"승가위야(勝可爲也)"는 열심히, 철저히 준비하면 승리할 수 있다는 자신감을 불어넣기 위한 소위 '파이팅'과는 조금 결이 다릅니다. 승리를 미리 기획한다는 의미가 강하게 내포돼 있다고 할 수 있죠. 그런 의미에서 승가위야는 '이겨 놓고 이긴다'는 선승구전과 맥을 같이합니다. 그런데 아무리 승리, 성공을 기획한다고 해도 영화나 드라마라면 모를까 80퍼센트, 90퍼센트도 아니고 100퍼센트 완벽하게 달성한다는 것이 현실에서 가능한 일일까요?

두 딸의 인생을 계획한 아버지

실제로 그런 일이 있었습니다. 인생 자체를 송두리째 설계해 성공한 사례입니다. 두 자녀가 출생하기 전부터 그들의 성공을 위해 한 치의 오차 없이 선승구전을 기획하고 승가위야를 실현한 아버지가 있습니다. 바로 테니스 선수 자매로 유명한 세레나 윌리엄스와 비너스 윌리엄스의 아버지였던 리차드 윌리엄스입니다.

그는 자녀들의 총 124개 우승 타이틀, 평생 한 번도 하기 힘들다는 그랜드슬램 33번이라는 전무후무한 기록을 일군 사람입니다. 리차드 윌리엄스의 이 경이로운 기획과 성과의 이야기를 다룬 실화 영화가 바로 〈킹 리차드〉입니다.

언니 비너스와 동생 세레나는 1999년 프랑스 오픈 테니스 대회 여자 복식에서 처음 정상에 오른 이래 4대 메이저 대회 복식에서만 총 14회 우승을 합작했습니다. 2000년 시드니, 2008년 베이징, 2012년 런던에서 올림픽 복식으로 금메달을 목에 걸었습니다. 홀로 서기도 잘해 냈습니다. 메이저 대회 단식 부문은 비너스 7회, 세리나 23회로 총 30회 제패했습니다. 둘은 각각 단·복식 랭킹에서 세계 1위에 오르기도 했습니다.

처음 리차드 윌리엄스가 이런 기획을 한 것은 TV의 스포츠 프로그램 때문이었습니다. 그는 한 테니스 선수가 4만 달러의 우승

상금을 받는 것을 보고 태어나지도 않은 딸들을 테니스 선수로 키우겠다는 결심을 하게 됩니다. 당시도 그랬지만 지금도 여전히 테니스는 귀족 스포츠고 매너를 상당히 중요시하는 스포츠입니다. 최상위권 선수는 상금, 광고, 스폰서로 인한 수입도 어마어마합니다. 가난한 흑인이 딸들을 테니스 선수로 키우겠다고 한 것 자체가 언감생심 큰 도전이라고 볼 수 있습니다. 더구나 그는 테니스 선수 경험이 있는 것도 아니었고 테니스를 배운 적도 없었습니다.

그는 기차선로 옆의 쓰러져 가는 판잣집에서 살았으며 흑인이라는 이유로 심한 인종차별을 당했고 궁핍한 유년 시절을 보냈습니다. 그의 아버지는 가장으로서의 책임을 소홀히 했고 어머니를 학대하기도 했습니다. 리차드는 자신의 자녀에게 가난과 고통을 물려주지 않기 위해 원대한 꿈을 실현하기 위한 계획을 구상했습니다. 교본과 비디오테이프로 테니스를 익혔고 두 자매가 태어나기도 전에 78페이지에 달하는 테니스 선수 육성 계획서를 작성했습니다. '계획을 세우는 데 실패하면 실패를 계획하는 것과 다름없다'면서 말이죠. 이길 조건을 만들어 놓고 이기는 선승구전 전략이었습니다.

리차드 윌리엄스에 대한 더욱 놀라운 점은 그가 이룩한 성공의 질입니다. 한 매체와의 인터뷰에서 "윔블던을 포함해서 딸들이 테니스에서 거둔 성과에 대해 자랑스럽게 생각합니까?"라는 질문을 받자 그는 이렇게 답했습니다.

"나는 딸들의 현재 모습 그 자체와 테니스 이외의 것들에서 이룬 성과에 대해 자랑스럽게 생각합니다. 테니스를 하는 많은 선수와 챔피언이 테니스 이외에는 아무것도 몰라요. 대학도 가지 않고, 테니스가 그들이 아는 전부니 그것 외에 다른 무엇을 할 수 있겠어요? (중략) 대부분의 선수들이 베이스라인 건너편에 또 다른 삶이 있다는 사실을 몰라요. 제 딸들은 대학에도 갔고 교육을 받았죠. 따라서 걔들은 무너지지 않을 것입니다."

완벽합니다. 마치 영화배우가 사전에 대사를 외워 읊듯이 인터뷰도 철저하게 준비된 것으로 보입니다.

그는 자매에게 스포츠 선수로서의 성공만을 집착하게 하지 않았습니다. 그는 훈련이 없을 때는 자매들이 쇼핑과 전시회 관람 등 평범한 일상을 누릴 수 있도록 했습니다. 그런 연유로 자매들은 예술과 경영 등 자신의 관심 분야에 대해서 대학 학위를 마쳤으며 패션과 관련된 사업도 활발하게 하고 있습니다. 윌리엄스 자매는 은퇴 전에 이미 'GOAT(Greatest of all time)'로서의 평가를 받고 있습니다.

가난에서 벗어나려는 아버지의 집념, 훌륭한 기획 설계와 일관된 실천, 가족 사랑, 자매의 재능이 어우러져서 선승구전과 승가위야의 현실 모범 사례가 됐다는 것이 놀랍습니다.

오십에 리차드 윌리엄스 같이 자녀를 계획하고 준비해 스타로 키울 수는 없습니다. 재취업이나 인생 2막의 다른 부분에서 철저한 계획과 설계가 필요하다는 정도로 이해하면 될 것 같습니다.

두루 보는
느긋함을 갖춰라

【 속도 】

가까운 길을 먼 길 가듯 가라.

迂直之計者勝
우직지계자승

7편 〈군쟁〉

지금은 속도의 시대입니다. 칼럼니스트 양성희는 OTT 영상을 1.5배속으로 보거나 건너뛰기를 하며 본 것만으로 "그 영화를 봤다"라고 말하는 등 콘텐츠 소비에도 시간의 가성비, 즉 '시성비'를 따지는 오늘날의 현상을 두고 '거대한 가속의 시대'라고 표현했습니다.

한때 '빨리 빨리'는 외국인이 가장 먼저 배우는 한국말이었습니다. 한국인은 행동이나 태도가 빠르고 급합니다. 커피 자판기의 음료가 나오는 칸에 손을 넣고 기다린다거나 엘리베이터 버튼 중 닫힘 버튼이 가장 먼저 닳아빠집니다. 전철의 지도 앱에도 최소 시간, 최소 환승, 빠른 환승, 빠른 하차 방법이 안내돼 있습니다. 그래서 우리는 늘 최소 시간, 최고 속도를 좋아합니다. 좋은 대학을 졸업하고 대기업에 입사해 고속 승진하는 것을 성공으로 여기고 실패 없이 원하는 목표에 빨리 도달하면 잘된 일이라 생각합니다. 합격 불합격 발표나 승진 발표에도 꼭 '최연소 합격', '최연소 승진'이라는 말을 붙이고 각종 감투에도 '최연소 국회 의원', '최연소 장관'이라는 표현이 훈장처럼 따라붙습니다. 우리는 스피드 신드롬에 빠져 있습니다. 속도가 습관이고 속도에 옥죄여 살아가고 있습니다. 남이 뛰니 방향도 영문도 모른 채 앞다퉈 뛰는 형국이 발생하고 있습니다.

돌아가는 만큼 내 땅이 된다

《손자병법》〈작전〉에 나오는 이 두 문장만 보면 속도가 최고의 미덕인 것처럼 보입니다.

승리하는 것이 중요하지만 오래 끄는 것은 좋지 않다.
兵貴勝 不貴久
병귀승 불귀구

졸속이라도 속전속결 일찍 끝내라.

兵聞拙速

병문졸속

하지만 〈군쟁〉의 '빠른 길을 돌아가는 것도 지혜'라는 뜻의 "우직지계(迂直之計)"와 대비하면 모순됩니다. 얼핏 정반대의 주장을 하나의 책에 담은 것처럼 보이지만 여기에는 엄청난 지혜가 숨어 있습니다.

통상 스피드에는 반드시 누락이나 생략이 있을 수밖에 없습니다. 디테일한 설명 없이 일사천리로 소통하다 보면 오해와 갈등이 일어날 수 있고 가파른 성공세에는 교만과 함께 그동안에는 보이지 않았던 적들이 출몰합니다. 생략은 부작용을 일으키고 교만은 몰락을 부릅니다. 스피드는 결국 처음의 기대와는 다른 방향으로 운명을 인도하고는 합니다.

우리는 보통 반대로 돌아가면 시간이 많이 걸리니 손해라고 생각합니다. 그래서 쉽게 그런 선택을 하지 않습니다. 현실에서 우회는 대체로 타의로 이뤄집니다. 명령이나 강제가 있지 않는 이상 원만하면 직선 길이나 빠른 길을 택하죠. 그러나 우회가 손해가 아닌 이익으로 전환되는 순간이 올 때가 있습니다.

MLB 최고의 수비수이자 '어썸(awesome) 킴', 김하성의 이야기를 해 보겠습니다. 김하성은 신흥 야구 명문고인 야탑고등학교 출신으로 1학년 때부터 주전 유격수로 활약했습니다. 하지만 2학년 때 신입 후배 박효준에게 밀려 2루와 3루를 돌아왔습니다. 박효준은 고교 3년간 타율 3할 5푼 5리에 OPS(출루율+장타율) 1.107의 괴물 성적을 낸 천재 야구 소년입니다. 박효준은 졸업과 동시에 미국 프로야구(MLB) 최고 명문 뉴욕 양키스로 직행했지만, 김하성은 한국 프로야구(KBO) 드래프트 2차 3라운드에서야 넥센 히어로즈의 지명을 받았습니다. 하지만 MLB에 적응하지 못한 박효준은 현재 마이너 리그에 있습니다. 반면 김하성은 MLB를 대표하는 내야수로 자리 잡았습니다.

김하성은 MLB 첫해인 2021년 타율 2할 2리, 홈런 여덟 개로 성적이 저조했습니다. 스트레스로 원형 탈모까지 생겨 이를 감추기 위해 염색에 장발까지 했습니다. 원정 경기 때 호텔 방으로 돌아와서는 많이 울었습니다. "인생에서 정신적으로 가장 낮은 지점이었다"라는 그 시절 그는 밤마다 고속 피칭 머신을 상대로 수백 번씩 스윙 연습을 했습니다. 마침내 김하성은 여러 포지션을 소화한 선수를 대상으로 하는 유틸리티 부문에서 MLB 최고 수비수에게 주는 2023 골든 글러브를 받았습니다. 고교 때부터 본의 아니게 유격수와 2루, 3루를 두루 맡은 경험이 큰 밑천이 됐던 것이죠. 본인 의지로 선택한 것은 아니지만 결과를 보면 우직지계가 됐고 다른 한편으로 새옹지마가 됐죠.

반면 '대한민국 최연소 바둑 기사'라는 타이틀이 있었던 김은

지 6단은 5세였던 2012년부터 어린이 바둑 대회에서 두각을 나타내 천재로 주목받았습니다. 하지만 2020년 9월 29일 'ORO 국수전 2020' 24강전에서 치팅(커닝)으로 프로 바둑 기사 자격 정지라는 오명을 쓰게 됐습니다. 속도 조절에 실패한 케이스라고 볼 수 있습니다.

한편 세상과 별개로 자기 속도만으로 살아가는 천재도 있습니다. 2002년 수학계의 중요한 난제 중 하나인 푸앵카레 추측을 증명한 러시아 수학자 그리고리 페렐만입니다. 그는 상금 100만 달러를 거부했을 뿐만 아니라 스탠퍼드대학교, 프린스턴대학교 등의 교수직도 거절했고 필즈상 등 수학계의 여러 상도 거부한 채 허드렛일을 하는 어머니와 은둔 생활을 하고 있습니다. 수상을 거부한 이유에 대해 그는 "나는 동물원의 동물처럼 전시되고 싶지 않다"라고 밝혔습니다. 본인만의 행복을 추구하며 자신이 하고 싶은 일을 하는 것입니다.

우회에서 기회를 찾는 사람들

그리고 보면 빠르게 성장하고 성공한 기업과 인물을 반드시 부러워할 일은 아닌 것 같습니다. 고대 로마의 첫 황제 옥타비아누스는 정치를 하면서 "천천히 서둘러라"라는 속담을 늘 마음에 새겼다고 합니다. 그래서인지 그는 전쟁을 통한 영토 확장을 최소화하면서 오랜 시기 팍스 로마나(Pax Romana), 즉 '로마의 평화'를 누렸습니다.

지혜로운 사람은 1등에 연연하지 않습니다. 그래서 늘 여유롭고 사는 것이 행복하며 삶을 즐깁니다. 반면 어리석은 자는 승리에 집착해 늘 초조하고 긴장하며 사는 것이 힘들고 승리에 잠시 도취되다가 곧바로 추락합니다. 세상 모든 기록은 승자의 기록이다 보니 결과가 미화되고 승자의 온갖 치부와 어두움은 가려져 왔습니다. 그러나 쉼 없이 앞만 보고 달리는 1등은 좀 더 빨리 절벽에 도달하는 것인지도 모릅니다. 여기 여유 있는 2등, 3등, 4등들을 보십시오. 1등이 어디로 가고 있는지, 그의 끝이 어디를 향하는지를 살피고 그 길을 피하거나 멈춥니다.

JTBC의 오디션 프로그램 〈슈퍼밴드〉에 출연해 '퍼플레인'이라는 팀으로 3위를 한 이나우는 어린 시절 독일에서 자라며 피아노를 시작했고 한국에 돌아와 중학교 과정인 예원학교부터 다니기 시작했습니다. 한국예술종합학교를 중퇴하고 나서는 다시 독일로 떠나 뮌헨 국립음악대학교와 뮌스터음악대학교에서 공부했습니다. 그는 오랫동안 피아노를 쳤지만 죽기 살기로 한 적은 없다고 말했습니다. 한국의 예술 학교에서도 그는 독특한 존재였습니다. 음악을 하면서 혼나 본 적도 없었고 그저 재미를 위해 피아노를 치고 노래하며 자랐기 때문이죠. 한국예술종합학교의 교수 임종필은 그에게 "어쩌면 네 장점은 연습을 안 하는 것"이라 했다고 합니다. 음악을 기계적으로 다루지 않으면서 자유로운 생각이 뻗어

나갔기 때문이죠. 이나우는 클래식뿐 아니라 대중음악 밴드, 작곡 활동을 계속하며 '피아노 잘 치는 사람'이 아닌 '매력 있는 음악가'가 되기를 꿈꾸고 있습니다.

2022 항저우 아시안게임 양궁 컴파운드 혼성 단체전과 남자 단체전에서 각각 은메달을 딴 주재훈 선수는 본업이 한국수력원자력의 청원 경찰입니다. 해병대 제대 후 대학교 3학년이던 2016년 그는 처음으로 양궁을 접했습니다. 유튜브 영상을 보며 자세를 익히고 연습장이 없어서 축사에서 연습했습니다. 본업이 있으니 부족한 훈련 시간을 메우기 위해 아침이나 늦은 오후, 야간에 연습하면서 세 배 속도로 활을 쏘는 압축 훈련을 했습니다. 지난 2023년 4월 선수촌 입촌을 위해 회사에 무급 휴직계를 냈습니다. 은메달을 땄지만 생업과 가정을 지키기 위해 당분간은 국가 대표에 도전하지 않을 예정이라고 합니다.

유명인만 소개하는 것 같아 이번에는 제가 잘 아는 지인의 사례를 들어 보겠습니다. N 이사는 50명 규모인 중소 IT 기업의 창립 멤버입니다. 지분이 있는 소위 '넘버 3'으로 기술 영업 관리의 총책임자입니다. 정년까지 무난하게 갈 수 있고 노년도 어느 정도 보장받을 수 있는 위치였습니다. 하지만 47세인 그는 조직 생활에 대한 염증과 퇴직 후 업에 대한 불확실성으로 지난여름 회사를 그만두고 이업(移業)을 했습니다. 보일러를 수리하고 싱크대와 전등을 교체하는 등 자잘하게 집안을 보수하고 유지하는 일입니다.

알고 보니 자유업이면서도 수입이 쏠쏠해 인기가 괜찮은 모양입니다. 수업료가 수백만 원임에도 학생이 줄을 서고 있다고 합니다. 별도로 학벌과 나이의 제한이 없고 몸만 움직일 수 있다면 평생 일할 수 있으니 배우려는 사람이 의외로 많다고 합니다.

《논어》〈자로〉에 "욕속부달(欲速不達)"이라는 말이 나옵니다. '일을 속히 하려고 서두르면 도리어 이루지 못함'을 이르는 말입니다. 빠른 성공은 빠른 몰락을 동반하거나 다른 불행을 가져오기도 합니다. '너무 잘하려고 기교를 부리다 도리어 일을 그르친다'는 "욕교반졸(欲巧反拙)"이나 바둑 격언 "장고 끝에 악수 나온다"도 같은 의미입니다. 말은 다 다르지만 뜻은 《손자병법》에서 말하는 우직지계와 맥이 닿아 있습니다.

자동차는 목적지에 빨리 도달하기 위한 도구로 존재 목적은 속도입니다. 하지만 아무리 액셀을 밟아 봤자 사고가 나면 차를 멈추고 문제를 수습해야 합니다. 큰 사고면 생명의 위협이 될 수 있고 경미한 사고라도 시간이 지체되니 본래 목적인 속도에 걸림돌이 됩니다. 결론적으로 목적지에 가장 빨리 도달하는 방법은 운전 중에 사고가 나지 않는 것입니다. 즐겁게 달리는 것입니다. 인생도, 세상 모든 일도 그렇습니다. 아무리 실력이 출중해도, 능력이 뛰어나도, 최연소 승진을 해도 중도에 스캔들이나 사고가 나면 도중하차해야 하거나 늦어집니다. 바로 손자의 백전불태가 중요한 이유입니다.

　지금 내게 일어나는 일이 좋은 일인지 나쁜 일인지는 오랜 시간이 지나야 알 수 있습니다. 사람은 앞으로 자기에게 무슨 일이 일어날지 확실히 알지 못합니다. 그러니 살면서 만약 돌아가야 할 일이 생기면 짜증을 내기보다는 일단 감사부터 해야 할 것 같습니다. 지금은 손해이고 늦어진다고 여겨지지만 결과적으로는 이익으로 돌아올 것이라는 희망으로 말이죠. 뛰어가다가도 조금은 숨을 고르며 살아야겠습니다. 다시 보는 승리, 두루 보는 느긋함, 돌아감을 즐기는 손자의 '우직지계'입니다.

싸우지 않고
얻는다

【 부전승 】

전쟁에서 적국 나라 전체를 온전히 두고 이기는 것이 상책이고
그 나라를 깨부수는 것은 차선이다.
적의 군을 온전히 두고 이기는 것이 상책이고
군을 쳐부수는 것은 차선이다.
여단을 온전히 두고 이기는 것이 상책이고
여단을 쳐부수는 것은 차선이다.
졸을 온전히 두고 이기는 것이 상책이고 졸을 쳐부수는 것은 차선이다.
오를 온전히 두고 이기는 것이 상책이고 오를 쳐부수는 것은 차선이다.

凡用兵之法 全國爲上 破國次之 全軍爲上 破軍次之 全旅爲上 破旅次之
범용병지법 전국위상 파국차지 전군위상 파군차지 전려위상 파려차지

全卒爲上 破卒次之 全伍爲上 破伍次之
전졸위상 파졸차지 전오위상 파오차지

3편 〈모공〉

여기에서 군대 규모의 단위로 군(軍)은 1만 2,500명, 여단(旅) 은 2,500명, 졸(卒)은 100명, 오(伍)는 다섯 명입니다. 한마디로 칼에 피를 묻히지 않고 '온전한' 상태로 적을 내 수중에 넣는 것이 상책이라는 말입니다. 적을 직접 쳐서 무너뜨리는 것은 전쟁 비용도 많이 들고 비록 이겼다고 하더라도 깨진 상태로 이기면 점령지의 복구비도 많이 듭니다. 상처뿐인 영광은 의미가 없습니다. '전(全)'은 최선의 싸움이고 '파(破)'는 최악의 싸움입니다. 고스란히 가져오는 것이 최상이라는 얘기죠. 다음에 이어지는 문장을 보면 의미가 확실해집니다.

백 번 싸워서 백 번 이기는 것이 가장 좋은 것이 아니고, 싸우지 않고도 적을 굴복시킬 수 있는 것이 가장 좋은 것이다.
百戰百勝 非善之善者也 不戰而屈人之兵 善之善者也
백전백승 비선지선자야 부전이굴인지병 선지선자야

3편 〈모공〉

백 번 싸워 백 번을 다 이긴다고 해도 그 과정에서 상대방도 깨지지만 나도 조금이라도 깨질 수 있으니 조심해야 된다는 것을 함축한 말입니다.

여기서 말하는 "부전이굴인지병"의 '부전(不戰)'과 "백전백승"에서의 '승(勝)'을 조합해 신조어 '부전승(不戰勝)'이 만들어졌습니다. 중국어 사전에는 '부전이승(不戰而勝)'이라고 명시돼 있고 영어로는 'walkover', 'bye default', 'bye'라고 표현합니다. 우리말 백과사전에는 '추첨이나 상대편의 기권 따위로 경기를 치르지 아니하고 이기는 일'로 설명합니다. 지금은 전쟁보다 오히려 선거에서의 무투표 당선과 각종 스포츠 경기에서 많이 쓰이는 용어로 자리 잡았습니다.

먼저 사기를 떨어뜨려라

손자 〈모공〉의 핵심은 실제 전쟁을 하지 않고 이기는 부전승 전략입니다. 일단 전쟁이 시작되면 어느 한쪽이 쓰러지기 전까지는 멈추기 어렵습니다. 내가 죽거나, 내가 이기거나 해야 끝이 납니다. 아무리 가벼운 전쟁이더라도 전쟁은 전쟁입니다. 전쟁은 그 자체로 참혹합니다. 전쟁이 벌어지면 승자든 패자든 양측 모두에게 피해는 무조건 생깁니다. 전쟁은 살인을 전제로 하기 때문이죠.

수비보다 공격하는 것이 몇 배의 노력과 고통을 수반하지만 공격하지 않고 적을 쓰러트릴 수는 없습니다. 그러므로 적을 치기 위해 공격하는 것은 피할 수 없으나 공격의 최종 목표가 적을 멸하는 것이 되면 곤란합니다. 아무리 뛰어난 군주, 장수, 병사라고 해도 전투의 승패는 절대 예측할 수 없고, 적을 멸할 작정으로 적을 치는 것은 상대도 사생결단 죽을 각오로 싸울 것이기 때문에 필연적으로 상처를 입을 수밖에 없는 구조입니다. 그러므로 상대가 스스로 싸움을 그만두게 하는 것을 최고의 목표로 해야 합니다.

이때 지피지기로 적을 잘 알고 나 자신도 잘 안다면 승패는 알수 없겠지만 최소한 전혀 예측하지 못하는 엉뚱한 위기는 겪지 않을 것입니다. 하지만 그런 확률도 100퍼센트까지는 장담할 수 없다는 불확실성이 전쟁의 특징이죠. 그러므로 항상 최악의 상황까지 따져 보고 그 상황이 발생할 경우 어떻게 잘 대처할 것인가를 미리 생각해 놔야 합니다. 이길 생각부터 하는 것은 금물이며 망하지 않을 방법부터 찾는 것이 우선입니다. 이런 고려 없이 적을 쓰러트릴 생각만 하면서 전쟁에 돌입하면 오히려 화를 입고 전쟁에서 패배할 가능성이 큽니다. 그동안 역사에서 수많은 나라와 군주와 장수들이 적을 치기 위해 나갔지만 뜻대로 되지 않았고 결국은 쓰러져 멸망했습니다. 이런 사실을 너무나 잘 아는 손자는 공격의 전략, 즉 모공을 적극 주장하고 모공을 통해 거저 이기는 부전승을 최고의 전략으로 삼았습니다. 당연히 역사상 부전승 사례는 많습니다.

위세를 떨쳐 항복을 받아 낸 한신

한나라 유방의 참모이자 대장군 한신은 초나라와 위(魏)나라를 차례로 격파한 후 조(趙)나라와 맞붙었는데, 이때 불과 1만 명으로 그 유명한 배수진 전략을 구사해 조나라의 20만 대군을 격파했습니다. 한신은 연나라와 제나라를 다음 목표로 삼고 조나라의 패장(敗將) 이좌거에게 공략을 위한 조언을 구했습니다. 이에 이좌거는 "전쟁을 즉시 중단하고 조나라의 백성들을 위로하며 그들을 배불리 먹여라"라고 했습니다. 그렇게 하자 한신의 은덕에 대한 소문이 삽시간에 퍼졌습니다. 한신은 바로 그 타이밍에 말 잘하는 사람을 연나라에 보내 한신 군대의 무용을 퍼뜨리게 했습니다. 연나라는 겁을 먹고 바로 손을 들었습니다. 부전승입니다.

다음 목표는 제나라였습니다. 그런데 제나라는 삼국지에 나오는 원소의 근거지였고 군사적 요충지이자 식량 창고였습니다. 또한 약 70개의 강력한 성을 갖추고 있었으므로 무력으로 공격하면 쌍방 피해가 클 것으로 예상됐습니다. 이때 유방은 말 잘하는 사신을 보내 엄포를 났습니다.

"대장군 한신은 1만 군사로 20만 조나라를 격파한 명장이다. 그런 그가 곧 당신의 제나라를 치러 올 것이다. 불필요하게 피해 보지 말고 미리 항복하면 나라는 보존할 수 있게 해 주겠다."

이에 제나라는 바로 손을 들어 항복했습니다. 한신의 위세를 이용한 유방의 부전승입니다. 이외에도 당나라에서 활약했던 고구려 유민 고선지 장군도 부전승으로 목표를 달성했습니다. 그는 727년 파미르 고원을 넘어 토번을 정복할 때 회유와 설득을 통해 72개의 크고 작은 소국에 싸움 없이 항복을 받아 냈습니다. 부전승입니다.

현대전의 겁주기

미국 〈월스트리트 저널〉에 따르면, 2023년 10월 이스라엘의 가자지구 지상군 투입을 앞두고 레바논 무장 정파 헤즈볼라가 이스라엘에 로켓 공격을 지속하자 이스라엘 국방 장관 요아브 갈란트는 헤즈볼라가 분쟁 수위를 높이면 "레바논을 석기 시대로 돌려놓겠다"라고 경고했습니다. 바로 공격할 수도 있지만 공격 전에 겁주기부터 시작한 것이죠.

9.11 테러 사건 직후, 미국은 아프가니스탄 탈레반에 대한 미국의 전쟁 수행에 파키스탄이 협력하지 않으면 파키스탄을 폭격하겠다고 협박했습니다. 당시 미 국무 차관보였던 리처드 아미티지가 파키스탄의 정보국장에게 "폭격당할 각오하라. 석기 시대로 돌아갈 각오를 하라"라고 경고한 것입니다. 당시 파키스탄 대통령 페르베즈 무샤라프는 매우 무례한 발언이라고 생각했지만 국익을 생각해 협력할 수밖에 없었다고 밝혔습니다. 미국의 겁주기가 통한 것입니다.

사실 '석기 시대'는 미국의 지도자들이 '초토화 폭격'이라는 의미로 과거에도 자주 사용하던 표현입니다. 베트남 전쟁 당시 미 공군 참모 총장이었던 커티스 르메이 장군은 "북베트남을 석기 시대로 되돌려놓겠다"라고 발언해 물의를 빚었습니다. 그는 미 육군 항공대 제21 폭격비행단 사령관으로 있던 1945년에도 "도쿄를 석기 시대로 되돌리겠다"라고 한 뒤 융단 폭격을 퍼부어 80만여 명의 사상자를 냈습니다. 또 한국 전쟁 때 미 종군 기자들도 폐허가 된 북한 지역을 석기 시대에 즐겨 비유했으며, 1991년 걸프 전쟁 때도 당시 미국 대통령이었던 조지 부시가 "이라크를 석기 시대로 되돌릴 정도로 폭격했다"라고 말하기도 했습니다.

2023년 10월 16일과 17일 양일에 걸쳐 세계 최강 전투기로 평가되는 F-22 스텔스 전투기 '랩터'와 핵 투발이 가능한 전략폭격기 B-52가 서울 수도권 상공에 떴습니다. B-52는 6,400킬로미터를 날아가 전술 핵 등 사거리가 200킬로미터에 이르는 32톤의 폭탄을 떨어뜨릴 수 있습니다. 대륙 간 탄도 미사일(ICBM), 전략핵 잠수함(SSBN)과 함께 미국의 3대 핵전력으로 꼽히죠. 미국이 이례적으로 랩터와 B-52의 한반도 출격을 동시에 알린 것은 이스라엘과 하마스 간 전쟁과도 연관해 북한이 도발에 나설 가능성을 우려한 것입니다. 경거망동하지 말라는 강력한 메시지이면서 동시에 겁주기입니다.

개체 수를 유지하기 위한 방편

백 번 싸워서 백 번 이기는 것이 최상이 아니다. 싸우지 않고 적을 굴복시키는 것이 최상이다. 그러므로 최상은 병력으로 적의 싸우려는 의도 자체를 깨는 것이다.

百戰百勝 非善之善者也 不戰而屈人之兵 善之善者也 故上兵伐謀

백전백승 비선지선자야 부전이굴인지병 선지선자야 고상병벌모

한마디로 겁줘서 그냥 이기는 것이 최상이라는 뜻이죠. 리처드 도킨스의 《이기적 유전자》에 의하면, 동물들은 동종 간에는 위협과 겁주기로 목숨을 담보로 하는 결투를 대신한다고 합니다. 패자가 항복하는 몸짓을 하면 더 이상은 물어 죽이는 등의 극단적 행동은 하지 않는다는 것이죠. 동종 간에는 주로 영역 다툼, 서열 정리, 교배 상대 결정 등의 이유로 싸우는데 둘 중 하나가 죽어 버리면 개체 수가 줄 것이고 유전자의 다양성도 보장되지 않기 때문입니다.

하지만 인간은 동종 간에도 싸우면서 죽입니다. 과거에는 사지를 찢어 죽이는 능지처참도 있었고, 심지어는 죽은 사람 무덤까지 파헤쳐 시신을 참수하는 부관참시는 물론이고 현대에 들어서는 토막 살인도 있습니다. 그러고 보니 "싸우지 않고 적을 굴복시키는 것이 최상이다"라는 말을 가장 모범적으로 실행하는 것은 인간이 아니라 동물이네요. 우리보다 열등하고 하찮다고 생각하는 하등 동물들입니다.

《손자병법》을 익힌 적 없는 동물들도 겁주기로 상대를 제압합니다. 뉴기니푸른혀도마뱀은 천적인 전갈이 나타났을 때 갑자기

쉿소리를 내고 동시에 입을 쫙 벌려 크고 파란 혀를 내밀어 적을 깜짝 놀라게 만들어 도망가게 합니다. 고양이는 화가 나거나 상대와 맞서 싸우려고 할 때 털을 세워 자신의 몸을 크게 부풀려 위협적으로 보이려 합니다. 하마끼리의 우열 싸움은 하품, 포효, 배설물 샤워, 턱 부딪힘으로 합니다. 겁줘서 쫓아 버리려는 의도입니다. 우리 인간도 이런 점은 동물에게 배워야 할 것 같습니다. 싸우지 않고 굴복시키는 것이 최상입니다.

벌모의 세 가지 유형

현대전에서 외교, 협상, 비폭력 시위, 스파이전, 모략, 이간질, 속임수, 국지적 무력시위 도발, 의도적 영공 침해 등은 최악의 전쟁을 회피하기 위한 수단이기도 하고 부전승으로 이기기 위한 모공이기도 합니다. 스포츠 경기에서 부전승은 싸움 없는 승리지만 전쟁에서 부전승은 다릅니다. 전쟁에서 부전승은 싸움의 한 방편 또는 일부로 봐야 합니다. 부지런히 부전승을 시도하되 부전승에 실패할 때는 곧바로 싸움으로 이어진다는 점이 스포츠 경기와 다른 점이죠.

이 점을 손자는 〈모공〉에서 잘 설명하고 있습니다. 모공은 공격의 전략, 즉 싸움의 전략입니다. 손자는 모공을 벌모(伐謀), 벌교(伐交), 벌병(伐兵), 공성(攻城) 네 가지 단계로 나눴습니다. 처음에는 꾀(벌모)로, 다음은 외교(벌교), 동맹 등 간접적 공격을 하다가 그것이 안될 경우 불가피하게 선택하는 것이 직접 군대를 동원(벌병)한다거나 국경을 침범(공성)하는 것이죠. 꾸준히 부전승을 시도하기도 하고 이 네 가지를 동시 다발로 섞어서 운용하기도 합니다. 전쟁에서 부전승은 스포츠처럼 깔끔하지 않습니다. 칼에 피만 묻히지 않을 뿐 이 또한 전쟁의 일부이기 때문입니다.

손자가 〈모공〉에서 설명한 공격 전략 4단계 중 가장 좋은 상책이 무기 없이 계략으로만 적을 제압하는 벌모입니다. 적의 전략 자체를 무력화시켜 상대방이 덤빌 생각조차 못하게 하는 것이죠. 위에서 언급한 여러 가지 겁주기가 벌모의 가장 전형적인 형태라 할 수 있습니다. 벌모에는 크게 세 가지가 있습니다.

힘에 의한 벌모

힘에는 여러 가지가 있습니다. 상대에게 완력으로 겁을 주는 물리적인 힘뿐만 아니라 보이지 않는 권력이나 금력도 힘입니다. 사람이나 국가나 본질적으로 이런 힘 앞에서 약해집니다. 예컨대 약소국은 강대국의 요청이나 거래에서 을이 될 수밖에 없습니다. 학문의 경우 지식도 힘입니다. 학자나 교수 사회에서는 연구 실적이나 학벌, 지식의 정도가 보이지 않는 힘을 발휘합니다.

이익에 의한 벌모

사람은 결국 이익을 좇아 움직입니다. 한비자는 사람을 움직이는 요인으로 세 가지를 꼽았습니다. 이익, 권위, 이상입니다. 여기서 한비자는 이익에 무게 중심을 더 뒀고 이익이야말로 사람을 움직이는 진정한 힘이라고 했습니다. 임금과 신하의 관계뿐만 아니라 심지어 부모와 자식의 관계도 결국 이익으로 엮인 관계라고 말할 정도입니다.

감동에 의한 벌모

사람의 감정을 움직이는 것이죠. 감동은 사람을 스스로 움직이게 하는 강력한 힘이 있습니다. 삼국지에서 제갈량이 남만왕 맹획을 일곱 번 사로잡았다가 일곱 번 놔줬다는 일화인 '칠종칠금(七縱七擒)'이 대표적인 경우겠네요. 이외에도 인격에 의한 감동, 훌륭한 서비스에 의한 감동 등입니다.

반격의 의지를 잠재우는 격차

앞서 언급한 적극적으로 겁주기와는 달리 이번에는 이쪽에서 특별한 조치를 취하지 않았음에도 상대가 알아서 꼬리를 내리는 경우입니다. 이쪽의 위세에 눌려 지레 겁먹거나 의욕을 상실하는 경우입니다.

삼성전자의 회장 권오현은 저서 《초격차》에서 "그 누구도 넘볼 수 없는 차이를 만드는 격"이 바로 초격차라고 했습니다. 그는 1985년 미국 삼성 반도체 연구소의 연구원으로 처음 삼성에 입사한 뒤 세계 최초로 64Mb DRAM 개발에 성공하는 등 지속적으로 혁혁한 성과를 냈으며 마침내 삼성전자 회장 자리까지 오른 신화적인 인물입니다. 많은 사람이 '삼성의 초격차'라고 하면 으레 '삼성만이 할 수 있는 것', '승자 독식' 또는 '1등이 혼자 다 가져가는 것' 정도로 생각하는 경향이 있습니다. 그러나 그의 초격차는 비교 불가한 절대적 기술 우위와 끊임없는 혁신, 그에 걸맞도록 구성원의 격을 높이는 것을 통해 "기술은 물론 조직, 시스템, 공정, 인재 배치, 문화에 이르기까지 모든 부문에서 그 누구도 넘볼 수 없는 '격(格, level)'을 높이는 것"입니다. 결국 그는 반도체 시장의 기존 1위 인텔을 무너뜨리고 1위에 올라섰고 넘보는 이도 거의 없습니다.

마라톤에서도, 학교 공부에서도 압도적인 선두가 있으면 지레 포기하거나 2등, 3등에 만족하기 쉽습니다. 상대와 어느 정도 붙어 볼 만하다고 생각될 때 경쟁심도 생기고 시기 질투도 할 수 있습니다. 아예 초격차가 나면 질투심도 덤빌 엄두도 못 내고 의욕도 상실합니다. 다만 부러워할 뿐입니다. 손자의 싸우지 않고 굴복시키는 "부전이굴인지병" 방법 중 최상급인 벌모입니다. 싸울 의지 자체를 꺾는 것이죠.

뜻이 같으면
얼마든지 함께한다

【 공존 】

오나라와 월나라는 서로 증오하는 사이지만
두 나라 사람이 같은 배를 탔다가 폭풍우를 만난다면
좌우의 손처럼 단결해 서로를 구하려고 할 것이다.

夫吳人與越人相惡也 當其同舟而濟 而遇風 其相救也 如左右手
부오인여월인상오야 당기동주이제 이우풍 기상구야 여좌우수

11편 〈구지〉

우리가 아침에 일어나 잠들 때까지 일상에서 입고, 먹고, 보고,
즐기는 모든 것은 타인의 노력과 협조로 인한 것입니다. 또 오장
육부같이 인체를 구성하는 기관과 약 60조 개의 세포가 묵묵히 일
하는 덕분에 일상생활이 가능합니다. 우리는 나 홀로 존재하는 것

이 아니라 나도 모르는 사이에 다른 수많은 존재와 연결돼 살아가고 있습니다. 어찌 보면 나는 그저 '나'가 아니라 '타인의 일부인 나'일지도 모릅니다.

이렇게 우리는 공존이 불가피하고 싫든 좋든 같이 살아가야 하기 때문에 서로에 대해 알아야 합니다. 지피지기를 해야 하는 것이죠. 공존하지 않는다면 지피지기는 필요 없는 단어입니다. 상대가 있어야 지피지기가 성립되고 상대의 존재를 전제로 지피지기가 필요한 것이죠.

불태를 위한 현실적인 대안, 공존

지피지기 백전불태를 말 그대로 해석하면 '상대를 알고 나를 알면 위태롭지 않다'는 의미입니다. 어떤 전쟁, 어떤 위험이 닥쳐도 망하지 않는 국가와 조직이 돼야 한다는 것이죠. 아무리 지피지기를 하고 백전백승을 달성한들 망하면 끝입니다. '불태'라는 말이 나오기까지 손자가 얼마나 복합적으로 고민했는지 그가 처했던 시대적 배경을 중심으로 크게 세 가지로 요약정리해 보겠습니다.

농경 중심 사회였다

당시는 경제 기반이 농경 중심인 사회였습니다. 특별히 기후 이상만 없다면 안정적으로 생산물을 비축하고 평화롭게 잘 살 수 있는데 굳이 위험을 감수하면서 자칫 죽을 수도 있는 전쟁을 치를 이유가 없었습니다. 또 씨를 뿌리고 김을 매고 수확하는 등 시기마다 반드시 해야 할 일이 있는데 전쟁으로 인해 그 타이밍을 놓친다면 농사를 망치게 되고 이로 인해 사회 경제, 정치 질서 전반이 크게 흔들릴 수 있습니다. 또 곡물은 군량미로 충당되거나 적국에 빼앗길 수도 있습니다. 곡괭이와 호미 같은 철제 농기구도 창칼을 만들기 위해 수거됩니다.

한마디로 전쟁이 일어나면 농업 전반이 흔들리는 것이죠. 농업이 전부인데 농업이 휘청거리면 국가 시스템이 무너지는 것은 시간문제입니다. 《한서》〈문제기〉에 나오는 "농자천하지대본(農者天下之大本)"은 결국 농사가 근본이라는 뜻인데 농번기를 놓치고 농사 지을 사람이 죽고 다치면 백전백승이 무슨 의미가 있을까요? 손자가 불태를 추구하는 핵심 이유입니다. 그러니 가능하면 전쟁은 피해야 하고(全勝, 전승) 이겨야 하고(必勝, 필승) 빨리 끝내야(速勝, 속승) 했습니다.

절대 군주 시대가 아니었다

당시 왕은 전권을 행사하며 나라 전체를 모두 다스리지 않고 귀족과의 협치로 나라를 다스렸습니다. 후일 전국 시대로 접어들면서는 절대 군주로 군림하며 통치 권력을 완벽히 장악할 수 있었지만 그 전에는 사정이 달랐습니다.

귀족들은 독자적인 영지를 가졌고 전쟁이 발발하면 각 영지에서 물자와 병력을 동원했습니다. 따라서 왕은 단독으로 전쟁 개시 여부를 결정할 수 없었고 전쟁에서 승리하면 귀족과 이익을 나눠야 했습니다. 또 패하면 바로 귀족에게 정치적인 압박을 받는 구조였습니다. 요즘으로 치면 회사 주주들에게 경영자가 문책을 받는 것처럼 말이죠.

국제 관계가 역동적이었다

지금까지는 국가 내부의 문제였지만 이번에는 국가 간의 역동적이고 가변성 높은 불확실성의 문제입니다. 춘추 시대 초기에는 100여 개 이상의 제후국이 패권 경쟁을 다퉜으나 손자가 활동하던 춘추 시대 말기에는 13개국으로 정리됐습니다. 상황이 이러다 보니 하나의 적이 있는 것이 아니라 여러 적과 여러 동지가 동시에 존재했고 그들끼리도 때로는 우군으로 연합하고 때로는 반목해 적군으로 싸웠습니다. 범문란의 《중국통사》 통계에 따르면 춘추 시대 열국 간의 군사적 행동은 총 483회나 있었습니다.

그러니 오늘의 친구가 내일은 적이 되기도 하고 이 나라에서 일하던 신하가 갑자기 적국으로 가서 일하기도 하는 도무지 피아가 구분이 안 되는 시대였습니다. 요즘으로 비유하면 이직, 임원 스카우트, 스포츠 프로 구단의 선수 이적이나 구단주 변경이라고 생각하시면 될 것 같습니다. 이런 일이 가끔 있는 일도 아니고 일상으로 벌어지는 일이었죠.

따라서 함부로 한 방향의 적에게 모든 힘을 쏟다가는 제3의 적에게 당하거나 어부지리를 줄 수도 있는 구조였습니다. 적을 옆에 두고 잠들어야 하는 '적과의 동침'처럼 언제 상대로부터 기습당할지 몰라 불안해하면서도 공생해야만 하는 관계가 형성된 것이죠. 이런 배경에서 나온 대표적인 사례가 〈구지〉의 '오월동주(吳越同舟)'입니다.

적대 관계의 오나라와 월나라지만 이해관계가 맞아떨어지면 얼마든지 힘을 합할 수 있다는 것이죠. 후일 전국 시대의 '합종연횡(合從連衡)'도 그렇게 탄생한 전략입니다. 현대판 합종연횡 응용 사례로는 기업 간 제휴나 인수 합병, 선거전, 외교전이 있습니다.

한마디로 당시 전쟁은 일대일 데스 매치가 아니라 다수 대 다수의 팀 대결 양상이었고 팀 멤버 중 하나가 갑자기 어느 쪽으로 튈지도, 어떻게 상황이 변할지도 모르다 보니 영원한 혈맹도 영원한 적도 없었습니다. 그러니 자연스럽게 상대의 멸(滅)보다는 나의 불태를 더 중요하게 생각할 수밖에 없는 상황이 돼 버린 것입니다. 따라서 그 시대에 필요한 것은 상대와 공존하면서 내가 강하면 공격하고 내가 약하면 연합하거나 피하거나 항복하면서 내가 강해질 때까지 시간을 버는 전략이었습니다. 단순하게 '승리하는 것', '상대를 멸하는 것' 등 승패의 이분법이 아니라 멸할 수 없는 상대와의 공존을 전제로 하는 다분법 전략을 수립할 수밖에 없었다는 것이죠.

설령 전쟁을 벌인다고 해도 가능하면 내 손실을 최소화하면서 상대를 공격하고 적당한 선에서 이익을 취하면서 상대를 제압하는 것이 현실적인 대안으로 자리 잡았습니다. 그러니 전쟁 전후 전 과정에 걸쳐 '득실 계산'을 잘하는 것이 아주 중요한 전략 포인트입니다. 전쟁의 게임화가 된 것이죠. 이는《손자병법》〈시계〉의 "불가불찰야(不可不察也)", "칠계(七計)", 〈허실〉의 "득실지계(得失之計)", 〈지형〉의 "계험액원근(計險阨遠近)" 등 전편에 걸쳐 고르게 '계(計)'가 내재돼 있는 것으로 증명되고 있습니다.

따라서 군주 관점에서 불태를 근간으로 하는 신전론이 너무나 당연하게 전략 수립의 핵심 과제로 자리 잡을 수밖에 없었던 것이죠. 이를 두고 후세의 혹자들은 뭐 대단한 휴머니즘이나 윤리, 도덕적 철학적 신념처럼 추켜세우지만 편도 1,000리, 2,000리 길의 장거리 침공을 위한 원정 중심의 전략에서 휴머니즘을 찾는 것은 연목구어(緣木求魚)에 지나지 않습니다. 원정은 말 그대로 사실상 가만히 있는 상대를 적극적, 의도적으로 건드려 전쟁을 일으킨다는 뜻이고 이때 신전은 평화, 휴머니즘과는 거리가 먼, 자국의 승리를 위해 '조심스럽게' 전쟁을 다루는 정도의 신중한 공격론입니다. 진정한 휴머니즘이라면 애초에 원정길에 오르지 않아야 하는 것이 맞겠죠. 결국 당시 신전론의 본질은 잘 공격하기 위한 신중한 전략 중 하나라고 보시면 될 것 같습니다.

최근 불태와 신전의 중요성, 그리고 '멸(滅)'이 불가능하다는 사실을 가장 리얼하게 보여 주는 전형적인 현대전 사례가 바로 이스라엘과 팔레스타인의 분쟁입니다. 이 두 국가는 오랜 역사를 갖고 분쟁을 계속해 왔습니다. 감정상으로는 서로 멸하고 싶은 심정이 100퍼센트일 테죠. 하지만 상대를 멸하지도 못하고 증오의 끝없는 윤회를 반복하는 승리 없는 소전투가 이어지고 있습니다. 앞으로도 거의 100퍼센트 대를 이어 계속되겠죠. 서로 앙숙이 돼 뜬 눈으로 밤을 지새우면서 몇십 년을 저러고 있는 것을 보면 바보들의 행진 같기도 합니다. 이들 두 나라에 불태의 신전론은 단지 이상론에 불과한 것 같습니다.

능력이 있어도
없는 듯하라

【 겸손 】

능력이 있어도 없는 듯하라.

能而示之不能
능이시지불능

1편 〈시계〉

조선 시대 왕족인 서천령이 장기를 잘 뒀는데, 어느 날 서울로 올라와 당번을 서게 된 병사 한 명이 말을 끌고 와 세 판의 내기 장기를 두자고 청했습니다. 서천령이 두 번 이기자 그 병사는 한 판은 다음에 하자며 말을 맡긴 채 돌아갔다가 몇 달 후 다시 찾아와 새로 세 판을 두고 세 판 모두 이겨 말을 끌고 돌아갔습니다. 말을 사랑하는 병사가 말 먹이기가 어려워지자 꾀를 써 말을 살찌

운 것이죠. 그 후 서천령은 다시는 바둑 자랑을 하지 않았다고 합니다. 조선 중기에 유몽인이 편찬한 《어우야담》에 나오는 이야기입니다.

어리숙해 보이는 것이 이득이다

중국인이 가장 좋아하는 사자성어가 "난득호도(難得糊塗)"라고 합니다. '어리숙해 보이기 어렵다'는 의미입니다.

총명하기는 어렵고 어리석기도 어렵다. 총명한 사람이 어리석게 되기는 더욱 어렵다. 집착을 내려놓고 1걸음 물러서면 마음이 편해지니 원하지 않아도 나중에 복이 될 것이다.

聰明難 糊塗難 由聰明轉入糊塗更難 放一着 退一步 當下心安
非圖後來福報也

총명난 호도난 유총명전입호도갱난 방일착 퇴일보 당하심안 비도
후래복보야

난득호도에 대한 부연 설명입니다. 겉과 속이 다르고 쉽게 속내를 드러내지 않는 중국인의 입맛에 딱 맞는 사자성어죠. 그래서 그들은 각종 그림, 공예품, 심지어 월병에도 이 글씨를 써넣으며 집집마다 이를 새긴 액자를 걸어 두고 있습니다.

난득호도는 청나라의 화가 겸 서예가로 유명한 정판교로부터

유래했습니다. 그가 산둥성의 지방 관리로 근무하던 어느 날 먼 친척 형으로부터 1통의 편지를 받았습니다. 편지에는 조상 대대로 물려받은 가옥의 담장을 놓고 이웃과 송사가 벌어졌으니 지방관에게 잘 봐 달라는 편지를 써 달라는 청탁이 적혀 있었습니다. 정판교는 답장 대신 다음의 시를 보냈습니다.

담장 하나 때문에 천 리나 편지를 보낸 것인가? 그에게 몇 자를 양보하면 또 어떤가?

千里捎書爲一墻 讓他幾尺又何妨

천리소서위일장 양타기척우하방

또 그는 친척에게 "흘휴시복(吃虧是福)"이라고 직접 쓴 액자를 함께 보냈습니다. 흘휴시복은 '손해를 보는 것이 곧 복'이라는 의미입니다. 내가 손해를 보면 다른 사람이 이익을 보고 나는 마음이 편안해지니 곧 손해가 아니라는 뜻이죠. 난득호도와 흘휴시복을 현대적 언어로 간단하게 줄여 표현하면 '어리숙해 보이는 것이 어렵구나. 별것 아닌 것으로 멀리 편지했군. 적당히 손해 보고 끝내라. 그러면 복 받을 것이다'입니다.

저도 사업차 중국에 갔을 때 간혹 중국 부자들을 만난 적이 있습니다. 수수한 옷차림에 외견상 전혀 티가 나지 않는데 나중에 알고 보니 대저택에 고급 승용차를 대여섯 대씩 가진 수백억 원대 부자였습니다. 교수나 총장, 고위직도 만난 적 있는데 한결같이 수더분했습니다. 아마도 그것이 그들의 문화로 자리 잡은 탓일 것입니다. 하지만 한국은 중국과 달리 재산이 많고 배운 것이 좀 있거나 고위직이면 꼭 티를 냅니다. 아는 것을 참지 못하고 외양을 중시하기 때문일 테죠.

그래서 중국인이 가장 상대하기 쉬운 사람이 한국인이라는 말들을 합니다. 성질이 급하다 보니 자기 속마음을 미리 다 보이는 것이죠. 심한 경우 다른 한국인 경쟁자를 비난하거나 무시하기 때문에 그들은 그냥 웃으면서 기다리기만 하면 된다는 것입니다. 가격도 거래 조건도 스스로 알아서 제시한다는 것이죠. 정치 외교 무대에서도 비슷한 양상이 전개되다 보니 그들과의 협상에서 백전백패하는 이유가 나름 있습니다. 어렸을 때부터 난득호도를 익힌 중국인과 '정직하게 솔직하게'를 강조해 온 한국인은 인간관계의 출발점이 다르기 때문입니다.

다윗의 아들이자 지혜의 아이콘인 솔로몬은 "너무 의롭게 되지도 말고, 지나치게 지혜롭게 행동하지도 마라"라고 말했습니다. 2005년 스탠퍼드대학교 졸업식에서 애플의 창업자 스티브 잡스는 "끊임없이 탐구하고 끊임없이 바보처럼 굴어라"라고 연설했습니다. 3,000년 전의 솔로몬의 말에서부터 2,500년 전 손자의 "능이시지불능", 2005년 스티브 잡스의 연설까지가 하나의 맥락을 이루면서 현대를 살아가는 우리에게 큰 울림이 되고 있습니다.

여기서 손자의 '능력이 있어도 없는 듯하라'는 능이시지불능은 전략을 사용하면서도 전략이 없는 듯 보이는 "용이시지불용(用而示之不用)", 이로움을 줘 적을 유인하는 "이이유지(利而誘之)", 자신을 낮춰 적을 교만하게 만드는 "비이교지(卑而驕之)" 등의 궤도와 상호 유기적인 연관성을 갖고 있습니다.

나를 드러내지 않는 지혜

앞다퉈 자기 자랑을 하고 자기 홍보에 여념이 없는 시대에 실력을 함부로 드러내지도 말고 오히려 감추라니! 현대인에게는 어쩌면 다소 생뚱맞게 들릴지도 모르겠습니다. 감추는 것이 전혀 현대적이지 않다는 의견에 대한 반론이 되는 이야기를 하나 해 보겠습니다. 코카콜라의 특허권 이야기입니다.

'워런 버핏이 사랑하는 글로벌 종합 음료 압도적 1위 기업', '1주가 9,216주가 된 주식 분할 신화', '60년 가까이 현금 배당 증액을 유지한 배당왕' 등이 코카콜라 130여 년의 역사를 설명하는 수식어입니다. 이런 코카콜라가 지금까지 레시피를 특허 등록하지 않았습니다.

그 이유는 간단합니다. 특허 등록을 하면 20년 동안 배타적 독점권을 부여받는 대신에 그 기술이 다른 사람들에게 공개되는 단점이 있기 때문이죠. 바꿔 말하면 코카콜라 레시피는 영업 비밀로 보호받고 있다는 뜻입니다. 만약 코카콜라가 레시피를 특허로 등록했다면 아마도 지금쯤 누구나 코카콜라의 레시피를 사용할 수 있었을 것입니다. 코카콜라 회사는 없어졌겠고요.

실생활에서 능이시지불능을 실천하면서 살아가기란 결코 쉬운 일이 아닌 듯합니다. 일반적으로 어떤 최신 정보를 알게 되면 입이 간지러워 못 견디는 경우가 대부분이고 많은 지식과 뛰어난 능력을 의도적으로 자제한다는 것이 쉬운 일은 분명 아닐 것입니다. 그렇지만 함부로 능력을 보이면 삶의 전략상 유리함보다는 불리함이 많은 것 같습니다. 젊을 때는 자기 홍보도 좀 필요하겠지만 특히 오십 이후에는 능이시지불능이 겸손한 마음과도 결을 같이하면서 중년의 태도에서 중요한 덕목으로서 꼭 필요해 보입니다. 즉 청년들에게 능력 발휘의 기회와 말할 기회를 좀 더 줌으로써 연장자이자 경험자로서의 배려를 발휘할 필요가 있다는 것입니다. 실천적 방법으로는 상대방에게 말을 많이 시키고 나는 말을 적게 하는 것이 있겠습니다.

상대는 드러나게 하되 나는 드러내지 마라.
形人而我無形
형인이아무형

6편 〈허실〉

남보다 조금 더
많이 알고 있어라

【 비대칭 】

병사들의 눈귀를 어리석게 해
장군의 의도를 알아차리지 못하도록 하라.

能愚士卒之耳目 使之無知
능우사졸지이목 사지무지

11편 〈구지〉

세상의 모든 움직임은 불균형에서 균형으로, 균형에서 불균형으로 향하는 정반합(正反合)의 진자 운동을 반복합니다. 돈도 모였다가 흩어지고 다시 모이고, 사람도 만났다가 헤어졌다가 다시 만나는 것을 반복합니다. 이를 "회자정리 거자필반(會者定離 去者必返)"이라고 합니다. 저축과 소비, 부자와 빈자같이 대비되는 것들이 모두 이런 비대칭의 범주에서 오락가락 움직입니다.

정보도 이와 같습니다. 손자는 병사들의 눈과 귀를 어리석게 만들어야 한다고 말했습니다. 강력한 리더십을 발휘하기 위한 하나의 수단으로 정보의 비대칭을 활용한 것이라 볼 수 있습니다. 이런 내용을 포장 없이 직설적으로 표현하다 보니 아무래도 거칠고 나쁜 느낌으로 다가오는 것은 사실입니다. 하지만 현실에서는 이런 내용이 너무나 많이 응용되고 예쁘게 잘 포장되기도 합니다. 권력자들에 의해 생활화돼 관행으로 자리 잡다 보니 느끼지 못할 뿐입니다. 하나씩 살펴보겠습니다.

더 많이 아는 사람이 유리하다

"슬프구나! 비통하구나!"

삼국지에서 제갈량이 칠석 명절 연회를 베풀다가 서쪽 하늘에서 커다란 별이 추락해 흩어지는 것을 보고 깜짝 놀라 술잔을 던지면서 통곡하며 한 말입니다. 제갈량과 함께 당대 최고의 전략가였던 방통의 죽음을 별을 보고 알았다는 것이죠. 과연 이것을 곧이곧대로 믿어야 할까요? 저도 어릴 때는 제갈량의 신통력을 믿었습니다. 그러나 지금 생각해 보니 신통력이라기보다는 정보력이라는 것을 알게 됐습니다. 첩자가 알려 준 것이죠.

또 사마중달이 제갈량의 죽음을 별을 보고 점을 쳐서 알았다고 하는 이야기도 사실은 첩자를 통해 알아 낸 것입니다. 여러 사람 앞에서 대놓고 첩자의 보고를 받고 알았다고 말할 수 없으니 별을 보고 점을 쳐서 알았다고 했겠죠. 용간(스파이 활동)을 할 수 있는 위치에 있는 사람과 그것을 모르고 신통력이라고 믿는 사람과의 정보의 비대칭입니다.

'정보 비대칭(asymmetric information)'의 원뜻은 경제 주체 사이에 정보 차이가 생기는 불균형적 정보 구조입니다. 노벨 경제학상을 받은 미국의 경제학자 조지 애컬로프는 1970년에 발표한 논문에서 이를 중고차 시장으로 예를 들어 설명했습니다. 통상 중고차 판매상은 매물로 내놓은 중고차에 대해 구매자보다 더 잘 알고 있습니다. 반면 구매자는 정보가 부족해 매물로 나온 차에 대해 평균적인 가치를 반영해 구매하려 하죠. 이때 좋은 차를 파는 판매자는 평균적인 가치 수준의 가격에 차를 팔지 않으려 할 것이고, 외양은 멀쩡하지만 하자가 많은 중고차를 파는 판매자는 차의 실가치보다 높은 가격으로 팔게 됩니다. 결과적으로 중고차 시장은 나쁜 차들만 거래가 이뤄지는 시장이 되는 것이죠.

현대의 가장 대표적인 정보 비대칭은 주식 시장의 내부자 거래라고 할 수 있겠습니다. 상장 법인의 임직원 등 내부자가 미공개 중요 정보를 이용해 자사 주식을 매매하는 것을 말합니다. 즉 유가 증권 발행 기관의 내부자가 일반 투자가보다 먼저 인지한 정보, 즉 해당 증권의 가격 내지 수익에 중대한 영향을 미치는 정보를 이용해 관련 주식의 거래를 통해 이득을 얻거나 손실을 회피하는 행위를 말합니다. 정보를 모르는 사람들의 손실에 대해서 내부자만 이득을 얻기 때문에 공정성을 해치는 것으로서 모든 나라에서 법제상 위법입니다.

이런 정보의 비대칭 문제는 우리 생활에 광범위하게 분포돼 있습니다. 최근 한국에서 극성을 부리고 문제가 됐던 전세 사기의 배경 중 하나도 불투명한 빌라의 시세로 인한 집주인과 세입자 사이의 정보 비대칭입니다. 몇 년간 큰돈을 맡기는데 집주인의 부채나 자금 여력 등 세세한 정보는 모르는 것입니다.

병원과 의사의 정보 비대칭에 대해서도 한번 생각해 보겠습니다. 의사는 사람의 건강 유지, 회복, 촉진 등에 대한 전문 지식을 갖추고 환자의 질병 치료뿐만 아니라 예방도 돕습니다. 반면 환자는 진단이나 치료에 대한 지식이 없기 때문에 몸이 아프면 병원을 찾아 의사에게 의존할 수밖에 없습니다. 의사와 환자가 보유하고 있는 지식에 격차가 있기 때문에 환자는 상담 및 치료를 받기 위해 비싼 비용을 지불하는 것이죠. 상대와의 정보 격차가 크고 그 정보가 희소성이 있고 중요할수록 높은 가격으로 거래가 이뤄집니다.

어떻게 활용하느냐의 문제

손자는 의도적으로 병졸들의 눈과 귀를 막고, 정보를 차단하고,

중요한 군사 계획을 알리지 않음으로써 전쟁을 장수의 의도대로 주도하려고 했습니다. 장수의 권위와 강력한 리더십을 발휘하기 위한 좋은 수단이죠. 그러나 이러한 고의적인 정보 차단과 비대칭은 《손자병법》의 전쟁에만 국한하지 않습니다. 앞서 소개한 사례들에서 알 수 있듯이 현대에는 지식이나 정보를 많이 갖거나 먼저 가진 사람이 돈을 많이 벌고 명성을 얻는 데 유리합니다. 그래서 정보는 돈이고 권력이고 명예입니다. 그래서 자연적인 비대칭을 이용해 인위적으로 정보의 비대칭을 조장하고 획책해 권력을 유지하거나 권위를 유지한 경우도 있습니다.

조선 시대에도 의도적인 지식의 비대칭이 보편화돼 있었습니다. 세종 대왕의 한글 창제가 심한 반대에 부딪힌 이유입니다. 조선시대 양반과 관리들은 지식과 문화를 자기들만 소유했고 그것들이 일반 백성에게는 필요 없거나 무익하다고 생각했습니다. 그래서 일반 백성이 많이 아는 것을 통제했고 자신들이 가진 최고의 특권을 일반 백성과 공유하고 싶지 않았습니다.

그러나 정보의 비대칭에는 긍정적인 면도 존재합니다. 오늘날 우리가 공부를 하고 석박사를 하는 것은 지식의 비대칭을 통해 성공이라는 이익을 취하기 위함입니다. 매일 신문, 책, 뉴스 등 트렌드를 읽는 활동은 정보 비대칭의 희생자가 되지 않기 위한 방어입니다. 손자는 전쟁의 승리를 위해 정보 차단을 통해 비대칭을 추구했습니다.

한국인 최초로 아프리카 추장이 된 사람이 있습니다. 한국인 식물 유전·육종학자 한상기 박사는 1971년 서울대학교 교수직을 버리고 아프리카 나이지리아에 있는 국제열대농학연구소(IITA)로 갔습니다. 아프리카인들이 주식으로 삼는 덩이뿌리 식물 카사바를 개량해 병충해에 강하고 수확성 높은 신품종을 개발했습니다. 그가 개량한 '슈퍼카사바'는 아프리카 41개국에 보급됐습니다. 나이지리아는 세계 1위 카사바 생산국이 됐습니다. 식량난을 해결한 공로로 그는 1983년 '농민의 왕'이라는 칭호와 함께 명예직이 아닌 정식 추장으로 추대됐습니다.

안순구 박사는 31세라는 젊은 나이에 아프리카로 건너가 섭씨 40도를 오르내리는 기후, 언어 장벽, 그리고 말라리아나 에이즈 같은 풍토병과 싸우면서 인구 3만 명인 티아살레시에 하나밖에 없는 병원의 원장으로 반생을 보냈습니다. 손쉽게 지혈하는가 하면, 복통으로 사경을 헤매는 주민을 금세 안정시키는 모습을 보고 원주민들은 그를 '세프딜라지(촌장)'라고 부르기 시작했습니다. 1981년에는 티아살레시의 두 부족 중 바우레족 명예 추장으로 추대됐고, 1993년에는 나머지 아베족 명예 추장까지 겸하게 됐습니다. 외국인으로는 유일한 사례입니다.

살펴본 바와 같이 정보의 비대칭은 선악을 가리지 않습니다. 긍정적이지도 부정적이지도 않습니다. 정보의 비대칭은 장소와 시간에 따라, 소통의 정도에 따라 격차가 벌어지기도 하고 줄어들기도 하고 균형을 이루기도 합니다. 비대칭의 정도가 커졌다가 줄어들고 줄었다가 커지는 현상을 반복합니다. 결론적으로 정보의 비대칭은 우리 생활 전반에 고루 퍼져 있는 하나의 현상입니다. 어떻게 바라보고 어떻게 활용하느냐의 문제일 뿐입니다.

빠른 결단과
강한 힘을 갖춰라

【 세험절단 】

세찬 급류의 물살이 바위를 떠내려가게 하는 것이 기세다.
사나운 매가 쏜살같이 짐승을 급습해
그 뼈를 부수고 날개를 꺾는 것이 절도다.
그래서 전쟁을 잘하는 자는 기세가 험하고 그 절도가 짧다.

激水之疾 至於漂石者 勢也 鷲鳥之疾 至於毀折者 節也
격수지질 지어표석자 세야 지조지질 지어훼절자 절야

是故善戰者 其勢險 其節短
시고선전자 기세험 기절단

5편 〈병세〉

여기서 물과 매를 빗대어 말한 "격수지질(激水之疾)"과 "지조지
질(鷲鳥之疾)"은 모두 속도가 매우 빠름을 뜻하는 '질(疾)' 자를 포

함하고 있습니다. 리링 교수의 《유일한 규칙》에 의하면, 이 구절에서 말한 '세'란 물이 높은 곳에서 아래로 떨어지는 낙차로 인해 생기는 힘입니다. 물은 자연적인 힘이라 스스로 통제할 수 없으므로 이때 물의 파괴력은 '세'의 힘을 빌린 것입니다. 이것이 바로 손자가 '세'를 빠르게 흐르는 물이 바위를 떠내려가게 하는 것에 비유해 설명한 이유입니다. 물론 물은 스스로를 통제할 수 없지만 사람은 그 물을 통제할 수 있습니다. 사람은 댐을 만들어 물을 모으고 수문을 열어 물을 내보낼 수도 있습니다. 존재를 통제할 수만 있다면 나머지는 '절'에 달려 있습니다.

한편 독수리나 매는 살아 있는 동물입니다. 스스로 고도와 속도를 제어할 수 있으며 목표를 정하고 자신의 리듬을 통제할 수 있습니다. 여기서 '절(節)'이란 짧은 순간에 거리를 줄인다는 뜻으로 화살처럼 빠른 속도를 말합니다. 이것이 손자가 '절'을 사나운 매가 짐승을 급습하는 것에 비유해 설명한 이치입니다.

전쟁을 잘하는 자는 기세가 험하고 그 절도가 짧다.
善戰者 其勢險 其節短
선전자 기세험 기절단

5편 〈병세〉

1976년 6월 27일 이스라엘의 텔아비브에서 출발해 프랑스 파리로 향하던 에어 프랑스 139편 항공기가 중간 기착지인 그리스 아테네에서 이륙한 직후 납치당했습니다. 이스라엘에서 아프리카 우간다의 엔테베 공항까지는 4,000킬로미터, 적대국들의 영공을 통과해야 했지만, 7월 3일 오후 3시 30분, 경비병 사살로부터 내부의 인질범 소탕까지 걸린 실제 시간은 불과 105초(1분 45초)였습니다. 엔테베 구출 작전은 인질범조차 전혀 예상하지 못했던 급습이었습니다.

송골매는 하늘에서 가장 빠릅니다. 먹이를 잡기 위해 급강하할 때 최고 시속은 389.46킬로미터에 달합니다. 사냥감이 미처 알아채기도 전에 접근해 순식간에 낚아채니 말 그대로 눈 깜짝할 사이죠.

최고 시속 120킬로미터에 이르는 치타는 땅 위에서 가장 빠른 동물입니다. 순간적으로 속도를 가감하면서 운동 방향을 유연하게 바꿀 수 있습니다. 한 걸음에 속도를 초속 3미터씩 올리기도 하고 초속 4미터씩 줄이기도 합니다. 가속과 감속 능력이 말의 두 배입니다. 치타는 50미터에서 100미터 떨어진 곳까지 조용히 다가간 뒤 폭발적인 속도로 먹이를 덮쳐 1분에서 2분 안에 승부를 냅니다. 먹이를 겨냥해 빠르게 감속하고 재빨리 방향을 바꾸는 민첩성이 가장 큰 무기죠.

빠른 결단과 그것을 받쳐 주는 힘

세험절단을 군사 작전이나 동물 사례로만 설명드리면 다소 건조하고 우리 현대인과는 별로 와닿지 않을 수도 있어 이번에는 골프 스윙으로 설명해 보겠습니다.

골프에서 백스윙과 임팩트는 하나의 연결되는 동작으로 세험절단의 전형이라 할 수 있겠습니다. 천천히 충분하게 백스윙으로 힘을 모아 강하게 임팩트한다는 점에서 말이죠. 골프 해설가 유응렬 위원의 설명에 의하면, 충분한 백스윙으로 체중을 이동하는 동시에 클럽 헤드의 원심력을 이용해 임팩트 순간 클럽 헤드의 중심부 스위트 스폿에 볼을 맞춰 주면 필요한 거리를 만들 수 있다고 합니다.

다운스윙을 천천히 시작해 임팩트 존에 진입할 때 이 원심력과 체중이 순간적으로 맹렬하게 발산돼야 최대 거리를 낼 수 있습니다. 이 동작으로 파워를 클럽 헤드에 집중시킴으로써 《손자병법》에서 말하는 활시위를 팽팽하게 당기는 "세여확노(勢如彍弩)" 효과가 생기는 것이죠.

그 기세는 활시위를 팽팽하게 당긴 것과 같아야 하고, 절도는 힘껏 당겨진 화살을 쏘는 것과 같아야 한다.

勢如彍弩 節如發機
세여확노 절여발기

5편 〈병세〉

정부나 대기업의 인사 발령에서도 세험절단을 볼 수 있습니다. 《김종필 증언록》에 의하면 김영삼 전 대통령은 정치군인 사조직이었던 하나회의 척결을 위해 1993년 취임 11일 만에 육군 참모총장과 기무 사령관을 순식간에 경질한 뒤 네 시간 만에 후임자를 임명했습니다. 당시 김영삼은 김종필 집권당 대표에게 "후임자를 청와대로 바로 불러 임명장을 주고는 서둘러 들어가 부대를 장악하라고 명령했어요. 만일의 경우 하나회 세력의 저항을 분쇄하기 위한 전광석화 같은 조치였다"라고 설명했습니다.

문재인 정부도 취임 9일 만에 전임자가 사의를 표명하고 24시간도 지나지 않아 서울 중앙 지검장에 연수원 기수 5기를 뛰어넘어 윤석열을 깜짝 발탁했습니다. 삼성, 한화, LG 등 기업에서도 그룹사 사장단 인사는 예나 지금이나 전광석화가 기본입니다. 겉으로는 속도 경영이라고 표방하지만 인사 명령의 특성상 불필요한 잡음을 없애기 위해서는 세험절단이 필수적인 개념이라고 생각됩니다.

그렇다고 아무 조직이나 세험절단, 전광석화가 통하는 것은 아닙니다. 정치나 기업에서 조직이 크고 권력의 힘이 강해야 이런 조치가 가능합니다. 예컨대 직원이 몇 명 되지도 않고 근근이 사업을 꾸려 가는 회사 사장이 업무 분장을 함부로 바꾼다거나 근무 조건을 하루아침에 바꾸면 전광석화는커녕 망신만 당하고 뒷감당하기도 힘들 것이 뻔합니다. 즉 세험절단에서 '세'가 아주 중요합니다. 앞서 말한 것처럼 '세찬 급류의 물살이 바위를 떠내려가게 하는' 정도의 강한 힘이 있어야 '매우 짧은 순간에 재빨리 움직일 수 있는' 절단(節短)이 가능합니다.

정점에서 인생의 방향을 바꾸는 결단

세험절단을 스포츠나 군사 작전, 갑작스러운 인사 조치 등 정치·군사 분야로만 한정할 필요는 없는 것 같습니다. 인기 절정의 스타가 하루아침에 손을 놓고 야인으로 돌아가는 것도 일종의 세험절단이라고 볼 수 있습니다. 절정에서 그 맥을 끊고 다른 흐름의 인생을 산다는 측면에서 그렇습니다.

〈세비야의 이발사〉로 널리 알려져 있는 조아키노 로시니는 1820년대 베토벤보다도 더 유명한 작곡가였습니다. 당대 최고의 오페라 작곡가로서 절정의 인기를 누리던 그가 37세의 나이에 갑자기 오페라 작곡을 그만둔 것은 당시 모든 사람에게 커다란 충격이었습니다. 그는 여전히 너무 젊었고 발표하는 작품마다 공전의 히트를 기록하고 있었기 때문입니다.

그는 이미 12세에 여섯 개의 현악 4중주를 작곡해 세상을 놀라게 했고, 18세에 베네치아에서 그의 첫 오페라 〈결혼 보증서〉를 세상에 선보였습니다. 20세가 됐을 때 라 스칼라에서 상연한 〈시금석〉은 51회나 연속 상연되는 기록까지 세웠죠. 로시니의 명성은 이탈리아 반도를 넘어 유럽 대륙과 미국에까지 퍼져 나갔으며,

불과 23세의 나이에 나폴리의 산 카를로 극장의 음악 감독이 됐습니다.

저작권이 없던 시절로 작품을 무대에 올려야만 수입을 얻을 수 있는 구조였기에 작곡가들에게 죽기 전까지 은퇴란 있을 수 없는 일이었습니다. 육체는 쇠약해져도 창작욕은 줄어들지 않는 작곡가 특성상 많은 작곡가가 죽는 순간까지 펜을 놓지 않습니다. 유독 이들에게 미완성 작품이나 유작이 많은 이유입니다. 그런데 로시니가 갑자기 펜을 놨고 76세의 나이로 세상을 떠나기까지 40년 동안 단 1편의 오페라도 쓰지 않았습니다.

로시니는 은퇴 후 좋아하는 요리에 전념해서 책도 쓰고 새로운 여성과 결혼도 하고 문화계 셀럽들이 모이는 살롱의 주인 노릇도 했습니다. 20년간 화끈하게 일하고 40년간 하고 싶은 일을 맘껏 하다가 간 인생이죠. 거세고 힘차게 살다가 갑자기 그 열정을 끊고 다른 인생을 살았으니 가히 그의 삶은 세험절단이라고 할 수 있겠습니다.

3장

주고받는 감정을
어떻게
바라볼 것인가

【 오십의 감정 다루기 】

사람을
불 대하듯 하라

【 따뜻함 】

장군이 병사를 너무 잘 대해 주면 일을 시킬 수 없고
사랑하기만 하면 명령을 내릴 수 없고
혼란이 발생할 때 다스리기 힘들다.
비유하자면 교만한 자식이 되면 쓸모없는 군대가 된다.

厚而不能使 愛而不能令 亂而不能治 譬如驕子 不可用也
후이불능사 애이불능령 난이불능치 비여교자 불가용야

10편 〈지형〉

장수가 부하를 사랑하는 것은 당연하지만 그들을 교만하게 만
들어 지휘와 통솔이 어려운 지경이 되면 곤란하다는 뜻입니다. 부
하를 너무 후대하고 존중하다 보면 자칫 이를 이용해 상관의 말을

듣지 않는 부하가 생기고 수평적 관계라고 착각해 지휘 계통이 바로 서지 않는 경우가 발생합니다. 위압적으로 이끄는 조직도 문제지만 너무 소통을 강조하거나 부하 사랑으로 공과 사가 구분되지 않는 가족 같은 조직도 문제가 될 수 있다는 점을 지적하는 것입니다.

철로의 레일 두 개는 가깝지만 붙어 있지는 않습니다. 조금이라도 거리가 좁아지거나 벌어지면 열차가 전복합니다. 난로도 적당한 거리에서는 따뜻하지만 너무 가까이 다가가면 뜨겁습니다. 우리도 누군가에게 가까이 갈 때는 이런 뜨거움과 따뜻함을 생각해야 할 것 같습니다.

적당한 거리 유지는 자연에서도 흔히 볼 수 있는데요. 새들은 떼 지어 날아다니거나 나무나 줄에 앉을 때 서로 일정한 거리를 둡니다. 날 때 서로의 날개가 부딪치지 않기 위해서입니다.

감정의 균형은 배타적인 공간에서 온다

사람에게도 최적의 대인 거리가 있습니다. 미국의 문화 인류학자 에드워드 홀은 《숨겨진 차원》에서 사람은 일정한 공간을 필요로 하고 다른 사람이 그 안에 들어오면 긴장과 위협을 느낀다고 했습니다. 에드워드 홀은 인간관계의 거리를 네 가지로 분류했습니다. 그중 '밀접한 거리'는 45센티미터 이내의 거리로 서로의 신체적 접촉 가능성이 가장 높습니다. 연인이나 가족처럼 친밀도가 높은 관계일 때의 거리입니다. 따라서 가까운 관계가 아닌데 이 정도 거리에 들어오면 움츠러들고 긴장하고 불안해하면서 위협으로 받아들일 수도 있습니다. 즉 자기 방어를 위한 최소한의 거리이므로 함부로 침범해서는 안 된다는 것이죠. 다른 한편으로 밀접한 거리이므로 맞붙어 싸울 수 있는 거리이기도 합니다. 그래서 친할수록 싸울 가능성이 큽니다.

너무 가까이해도 안 되고 너무 멀리해도 안 되는 거리. 그것을 가리켜 서로의 존엄성을 위한 '배타적인 공간'이라고 합니다. 우리가 지하철이나 버스에서 사람이 많아 불쾌감을 느끼는 것은 바로 이런 배타적인 공간이 지켜지지 않기 때문입니다.

《손자병법》에서처럼 공적으로 병사를 사랑하거나 오늘날 직장에서 사장이 직원들을 아끼고 사랑할 때만 그런 것은 아닐 것입니다. 연인 관계는 물론이고 가족과 친구 사이에도 이런 따뜻함과 뜨거움의 완급 조절이 필요할 것 같습니다. 감정의 조절과 이성의 균형이죠.

살다 보면 사람들 사이에 가깝다는 이유로 지나치게 간섭하거나 뭔가에 간여하려는 경향이 생깁니다. 가족 혹은 절친한 친구의 경우 좋은 의도로 도움을 주고자 한 말이 자칫 정도가 지나치면 집착이나 간섭이 될 수 있습니다. 사랑하니까 더 간여해도 좋다고 생각하지만 사랑하기 때문에 기대하다가 좌절하는 경우죠. 특히 한국의 부모 자녀 관계가 그러하고 부부끼리도 가깝기 때문에 상처를 주기가 더 쉽습니다.

아무리 친해도 서로 간에 약간의 비밀은 존재할 수밖에 없습니다. 또한 정말 건강한 관계를 유지하려면 서로를 좀 모르는 상태로 비밀을 묻어 둘 필요도 있습니다. 너무 가깝지도, 너무 멀지도 않게 하라는 "불가근불가원(不可近不可遠)"입니다. 사랑하기 때문에 각자의 고유한 비밀을 지켜 주는 마음이죠. 이를 두고 그리스 철학자 디오게네소스는 "사람을 대할 때는 불을 대하듯 하라. 다가갈 때는 타지 않을 정도로, 멀어질 때는 얼지 않을 만큼만"이라고 했습니다. '뜨겁지 않고 따뜻하게'가 관건입니다.

이때 뜨거움과 따뜻함의 거리감은 다분히 주관적이고 상호적일 수 있습니다. 같은 거리라도 어떤 경우에는 '너무 냉정한데?'라고 느낄 수도 있고, 어떤 경우에는 '너무 훅 다가오는데?'라는 당혹감을 줄 수도 있다는 것이죠. 이때 필요한 것이 바로 지피지기입니다. 즉 언제 내가 불행하고 언제 내가 행복감을 느끼는지, 내가 어느 정도의 거리감을 좋아하는지를 잘 알고 있어야 합니다. 상대방에 대한 감정을 이해하기에 앞서 나 스스로에 대한 감정이나 민감도에 대해 잘 알고 있어야 한다는 것이죠. 또 내가 어떤 지점에서 화를 잘 내고 어떤 트라우마가 있는지 스스로 인식하고 있어야 합니다. 지피가 아니라 지기부터 먼저 해야 된다는 말입니다.

상하 간 욕망을
동기화하라

【 욕망 】

장군과 병사가 동일한 욕망을 가지면 승리한다.

上下同欲者勝
상하동욕자승

3편 〈모공〉

2013년 당시 미국 대통령 버락 오바마는 '오바마 케어'를 대선 공약으로 제시하고 이에 대한 웹사이트를 야심차게 열었지만 웹사이트의 응답 속도는 느렸고 오류가 많았습니다. 문제를 해결하기 위해 백악관은 2014년 구글 부사장이던 메건 스미스를 CTO로 선임하고 기술 특공대를 구성하려고 했죠. 그런데 어떻게 실리콘밸리의 최고 기술자들을 정부로 불러들여 일하게 할 수 있겠습니까? 그들의 고액 연봉, 실리콘 밸리에서 워싱턴으로의 이주 문제 등 간단하지 않았습니다.

메건 스미스는 핵심 기술자들을 샌프란시스코의 한 호텔로 초대했습니다. 오바마 대통령도 깜짝 등장시켰습니다. 그때 대통령은 짧게 한마디했습니다.

"미국이 여러분을 원합니다. 미국 정부는 수리가 필요하고 당신들이 필요합니다."

대통령은 그들이 문제 해결에 꼭 필요한 존재임을 강조했습니다. 그러고는 같이 사진을 찍고 워싱턴으로 돌아갔습니다. 그 한마디를 하기 위해 바쁜 사람이 전용기를 타고 그들을 보러 온 것이죠. 그 후 엔지니어들은 워싱턴에서 3년간 정부의 디지털 트랜스포메이션을 위해 일했습니다. 대통령과 엔지니어 간의 욕망을 일치시킨 "상하동욕(上下同欲)" 이벤트입니다.

우두머리가 진정으로 나눠야 하는 것

"소문 들으니 너희 회사 매출 엄청나게 늘어났다면서?"

"매출 늘어나면 뭐 해…. 내 돈도 아닌데. 회사만 좋지 뭐…."

오랜만에 만난 동창들끼리 나눈 대화의 일부입니다. 이것은 회사의 목표와 직원의 목표가 다르고 사장의 목표와 직원의 목표가 다르기 때문에 나오는 말이죠. 이것은 가게도 마찬가지입니다. 이 대화에서 '회사'를 '가게'로 바꾸면 똑같은 말이 되죠. 알바생은 가게가 바쁜 것을 원치 않습니다. 손님이 많이 오는 것도 원치 않습니다. 일만 바빠지고 급여가 더 오르지도 않기 때문이죠. 알바생의 시급은 특히 오르지 않습니다. 그러니 아무리 바빠도, 아무리 매출이 늘어나도 기뻐할 일이 아니고 심신만 피로할 뿐이죠. 그에게 손님은 매출이 아니라 스트레스입니다.

이것은 성과의 배분과 목표의 불일치에서 오는 당연한 결과입니다. 대부분의 사장들은 항상 본인의 꿈과 희망을 나눠 주려고 동분서주합니다. 벽에도 커다랗게 붙여 놓고 매주 회의 때마다 강조하죠. 하지만 사장 혼자 바쁘고 사장 혼자 즐겁고 사장 혼자 괴롭고 외롭습니다. '왜 우리 직원들은 열심히 하지 않을까?'라고 불만하죠. 하지만 직원은 사장의 그런 마음을 잘 이해하려고 하지 않습니다. 그들에게는 꿈의 소유권이나 지분이 없기 때문입니다.

보통 사장은 꿈만 나눠 주려고 할 뿐 꿈의 성과물인 수익은 나누려고 하지 않습니다. 그러니 직원이 사장의 즐거움도 모르고 괴로움도 모르는 것은 당연합니다. 사장만이 회사의 유일한 주인 노릇을 하고 있기 때문이죠. 회사의 주인이 자신뿐이라고 생각하는 한 그 꿈을 공유하기는 힘들죠. 또한 주인만이 꿈을 가질 수 있으니 나머지는 꿈을 가진 상전을 모시는 머슴일 뿐이죠. 같이 일하면서 같이 나누고 있지 않으니 단지 같은 공간에서 같은 유니폼을 입어 무늬만 동료일 뿐 동상이몽이죠.

기업 분석 연구소 리더스인덱스의 분석에 따르면, 2022년 국내 282개 대기업의 최고 경영자들의 평균 연봉은 14억 1,200만 원으로 직원과 연봉 격차가 15.5배입니다. 이는 평균일 뿐 무려 100배 이상인 기업도 있습니다.

기업만 그런 것은 아닙니다. 같은 병원, 같은 공간에서 일하는 의사와 간호사도 다 같이 환자를 대상으로 일하지만 그들 간에는 엄청난 임금 차이가 있습니다. 2022년 YTN 보도에 의하면 일반 의사 평균 임금을 100으로 봤을 때 간호사는 의사의 5분의 1 수준입니다. 한편 최근 2년간 미국 취업을 준비하는 간호사가 8,350명에 이르는 것으로 파악됐습니다. 2023년 5월 전국보건의료산업노동조합에 따르면 간호사 네 명 가운데 세 명꼴로 최근 3개월 사이에 이직을 고려한 것으로 나타났습니다. 이직 고려 사유로는 '열악한 근무 조건과 노동 강도'가 43.2퍼센트로 1위였고 '낮은 임금 수준'이 29.4퍼센트로 그다음이었습니다. 여러 가지 이유로 대놓고 말은 못하지만 현실에 불만이 많다는 방증입니다. 임금 결정에는 책임과 업무 강도, 전문성 등이 종합 고려됐을 테지만 머리로는 수긍이 가더라도 부러운 감정이나 소외감, 박탈감이 드는 것은 어쩔 수가 없습니다.

주인으로 대접하라

주인과 머슴이 꿈을 동기화하는 방법은 이론상 간단합니다. 《손자병법》의 "장군과 병사 상하 간에 동일한 욕망을 가져야 승리한다"라는 말과 같이 주인과 머슴이 같은 욕망을 갖는 것입니다. 실제로 직원을 주인으로 대접하는 것입니다. 비전의 결과물이 공동의 노획물이 된다는 확신을 심어 주는 것이죠. 말로는 주인처럼 해야 한다고 떠들면서 주인 행세할 일이 아무것도 없거나 실제로는 머슴처럼 부리면서 말로만 '주인'이라고 칭한다면 아무도 믿지 않겠죠. 사장은 제시한 꿈을 실현시키는 선봉장인 동시에 그 노획물을 직원에게 잘 나눠 주는 훌륭한 배분자여야 합니다. 먼저 직원들 각자가 필요로 하는 욕망과 미래 희망, 비전을 자극하고 그 결과물을 적절한 타이밍에 나눠 갖는 것입니다. 전쟁이라면 노획물이고 회사라면 인센티브입니다.

제1차 세계 대전에서 패한 독일은 감당하기 어려운 배상금 의무를 져야 했고 군 병력도 10만 명으로 제한됐으며 징병제 대신 모병제를 시행해야 했습니다. 전투기, 전차, 방공포, 대전차포, 중포, 화학 무기 등도 소유할 수 없었습니다. 그런 독일군이 어떻게 제2차 세계 대전을 일으키고 초기에 승기를 잡을 수 있었을까요? 팀 리플리의 《독일 국방군》에 의하면, 히틀러가 장교들의 봉급을 대폭 인상함으로써 충성심과 사기를 높이는 효과를 냈다고 합니다. 당시 독일 산업 근로자의 1개월 평균 봉급은 140달러였는데 독일군 원수의 연봉을 2000년 기준 약 20만 달러로 책정함으로써 독일군을 정치적으로 장악하는 동시에 장군들의 환심과 영혼을 산 것이죠.

몽골의 칭기즈 칸은 전장의 가장 선두에서 적을 공략하고 성을 탈취한 자에게 노획물을 전부 나눠 줬습니다. 초기 원정 거리가 짧을 때는 별 문제가 없었지만 영토가 넓어지고 원정 거리가 멀어지자 점차 후방에서 물자를 공급하고 말편자를 만드는 대장장이나 수레를 끌던 자들의 불만이 높아져 갔습니다. 그래서 그 후부터는 일선에서 전쟁을 치른 전사나 후방에서 물자를 보급한 사람이나 공과에 따라 공정하게 노획물을 나눠 줌으로써 모든 병사가 성취욕을 가질 수 있도록 했습니다. 그들은 한 번 지시하면 죽을 때까지 임무를 수행했고 대를 이어 충성했습니다. 상하 욕망이 같아야 이깁니다. 욕망이 같은 팀이 성공합니다. 버락 오바마나 독일군, 몽골군 모두 욕망의 동기화 덕분에 소기의 목적을 달성한 것입니다.

욕심의 이면을
생각한다

【 욕심 】

상대가 자발적으로 이쪽에 오게 하려면 뭔가 이익이 있어 보여라.
상대가 올 생각을 하지 않게 하려면 오는 것이 손해라는 생각이 들게 하라.

能使敵人自至者 利之也 能使敵人不得至者 害之也
능사적인자지자 이지야 능사적인부득지자 해지야

6편 〈허실〉

"이게 뭔지 아세요? 마로니에 열매예요. (중략) 밤처럼 맛나게
생겨 갖고 사람을 홀린당께요. 절대 홀리면 안 돼요."

드라마 〈무인도의 디바〉에 나온 대사입니다. 무인도에서 15년
동안 버티다 31세가 돼 돌아온 가수 지망생 서목하가 자신이 존경

하는 가수 윤란주에게 소속사 대표의 유혹에 절대 넘어가지 말라고 당부하는 장면입니다.

마로니에의 본이름은 칠엽수입니다. 칠엽수 열매는 밤과 비슷하게 생겼는데 밤보다 반들반들하고 예쁘게 생겼죠. 하지만 독성이 강해서 잘못 먹으면 위경련, 현기증, 구토 현상을 일으켜 응급실에 가야 합니다. 견과류를 주식으로 삼는 청설모나 다람쥐조차도 이 열매는 안 건드린답니다.

세상의 도처에 깔린 함정은 대개 예쁘고 먹음직스럽게 잘 포장돼 있습니다. 그러나 우리가 이런 함정에 쉽게 빠지는 이유는 상대방의 유혹 때문만은 아닙니다. 우리 내부의 욕망과 희망하는 대로 될 것이라고 믿고 싶어 하는 마음이 합쳐져 작용하기 때문이죠. 모든 유혹은 욕망과 쉽게 결합합니다. 이어서 나오는 서목하의 대사가 흥미롭습니다.

"그런데 마로니에가 밤이 아니라는 것을 뻔히 아는데 배고프니 밤인 줄 생각이 들대요. 간절히 원하니 믿어지대요."

성대 결절로 한물간 가수 윤란주가 오랜만에 찾아온 좋은 기회를 별 의심 없이 받아들이려고 하자, 무인도에서 배가 너무 고파 독성이 든 마로니에를 먹을 수밖에 없었던 상황을 예시로 들며 경고하고 있는 것이죠. 그래서 저는 손자의 문장을 다시 해석해 봤습니다.

상대가 자발적으로 이쪽으로 접근하는 것은 뭔가 이익이 있기 때문이다. 상대가 올 생각을 하지 않는 것은 뭔가 손해를 예측하고 있기 때문이다.

能使敵人自至者 利之也 能使敵人不得至者 害之也
능사적인자지자 이지야 능사적인부득지자 해지야

6편 〈허실〉

욕심이 나를 속인다

사람은 마음이 불안하고 급하면 자기 좋을 대로 해석하고 자기 좋을 대로 믿고 행동하는 경향이 있습니다. 사기를 당하는 사람 대부분이 돈이 많은 부자가 아니라 하루하루 살기도 힘든 빈곤층인 이유입니다. 이들은 큰 것 한 방으로 인생을 바꾸려고 하거나 자신의 실력이나 노력에 상응하는 결과가 아닌 그 이상의 결과를 바라죠. 예컨대 지금 같은 저금리 시대에 10퍼센트가 넘는 금리의 투자 상품이 있다면 꼼꼼히 이성적으로 따져 봐야 하는데 욕심이 앞서니 봐야 할 것을 보지 못하는 것이죠.

"은행보다 싸게 환전해드리겠습니다."

2023년 9월, 한 남성이 SNS에 이런 내용의 광고를 올린 뒤 환전하기 위해 찾아온 피해자에게 호신용 스프레이를 뿌리고 현금 7억 4,000만 원이 든 가방을 빼앗아 달아났다가 경찰에 체포된 사건이 있었습니다. 이런 불특정 다수를 대상으로 하는 일명 '낚시형 사기'의 미끼를 덥석 무는 가장 큰 이유는 탐욕입니다. 딱히 원하지도 않았는데 어느 날 기가 막힌 정보나 사업 아이템이 갑자기 나한테 나타난다면 이것은 행운일까요? 내가 먼저 찾지도 않았는데 어떻게 그런 좋은 정보가 하고많은 사람 중 나에게 저절로 굴러들어 왔을까요? 그 자체가 이상한 일입니다.

사기는 어떤 사람들이 주로 타깃이 될까요? 몇 가지 특징이 있습니다.

첫째, 몰라도 아는 척한다

일단 건성으로 아는 척 대충대충 받아들이고 나중에 속으로 요모조모 따지는 유형입니다. 그러다 보니 결과적으로 다소 시차가 있지만 사기당했다는 사실을 인지하는 속도는 빠른 편입니다.

둘째, 세상 물정은 어두운데 자기 확신은 엄청나게 강하다

주로 가르치는 일을 하는 사람이거나 원리 원칙 속에서 살아온 사람들입니다. 긍정적으로 말하면 전문가지만 실은 한 우물밖에 모르는 사람입니다. 다양한 사회 경험이 부족하지만 본인은 그것

을 쉽게 인정하려고 하지 않습니다.

셋째, 체면을 중요하게 생각한다

남들 눈치를 보거나 사회적 지위와 체면 때문에 꼬치꼬치 따지는 것을 부끄러워하고 필수적으로 요구해야 하는 서류도 요구하지 못하고 주저하는 스타일입니다. 실제로 사기를 당해도 웬만하면 주변에 알려지는 것을 원치 않는 스타일입니다.

인간은 누구나 욕심을 낼 수 있습니다. 그렇지만 현명한 사람들은 무리한 욕심을 내지 않습니다. 욕심이 날 때 멈춰 그 이익의 본질을 생각해 보는 것이죠. 이렇게 과도한 이익이 왜 나에게 주어지는지, 이 사람이 왜 나에게 이익을 주려고 하는지, 엉뚱한 이익에 숨겨진 함정은 없는지 등입니다. 상대가 자발적으로 이쪽으로 접근하는 것은 뭔가 이익이 있기 때문입니다. 반들반들하게 예쁘게 생겼는데 맛까지 좋은 밤은 없습니다. 마로니에는 밤이 아닙니다.

버섯도 그렇습니다. 국립수목원에 따르면 국내에 서식하는 버섯은 총 2,170종으로, 이 중 식용은 493종입니다. 나머지 1,677종은 독버섯이거나 식용 여부가 분명하지 않은 버섯입니다. 마로니에가 예쁘게 생긴 것처럼 독버섯도 빛깔이 화려하고 진하다는 점이 특징입니다. 겉모양이 화려한 것은 일단 조심해야 합니다. 예쁜 버섯이라고 함부로 먹으면 죽습니다.

불법 다단계 회사나 사기성 투자 회사도 사무실이 깔끔하고 번드르르하다는 점에서 같습니다. 실체도 없으면서 해외 건설을 투자 유치한다면서 고층 유명 빌딩이나 특급 유명 호텔에 사무실을 열어 놓는 경우입니다. 이들 사무실에 가면 흔히 있는 것이 있습니다. 국회 의원, 유명 정치인, 탤런트, 외국 대통령, 총리와 같이 찍은 사진이나 화환입니다. 또 이름도 없는 이상한 신문에 실린 화려한 기사와 사진들로 이뤄진 팸플릿, 회사 소개서로 귀를 솔깃하게 합니다.

진짜보다 더 진짜 같은 가짜

가짜 밤 마로니에는 반짝반짝 예쁘고, 독버섯은 화려하며, 보이스 피싱과 사기는 깔끔하고 번드르르합니다. 이렇게 눈으로 현혹되는 것, 보이는 것 외에 보이지는 않지만 독성이 강한 새로운 유형의 사기가 있습니다. 바로 가짜 언론, '가짜 뉴스'입니다.

문화체육관광부 정기 간행물 등록 관리 시스템을 보면, 언론사는 총 2만 2,820개인데 이 중에서 인터넷 신문은 1만 1,594개로 절반 이상을 차지하고 있습니다. 발행인 한 사람이 전체 정기 간행물의 제호를 112개 갖고 있는 경우도 있습니다. 인터넷 신문은 지자체에서 기본 서류만 갖추면 실사 없이 등록증을 내주다 보니 등록이 쉽습니다. 도메인처럼 미리 제호를 선점한 경우도 있고 실제

운영되지 않는 신문도 많은 것으로 추정됩니다. 이런 상황에서 일부 인터넷 신문들이 표절이나 도용, 광고성 기사, 기사를 빌미로 광고를 강요하는 유사 언론 행위, 가짜 뉴스의 사각지대가 될 가능성이 커졌습니다. 과거 '언론사', '신문사' 하면 쩔쩔매던 시절의 트라우마를 이용한 새로운 유형의 사기극이 발생할 가능성이 커진 것이죠.

미국에서 가장 오래된 사전인 메리엄 웹스터가 올해의 단어로 'authentic(진짜, 진정성)'을 선정했습니다. 편집장 피터 소코로프스키는 "학생이 진짜로 이 논문을 썼는지, 정치인이 실제로 이 발언을 했는지 믿을 수 없게 됐으며 때때로 우리의 눈과 귀까지 믿지 못하게 됐다"라고 했습니다.

전문가들은 우리가 '탈진실' 시대에 살고 있으며 진실을 복권하는 것이 무엇보다 중요하다고 지적합니다. 허위 정보를 누구나 순식간에 만들어 낼 수 있는 상황에서 진실을 구별할 수 없게 되는 것만은 막아야 한다는 것이죠. 프린스턴대학교 심리학 및 신경 과학 교수 마이클 그라치아노는 "만들어진 진실은 이제 누구나 픽셀처럼 무한하게 생성할 수 있게 됐다"라고 하면서 "AI는 파괴적이면서도 그릇된 이야기를 더 쉽게 사람들이 믿을 수 있게 하고 있다"라고 했습니다.

위기가 없다면
직접 만든다

【 위기 】

병사들 마음은 포위당하면 방어하고
상황이 부득이하면 용감히 전투를 벌이며
위험이 많아지면 명령에 복종한다.

兵之情 圍則御 不得已則鬪 過則從
병지정 위즉어 부득이즉투 과즉종

11편 〈구지〉

전쟁이든 회사 경영이든 상황이 어려우면 내부는 결속력이 강
해지는 경향이 있습니다. 어쩔 수 없이 위기가 닥쳤을 때 대동단
결하는 것은 당연한 일이지만 일부 사장은 이런 분위기를 과장해
서 확대하거나 인위적으로 조성하기도 합니다. 손자의 "부득이즉

투(不得已則鬪)"는 조직의 위기감이나 충격 요법을 통해 부득이하게 싸울 수밖에 없도록 상황을 만드는 것이죠.

오갈 데 없는 곳으로 몰아세워라

1993년 6월 7일 독일 프랑크푸르트에 삼성의 주요 임원 200여 명이 모였습니다. 삼성 회장 이건희는 절체절명의 위기감을 공유할 생각으로 임원들을 먼 곳까지 불렀지만 핵심 임원들에게는 위기감이 없었습니다. 회의에 참석했던 당시 삼성종합건설 사장 현명관의 회고입니다.

"임원들은 얼떨떨해 했다. '일이 많아 바빠 죽겠는데 프랑크푸르트처럼 먼 곳에 불러 며칠씩 회의를 하다니'라고 투덜대는 사람도 있었다. '회사 경비도 돈인데, 그 많은 돈을 이런 데 써도 되나'라는 불만도 나왔다."

간담회가 시작되자 다들 깜짝 놀랐습니다. 평소 말도 거의 없고 표정 변화도 거의 없던 회장이 10여 시간을 혼자서 열변을 토했기 때문입니다.

68일에 걸친 신경영 대장정이 8월 4일 끝난 후에도 CEO들을 불러 신경영을 점검했고 1993년 10월 23일 전격적으로 비서실장을 교체했습니다. 참고로 비서실은 삼성에서 가장 막강한 조직입니다. 회장을 대신해 영향력을 행사하기 때문이죠. 회장의 오른팔이고 그룹의 2인자인데 그런 비서실장을 하루아침에 교체했으니 조직은 큰 충격을 받았습니다.

이후에도 충격 요법은 계속됐습니다. 계열사의 관리 본부장 전원을 용인의 삼성 연수원으로 교육을 보냈는데 이것 또한 일대 사건이었습니다. 삼성은 전통적으로 관리 본부장의 파워가 막강해 재계에서 '관리의 삼성'이라고 부를 정도로 인사와 재무 등 관리가 강합니다. 관리 본부장은 각 계열사의 2인자로서 삼성을 국내 1등으로 키우는 데 큰 공을 세운 사람들이었습니다. 삼성이 1등을 한 것은 다른 기업보다 많은 돈을 빌리고 누구보다 먼저 공장을 지어서 물건을 만든 덕이 컸습니다. 수요보다 공급이 크게 부족했으니 조악한 제품도 만들기만 하면 팔려 나갔습니다. 기술이나 마케팅보다 관리가 훨씬 강한 이유였죠. 세무서를 잘 구슬려 절세하고 정부 관리들과 네트워크를 돈독하게 쌓아 남보다 먼저 인가받고 신산업에 진출하거나 공장을 설립한 덕분이었습니다. 그 중심에 관리 본부장이 있었습니다. 문제는 이들이 질보다 양을 중시한 과거 성장 패러다임의 모델이라는 점이었습니다.

1995년 3월 9일 삼성전자 구미 공장에서 있었던 불량 무선 전화기 화형식도 충격 요법이었습니다. 이 회장은 한 명당 한 대의 무선 단말기를 갖는 시대가 올 것이라고 생각했습니다. 반도체와 더불어 무선 전화기를 삼성의 미래 먹거리로 정해 1993년부터 생산하고 있었는데 100대를 만들면 12대가 불량품이었습니다. 시간이 흘러도 개선되지 않자 이 회장은 "돈 받고 불량품을 만들어 파는 것은 사기"라면서 판매된 무선 전화기를 모두 리콜해 2,000여 명의 구미 공장 임직원이 지켜보는 가운데 운동장에서 불량 제품들을 불태웠습니다.

화형식 이후 불량률은 2퍼센트대로 떨어졌고 7년 뒤 2002년 삼성의 무선 전화기는 세계 시장 점유율 3위를 차지했습니다. '양이 아닌 질 경영'에 대한 이 회장의 강력한 의지가 경영 실적으로 드러난 또 하나의 충격 요법이었습니다.

이건희 회장은 1987년 취임한 이래 20여 년 동안 줄곧 직원들에게 긴장과 혁신을 강조했습니다. 언급한 바와 같이 1993년 '신경영'이라는 이름하에 그 유명한 말 "마누라와 자식만 빼고 다 바꿔라"과 함께 조직을 벼랑으로 몰아붙였습니다. 이후 1995년에는 국내 최초로 학력, 성별을 불문하고 능력 위주로 신입 사원을 채용하도록 전환함으로써 조직 내부에 긴장을 불어넣었습니다. 이런 신입 사원 채용의 제도 변경은 향후 인사 원칙을 간부 임원들에게도 동일하게 적용하겠다는 경영자의 의지로 받아들여졌습니다. 그동안 동향, 선배, 학벌을 등에 업고 편안하게 지냈던 임원 간부들을 긴장시키고자 하는 회장의 강력한 메시지였습니다.

2004년에는 사상 최대 매출을 달성하는 등 매출 호조를 이루는 상황에서도 연월차 휴가를 의무적으로 사용하게 해 허리띠를 졸

라매도록 독려했고, 2009년 2월에는 리먼 브라더스 파산으로 인한 경제 위기를 극복하기 위한다는 명분으로 내부적 성과는 무시하고 성과급 상한선을 축소하기도 했습니다.

그리고 2014년에는 계속되는 최고 실적 행진에도 이건희 회장은 또다시 "바꾸고 또 바뀌어야 한다"라면서 '마하 경영'을 강조했습니다. 2006년 삼성전자 사장단 회의에서 언급한 마하 경영은 전투기가 마하의 속도를 넘으려면 설계도는 물론 엔진, 부품, 소재를 모두 바꿔야 하는 것처럼 초일류로 도약하기 위해서는 모든 것을 송두리째 바꿔야 한다는 것에서 비롯된 말입니다.

오갈 데 없는 데로 몰아세우면 도망가지 않고 죽기를 각오하고 싸운다.

投之無所往 死且不北

투지무소왕 사차불배

11편 〈구지〉

그룹의 2인자를 교체하고 각 계열사의 2인자를 갑자기 현업에서 연수원으로 보내 교육을 받도록 한 것이 바로 '죽기를 각오하고 싸우도록' 독려하는 전략입니다.

병사들을 오갈 데 없는 사지로 몰아넣으면 전제나 조귀 같은 용기가 나오는 법이다.

投之無所往者 諸劌之勇也

투지무소왕자 제귀지용야

11편 〈구지〉

"제귀지용야"에서 '제귀'는 전제와 조귀를 뜻하는 말입니다. 전제는 춘추 시대 오나라 사람으로 기원전 515년 합려가 조카인 오나라 왕 료를 죽이고 왕위를 빼앗을 때 비수를 고기의 배 속에 숨기고 오왕 료를 잔치에 초대해 죽인 다음 자신도 그 자리에서 죽임당한 자객입니다. 조귀는 춘추 시대 노나라의 대부로서 기원전 684년 제나라 환공이 노나라를 공격했을 때 산골에 은거하다가 등장해 노나라군을 지휘하고 제나라군을 대패시킨 전략가입니다. 임직원이 지켜보는 가운데 운동장에서 불량 제품들을 불태운다거나 "마누라와 자식만 빼고 다 바꿔라"라는 말로 조직을 벼랑으로 몰아붙임으로써 이건희 회장은 조직이 더 이상 물러설 곳이 없다는 점을 강조해 전제, 조귀와 같은 용기를 이끌어 냈다고 볼 수 있습니다.

죽게 될 상황에 처하면 병사들은 힘을 다해 싸울 것이고, 심한 함정에 빠지면 죽기를 두려워하지 않을 것이며, 오갈 데가 없으면 견고하게 단결할 것이고, 적진에 깊이 들어가서는 어쩔 수 없이 싸울 수밖에 없을 것이다.

死焉不得 士人盡力 兵士甚陷則不懼 無所往則固 深入則拘 不得
已則鬪

사언부득 사인진력 병사심함즉불구 무소왕즉고 심입즉구 부득이
즉투

11편 〈구지〉

손자는 삼성의 여러 경영 사례에 스며 있는 부득이즉투를 위
문장같이 함축적으로 정리했습니다. 이것을 조직이 권위와 힘으
로 조직원을 몰아세우는 부정적인 측면으로 볼 수도 있으나 다른
한편으로는 늘 긴장을 늦추지 않고 살아가는 우리네 개인적인 삶
과도 밀접한 연관성을 갖고 있다고도 생각해 볼 수 있습니다. 특
히 오십이라면 여러 가지 다중 위험 구간에서 지금까지 쌓아 온
경력, 자산, 사랑하는 가족을 위험으로부터 지켜 내기 위해 부득
이즉투를 긍정적인 시각으로 해석하면 실생활에 많은 도움이 될
것입니다.

수단이 아닌 목적에 집중할 것

이번에는 일본 역사의 사례를 한번 살펴보겠습니다. 우리에게
쓰라린 과거인 임진왜란도 이런 원인과 맥락으로 살펴볼 수 있습
니다. 1592년 도요토미 히데요시는 일본의 불만 세력을 잠재우고

세력의 결속을 다지기 위해 16만 대군을 이끌고 조선을 침공했습니다. 천민 출신이었던 그는 1588년 사실상 일본 전국을 장악했지만 독자적인 권한을 행사하는 것이 불가능했습니다. 선대로부터 이어져 내려온 가신도 없었고 실세는 그저 실세일 뿐 결국 천황의 지시를 받아야 하는 여러 신하 중 한 명에 불과했던 것이죠. 막부를 세우고 쇼군이 돼야만 독자적인 권한을 행사할 수 있었으니까요. 막부란 군주인 천황을 상징적 존재로 두고 실권은 쇼군이 행사하는 무신정권 체제를 말합니다. 쉽게 말해 막부 체제하에서 군주는 허수아비에 불과하다고 보시면 됩니다.

도요토미 히데요시는 막부의 수장인 쇼군이 되고 싶었습니다. 하지만 1185년 겐페이 전쟁 후 일본 전국을 장악한 최초의 막부인 가마쿠라 막부의 겐지 혈통만이 쇼군이 될 수 있었습니다. 다른 방법으로는 승전군이 돼 천황에게 대장군의 칭호를 받아 막부를 구성하는 것이 있었습니다. 즉 전쟁을 일으켜 개선장군이 되는 것입니다. 또 전쟁을 통해 부수적으로 발생하는 새로운 땅을 무사들에게 하사함으로써 그동안 천출로 불안한 가신 관계에 있었던 히데요시의 권위를 상승시킬 수 있으니 일석이조로 그의 욕망을 자극하기에 충분했다고 볼 수 있습니다. 시대 상황의 모든 초점을 조선 침략에 집중하고 긴장을 조성함으로써 실세 실권자로서의 세력 유지 발판으로 삼고자 했던 것이죠.

하지만 조선 침공에 대해 내부적으로 완벽히 의견이 통일되지도 일사분란하지도 않았습니다. 실제로 도쿠가와 이에야스를 비롯한 상당수의 다이묘(10세기에서 19세기에 걸쳐 일본 각 지방의 영토를 다스리며 권력을 누렸던 영주로, 대체적으로 쇼군 바로 아래의 지위)들이 조선 출정을 반대했습니다. 하지만 그는 전쟁을 시작했고 결과적으로 조선 정복을 마무리하지 못한 채 죽었습니다. 목표로 삼았던 쇼군도 되지 못했고 정권도 그의 죽음과 함께 2대로 마감하고 도쿠가와 이에야스에게 넘어가고 말았습니다. 실패한 긴장 조성 사례이자 외란의 사례라고 할 수 있습니다.

도요토미 히데요시는 목적을 달성하기 위해서 과도한 수단을 사용함으로써 자멸했다고 볼 수 있습니다. 막부를 세우고 쇼군이 되기 위해서 조선을 침략했지만 그것이 화근이 된 것이죠. 말하자면 빈대를 잡기 위해서 초가삼간 태운 격입니다. 조선 침략보다는 좀 더 작은 전쟁으로 승리를 가진다거나 조선을 침공했더라도 상황을 봐서 적당하게 물러섰더라면 역사는 다르게 전개됐을 것입니다.

이런 추론이 가능한 것은 도요토미가 순간 판단력과 즉석에서 일을 해결하는 순발력은 매우 뛰어났지만 사람이 경박하고 장기적 안목으로 해결해야 할 일이나 오랜 기간 추구해야 되는 정책 현안에서는 매우 무능했기 때문입니다. 도쿠가와 이에야스를 비롯한 여러 다이묘를 통합해 조선을 침공해야 하는데 세력 규합이 어정쩡한 상태로 침공함으로써 결국은 제2세력인 도쿠가와 이에

야스에게 권력을 넘겨주고 만 것입니다. 목적에 충실해야 하는데 수단에만 몰입하다 보니 목적이 날아가 버린 것이라고 할 수 있습니다.

승리를 외치는
순간을 경계하라

【 교만 】

얕보여 교만하게 만들어라.

卑而驕之
비이교지

1편 〈시계〉

"미인과 명마는 누구나 갖고 싶어 한다. 그러나 그것만 좇다 보면 명예도 지위도 다 잃는다. 절대로 우쭐대지 말라. 몽골 고원의 우두머리들이 내게 패망한 것은 교만 때문이다."

칭기즈 칸이 몽골을 거의 통일할 무렵, 제베 장군이 나이만 부족을 정벌하고 서요(西遼)와 동투르크스탄을 평정했을 때 포상 대신 추상같이 경고했던 말입니다.

사실 교만만큼 짜릿한 쾌감도 없습니다. 교만심은 마약과 유사합니다. 중독성이 있고 한번 맛보면 점점 더 하고 싶고 양을 늘려 가면서 빠져듭니다. 인간은 상대방이 내 앞에서 무릎을 조아리는 것을 즐깁니다. 기분 좋은 원초적 본능입니다. 일부는 '설마 나도? 절대 그럴 일 없을 거야'라며 손사래를 칠 테지만 막상 현실에서 실제 느낌은 다를 것입니다. 손자의 비이교지는 인간의 심연에 자리 잡은 교만의 본질을 보고 이용하려는 것입니다. 즉 겸손하게 자신을 낮추거나 의도적으로 계략을 써서 상대방을 교만하게 만들어 내가 의도하는 대로 상황을 만드는 고도의 심리 전술입니다.

물론 계략을 쓴다는 표현은 다소 나쁜 의미를 내포하지만 현실에서는 자연스럽게 진행되는 경향이 있죠. 예컨대 말을 공손히 한다거나 인사를 깍듯이 한다거나 좀 과한 선물이나 식사 대접 등으로 환심을 사서 상대를 기분 좋게 또는 우쭐하게 만드는 것입니다. 일상에서 흔히 벌어지는 일이죠. TV 프로그램에서 출연자들이 선후배를 예우하고 대하는 모습에서도 금방 알 수 있습니다.

노자는 "적을 깔보는 것보다 더 큰 화는 없다. 적을 깔보면 내 보물을 잃게 된다"라고 했습니다. 조조는 〈횡삭부시〉라는 시에서 우세한 병력을 갖고도 교만한 마음 때문에 적벽에서 참패했음을 자인했습니다. 전진(前秦)의 제3대 황제 부견은 383년 비수 대전에서 100만에 가까운 대군만을 믿고 교만하게 적을 깔보며 "말채찍을 던지면 강물의 흐름도 막을 수 있다"라고 큰소리치다가 동진(東쯤)의 8만 군대에 의해 쫓기고 끝내는 전진의 붕괴를 초래했습니다.

로마 제국 몰락의 주원인은 아무도 통제 불가능한 무소불위의 권력에 있었습니다. 황제의 통제되지 않는 권력과 교만은 오판을 낳았고 파국을 불렀습니다. 군주의 교만과 방종은 자기를 비판하거나 제어해 주는 힘이 약하거나 부재할 때 생기죠. 로마 제국의 제5대 황제 네로와 광해군의 광기는 그들의 정신병적 발작이 아니라 교만을 견제하고 절제시킬 대칭 세력과의 균형이 깨진 탓입니다.

옛날 로마에서는 원정에서 승리를 거두고 개선하는 장군이 시가행진을 할 때 노예가 행렬 뒤에서 큰 소리로 외쳤던 말이 있습니다.

"메멘토 모리(Memento Mori)!"

라틴어로 '죽음을 기억하라'는 뜻인데, '전쟁에서 승리했다고 너무 우쭐대지 말라. 오늘은 개선장군이지만 너도 언젠가는 죽는다. 그러니 겸손하게 행동하라'는 의미를 담고 있습니다. 동서양을 막론하고 사람들의 생각은 비슷한가 봅니다. 역사를 살다간 모든 이가 승리를 외치는 순간을 경계했습니다.

《한서》〈위상전〉에 교만한 군대를 정의한 글이 있습니다. 교만한 군대란 "영토 크기만 믿고 백성 숫자 많은 것을 뽐내며 적에게 위세를 떨려 하는" 군대입니다. 손자의 비이교지는 상대의 마음을 빼앗고 상대의 계략을 어지럽혀 힘을 빼는 것이 목적입니다. 강하면서도 약한 척하고 할 수 있으면서도 못하는 것처럼 보이는 것이죠. 교만한 마음이 생기면 정확히 판단할 수 없고 객관적인 역량을 비교할 수 없습니다.

최근 스포츠 경기에서 아쉬운 사례가 하나 있었습니다. 2023년 10월 중국 항저우에서 열린 3,000미터 계주 결승에서 한국 롤러스케이트 대표 팀의 마지막 주자가 승리를 예감하고 한발 빨리 세리머니를 하다 최종 2위에 머무는 실수를 범한 것이죠. 최종 주자가 결승선을 통과하기 직전 양팔을 뻗으며 세레모니를 펼치자 바로 뒤따라오던 대만 선수가 왼발을 쭉 뻗으며 결승선을 통과했습니다. 한국의 기록은 4분 5초 702, 대만은 4분 5초 692를 기록하며 0.01초 차이로 금메달을 놓쳤습니다. 결승선을 앞에 두고 방심한 탓에 너무 일찍 속도를 줄였던 것이죠.

돈의 경우도 그렇습니다. 지금은 돈이 세상을 지배하고 대부분의 욕망은 돈으로 해결이 가능한 세상입니다. 그러다 보니 보통 사람들은 큰돈이 주어지면 넘쳐 나는 돈에 어찌할 바를 모르고 온 세상을 가진 양 우쭐댑니다. 급기야 돈을 숭배하고 돈을 최우선 가치로 둬 가난한 사람을 업신여기고 교만에 빠져 점차 배려심이나 겸손을 잃어 갑니다. 돈을 인격과 동일시하다 보면 종국에는 오만이나 특권 의식이 몰락의 단초가 됩니다. 돈으로 성공했다가 돈으로 몰락하는 것이죠.

교만이 방심을 부른다

성공하기 위해 필요한 멘털 중의 하나가 바로 자신감입니다. 그러나 자신감이 과도하게 지속되거나 넘치면 자만으로 발전하고 이어서 교만으로 빠져들죠. 저에게도 이런 교만의 경험이 있습니다.

제가 운영하는 회사가 경이로운 성장을 몇 번 거듭하게 되면서 제게도 자연스럽게 교만이 찾아들었습니다. 회사의 성장 규모가 크게는 열 배, 적게는 두 배로 성장하기를 5년 정도 거듭하면서 대표 이사인 저의 위세는 하늘 높은 줄 모르고 올라갔습니다. 당시 IMF라는 시대 상황과는 정반대로 역주행한 우리 회사는 돈을 어떻게 굴릴 것인가를 주로 고민하고 있었으니 얼마나 주변의 시선을 한 몸에 받았겠습니까? 마치 초상집에서 1등 당첨 복권을 끌어안고 웃지도 못하고 있는 형국이었습니다.

2003년 1월 코스닥 상장시 회사는 인쇄 회사와 판매 유통사의 자회사 두 개를 포함해 880억 원 매출 규모로 성장했고 고등학교 학습지 시장의 40퍼센트 이상을 점유함으로써 업계를 완벽하게 주도하고 있었습니다. 개인적으로도 거리를 지나면서 보이는 집만 빼고 마음만 먹으면 아무거나 다 살 수 있을 정도로 주머니도 두둑했죠. 예금해 둔 은행이 부도날까 늘 걱정했습니다. 자신감이 하늘을 찔렀습니다.

사업이 성공하다 보니 주변에서 칭찬과 함께 '존경스럽다'는 칭송의 말이 폭포수처럼 쏟아졌습니다. 처음에는 손사래치고 겸손하게 행동했지만 찬사가 거듭되다 보니 익숙해졌고 익숙해지다 보니 자연스럽게 몸에 뱄습니다. 좋은 회사, 멋진 사장의 초심은 사라지고 무지개를 좇는 욕망 덩어리로 변해 갔습니다.

회사가 코스닥 상장된 후 어느 날이었습니다. 오랜만에 지방에 있는 손위 동서로부터 전화를 받았습니다. 이런저런 이야기를 하는데 예전과 달리 말투가 달라진 것을 느낄 수 있었죠. 주저주저하면서 경어를 쓰기 시작한 것입니다. 순간 당혹스러웠지만 상장사 대표가 된 나를 예우하는 차원이라고만 생각했습니다. 오랜만에 만나는 친구들 역시 대부분 머뭇거리면서 한결같이 칭찬부터 시작했습니다. "이 친구 사업 참 크게 한다면서…. 대단해!" 같은 식입니다. 처음에는 다소 불편했지만 시간이 흐르면서 존경과 칭송, 특별 대우가 어느덧 일상이 됐습니다. 처음에는 머쓱해하다가 점차 익숙해져 습관이 된 것이죠.

통상 윗사람이 아랫사람을 칭찬하면 그저 순수한 칭찬으로만 받아들입니다. 반대로 아랫사람이 윗사람을 칭찬하면 대부분은 쑥스러워하면서도 좋아합니다. 특히 일대일로 감정을 한번 터놓으면 묵계라도 되듯 자연스럽게 받아들이죠. 한 발 더 나아가 논리적인 칭찬을 하면 꽤 이성적이고 차가운 사람도 쉬 넘어갑니다. 이것이 교만의 출발점이죠.

교만을 잉태하는 과정은 이렇습니다. 통상 사회적 지위가 올라가 주위 사람들의 존경과 칭송의 횟수가 늘어나고 운전사, 비서 등 수행원이 늘어나면 혼자 있는 시간이 자연스럽게 줄어들면서 자기 점검의 시간이 없어지게 되죠. 이때쯤이면 어쩌다 상대방이 쉬운 부탁을 해도 귀찮기만 하고 주변이 모두 아래로 보이며 깔보는 마음이 자리 잡아 교만의 범위가 점차 넓어지고 축적량도 점차 증가합니다. 어느 정도 축적된 교만심은 긴장감을 느슨하게 해 방심을 부르죠. 사소한 일에도 작은 실수와 방심이 쌓여 종국에는 치명적인 실수를 하게 되는 것입니다. 이 정도에 이르면 굳이 타인의 힘에 의하지 않아도 스스로 비이교지 상황에 빠져 자멸합니다.

성공의 전후 사정을 생각하라

한때 유력한 대권 주자였던 정치인 안희정의 추락 과정을 담은 《몰락의 시간》은 그가 세심하면서도 티 나지 않는 공무원 의전에 점차 젖어 가는 상황을 적나라하게 묘사하고 있습니다. 안희정 전 충남지사를 2011년부터 2017년까지 지근거리에서 수행한 전 비서관이자 저자인 문상철은 안 전 지사 몰락의 발단으로 의전을 꼽았습니다. "자신의 생각과 다른 이야기들을 먼저 청해 귀담아듣던 초기와는 달리 점차 반대 의견에 불편함을 드러내기 시작했고 더 철옹성 같은 의전을 원했다"라고 썼습니다.

안 전 지사는 비행기를 탔을 경우 내릴 때마다 수행 비서의 도움을 받았고 예방 주사도 간호사를 불러 집무실에서 맞는 등 끝이 없이 편안함을 추구했습니다. 결국 안 전 지사의 지시로 '수행 비서 매뉴얼'도 만들게 됐습니다. 그는 외모를 가꾸는 데도 무척 신경을 썼는데, 몸에 딱 맞는 슈트 핏을 유지하기 위해 안경닦이는 물론 라이터도 갖고 다니지 않았습니다. 이 바람에 수행 비서의 호주머니는 잡동사니로 가득했습니다. 퇴근 때는 지사가 몇 분 후에 도착하는지 공관의 경비 근무자에게 사전에 연락했고 공관 근무자는 대문을 열어 놓은 채 앞에서 정자세로 경례 자세를 취하며 그를 영접해야 했습니다.

사람들은 주로 실패했을 때 분석하고 반성합니다. 하지만 역으로 성공하고 있을 때 그 성공을 잘 관리하는 사람이 지속적으로 성공할 수 있습니다. 정상에 올랐다고 생각하는 순간부터 스스로 교만의 정도를 리트머스 시험지 테스트하듯 살펴야 합니다. 결코 쉬운 일이 아니겠죠. 겸허한 마음을 기반으로 통찰해야만 가능한 일입니다. 이때 보통 사람들은 더 많은 욕심 때문에 지금의 성공을 인정하려 들지 않습니다. 소위 "I am hungry(아직 배고프다)"라고 말합니다. 정상에 도달하려면 아직 멀었다는 것이죠.

스스로 살펴보는 것은 어렵지 않습니다. 주변에서 '잘한다', '대

단하다', '성공했다' 등의 칭송이 쏟아지기 시작할 때가 바로 교만
이 잉태되는 지점이라고 인식하는 것입니다. 이때부터 살피고 조
심해야 합니다. 지금이 정점인지 8부 능선인지, 내가 이 자리에 진
짜 실력으로 왔는지 운 좋게 우연히 왔는지, 지금의 이 성공이 내
일도 유지될 성공인지를 곰곰이 생각해 보는 것이죠.

강자의 죽음에 담긴 교만

일반적으로 자살은 약자의 불가피한 선택의 결과입니다. 엄밀
하게 보면 선택이라기보다는 죽을 수밖에 없는 상황으로 인한 타
의의 죽음이죠. 그러나 사회적 강자들이 선택하는 자살은 좀 다르
다고 봅니다. 자존심이나 조직의 명예, 주변을 보호하기 위한 선
택적 죽음일 가능성이 있습니다. 과거 일본의 할복자살이나 옥쇄
가 대표적인 사례입니다.

최근 한국 사회의 지도층이나 힘 있는 정치가 중에서 극단적인
선택으로 국민들을 안타깝게 하는 사례가 늘고 있습니다. 특징적
인 것은 그들이 자기 죽음에 대해서 유서를 남김으로써 변명하거
나 언급한 것이 거의 없다는 것입니다. 알아서 생각하라는 것일까
요? 뉴스를 접하는 국민들이 짐작할 뿐이죠.

대부분의 사람은 지도층의 자살에 대해서 동정론을 펴고 안타
깝게 생각하지만, 한편으로 냉정하게 생각해 보면 그들의 죽음은
철저하게 계산된 전략적인 죽음일 가능성이 큽니다. 자기 부하나

조직을 보호하기 위한 수단으로 죽음을 의도적으로 활용했을 가능성이 있습니다. 이런 관점에서 권력자의 선택적 죽음은 일종의 교만이라고 할 수 있겠습니다. '자기가 올바르고 정당하니까', '나의 죽음으로 공소무효를 이끌어 모든 상황을 종료하고자' 하는 전략적 판단도 있을 수 있습니다.

약자들의 죽음에는 그들의 억울함을 절절히 담은 유서가 흔히 발견됩니다. 이들은 사회에 아무리 호소를 해도 들어줄 사람이 없었기 때문에 어쩔 수 없이 죽음을 택한 것이지만 지도자들은 그보다 훨씬 유리한 입장에서 선택적, 전략적으로 죽음을 선택했다는 점에서 정당화하기가 힘들다고 보는 것이죠. 자기 확신과 자존심이 결합해 자신의 정당성을 입증하려는 의도로 선택하는 죽음은 일종의 교만심이 결부됐을 가능성을 배제하지 않을 수 없습니다.

감정과 나를
분리하라

【 분노 】

군주는 분노에 군사를 일으키지 않고
장수는 성난다고 해 전투를 해서는 안 된다.

主不可以怒而興師 將不可以慍而致戰
주불가이노이흥사 장불가이온이치전

12편 〈화공〉

전쟁은 국가의 생존을 돕기 위한 하나의 도구일 뿐입니다. 현명한 군주는 전쟁을 신중히 결정하며 뛰어난 장수는 감정을 앞세워 함부로 칼을 휘두르지 않습니다. 104세의 철학자 김형석 교수는 25년간 일제강점기를 살았습니다. 말 못할 고초를 겪었던 그는 일본을 어떻게 바라볼까요? 한 신문 인터뷰에서 이렇게 대답했습니다.

"나 같은 세대의 사람에게 일본과 손잡자고 하면 참 힘들다. 힘들지만, 그래도 미래를 위해서 나가야 한다. 원수를 갚겠다고 하면 우리도 결국 마찬가지가 되고 만다. 악은 더 큰 악을 낳고, 그것은 또 더 큰 악을 낳는다. 우리가 더 높은 수준의 인격으로 마음 좁은 일본을 불쌍하게 바라볼 수 있어야 한다."

올바른 때에 표출하라

사소하게 화나거나 짜증나는 일은 일상에서 흔히 있는 일입니다. 제가 대표 이사 때 사무실에서 있었던 가벼운 '화'의 사례를 하나 들어 보겠습니다.

"김 부장, 어제 지시한 것 다 작성했나?"
"아뇨. 아직 손 못 댔습니다.
"뭐? 빨리 좀 하지. 어렵지도 않은 것을 갖고…."

제 말에는 저도 모르게 약간의 짜증과 가시가 섞여 있었습니다.

"먼저 다른 일 좀 처리하느라 좀 미뤄 뒀습니다. 내일까지 하라고 말씀하셔서…. 바로 작성해서 올리겠습니다."

"아니야, 됐어. 내일까지 해…."

사실 내일까지 처리하면 되는 일이었고 급한 일도 아니었습니다. 아내와의 사소한 말다툼 때문에 기분이 언짢은 상태로 사무실에 출근하자 김 부장이 눈에 띄어 말을 붙였을 뿐입니다. 그러다말이 꼬여서 감정이 표출된 것입니다. 하지 않아도 될 말을 나눈것이죠. 이렇게 저도 가끔 엉뚱하게 감정을 노출하는 자신을 바라보면서 '너무 옹졸한 것 아닌가', '너무 감정적이다'라는 반성을 종종 합니다.

이렇게 직장에서 발생하는 대부분의 분노는 신분에 기반을 뒀을 가능성이 높습니다. 실제 불편함의 정도가 아니라 자격의 우월성에 기반을 두고 드러내는 감정이죠. 상사다운 대접을 받지 못해서 부하에게 폭언을 하는 행위 등은 권위적 계급 문화의 산물입니다. '분노해도 되는' 신분에 도취해 선을 넘는 소위 '갑질'이죠. 리더는 특히 신분에 기반을 둔 분노의 감정을 잘 조절해야 합니다.

이번에는 차분한 감정 분리로 일상생활에서 생긴 분노를 다스리고 지혜를 발휘한 경우입니다. 경영의 아버지라 불리는 피터 드러커의 인생에 큰 영향을 끼친 사람 중의 한 명은 그의 할머니입니다. 그녀는 두 개 층 임대를 준 치과 의사와 심한 말다툼을 하고도 아무렇지도 않게 계속 그 치과에 치료하러 다녔다고 합니다. 임대차 거래 관계와 치료 능력은 무관하다는 발상이죠. 감정은 좋지 않지만 좋은 거래 조건이라면 거래는 계속하는 것이죠. 우리네 보통 사람들 생각이라면 논리적으로는 수긍이 가지만 막상 실천하기는 감정 극복에 많은 어려움이 있겠죠.

부부 사이에서도 이런 조용한 '분노의 분리'를 경험하신 적이 있을 것입니다. 사소한 부부간 말다툼으로 감정이 상해도 이튿날 아침상은 차려 준다거나 아무 일 없었다는 듯 저녁 부부 모임에 같이 가는 등 생활 루틴은 평시 그대로 유지하는 경우겠죠. 이런 경우는 서로 다른 방향에서 오다가 충돌한 것이 아니라 같은 방향으로 가다가 부딪친 것으로 인식하면 될 것 같습니다.

개인주의화로 개인의 감정이 예민해졌고 바쁜 일상에 집중하다 보니 살짝 건드리기만 해도 폭발하는 감정의 공격 자극점이 다소 낮아졌습니다. 뇌 과학적으로 이런 상태를 '편도체 과열'이라고 부릅니다. 편도체는 동물이 위험에 처했을 때 비상 체제를 발동하고 위기에 대처할 수 있게 해 놓은 개체 보존의 본능적 기관입니다. 그런데 위기 상황도 아닌데 쉽게 편도체가 과열되니 문제라는 것이죠. 뇌가 열 받으면 사회생활에 여러 가지 부작용이 생깁니다. 급기야 '저런 것들도 사람인가?' 하는 상황을 목도하게 되는 것이죠.

왜 우리는 사소한 일에도 화를 낼까요? 아마도 다음 세 가지 경우 중 하나 때문일 것입니다.

이미 다른 일로 화나 있다가 사소한 일로 표출되는 경우

화난 상태에서 길을 가다가 돌부리에 발이 걸려 욕을 하며 돌멩이를 냅다 걷어차는 것과 같은 것이죠. 이러한 현상을 '지니 효과'라고 합니다. 〈아라비안 나이트〉에서 알라딘의 요술 램프에 들어 있는 거인 이름이 지니입니다. 수천 년 동안 바닷속 깊이 떨어진 램프에 갇혀 지내던 지니는 누군가 자기를 구해 주기를 기다렸습니다. 구해 주는 이에게는 보물을 주겠노라며 잔뜩 기다렸는데도 나타나지 않자 끝내 화가 치민 것이죠. 그래서 자기를 구해 주는 놈은 가만두지 않겠다는 엉뚱한 결심을 하게 된 것입니다. 이 어이없는 화풀이 대상이 바로 알라딘입니다.

화는 다른 대상으로 전이되는 속성이 있습니다. 대개는 화를 일으킨 상대에게 표출하지만 여러 여건상 그러지 못할 경우 엉뚱한 대상을 찾게 됩니다. "동대문에서 뺨 맞고 종로에서 눈 흘긴다"라는 속담과 같은 맥락입니다. 혹 주위에 누군가 사소한 일로 화를 내는 이가 있다면 단순히 옹졸한 사람으로 취급할 것이 아니라 '지니 효과'를 떠올리며 이해해 줄 필요가 있습니다. 본인의 상황이라면 동대문에서 뺨 맞으면 동대문에다 눈 흘기는 것이 좋겠죠.

사소해 보여도 당사자에게는 아주 심각한 문제였을 경우

이런 것을 두고 "사람이 쪼잔하게 뭘 그런 것을 갖고…" 하며 힐난할 수도 있습니다. 그러나 실은 그것이 아니죠. 한두 마디 말이

라도 듣는 이에게 모욕감을 주거나, 무시당하는 느낌을 주거나, 부당한 감정이 들게 하거나, 아픈 상처를 건드리면 그것은 결코 사소한 것이 아닙니다. 특히 가까운 사람들 사이에서는 더욱 그렇습니다. 상대적으로 기대치가 크기 때문입니다. 감정의 잣대나 저울은 이성의 그것과 다릅니다. 겉으로 보이는 크기나 무게는 마음으로 느끼는 그것과 다를 수 있습니다.

신체적인 원인이 있는 경우

원래 성질이 까칠해서 그럴 수도 있고 신경 쇠약이나 편두통 등 신경 정신상으로 스트레스에 민감해서 그럴 수도 있습니다. 대부분의 경우 심각한 욕구 불만이 근본 원인일 가능성이 높습니다. 가족이나 가까운 사람이라면 그 사람의 성격 탓을 하기 전에 그의 심장계통 질환이나 배경 여부를 관심 있게 살펴봐야겠습니다.

분노를 역으로 활용하는 방법

성나게 해 소란을 일으켜라.

怒而撓之

노이요지

1편 〈시계〉

사람들은 자기의 사소한 감정은 잘 통제하지 못하면서 남들이 싸우면 '좀 참아라', '감정을 너무 앞세운다', '비이성적이다' 등 훈수를 둡니다. 바로 이 지점에서 착안해 《손자병법》은 "노이요지"를 꺼냅니다. 역발상이죠. 지금까지는 쭉 '분노를 참아라', '조절하라', '분리하라'였는데 이제는 상대의 '분노를 일으켜라'라는 도발적이고 비도덕적인 관점입니다.

노이요지는 한마디로 상대를 자극해서 화나게 하는 것입니다. 의도적으로 모략을 써서 상대를 격분시키고 평정심을 잃게 하는 하나의 전략적 수단입니다. 상대방의 조급한 성격, 강한 자존심 같은 특징에 맞춰 고의로 도발, 자극, 유인함으로써 상대방으로 하여금 지구전의 의도를 버리게 만들거나, 객관적 상황을 무시하고 감정적으로 일을 처리하게 하거나, 맹목적인 행동을 저질러 불리한 조건에서 결정을 하도록 만드는 책략입니다. 이렇게 말하면 전쟁 상황에서나 쓰일 극한의 도구로서 실생활의 현실성이 다소 떨어질 것이라고 생각할 수 있겠지만 실은 생활 아주 가까이에도 있습니다.

노이요지의 실사용 사례는 바로 압박 면접입니다. 공격적인 질문을 쉴 새 없이 쏟아 내면서 지원자를 극도로 몰아붙이고 지원자가 답변하면 또 꼬투리를 잡아서 때린 곳을 또 때리는 식으로 진행됩니다. 면접관이 의도적으로 지원자를 당황시키고 주눅 들게 만드는 것이 목적이죠. 심지어 외모, 신체, 학력, 과거 약점 등을 지적하고 상처를 건드려 감정을 흩뜨려 놓기도 합니다. 지원자의 순발력과 대처 능력, 스트레스 내성, 자제 능력, 위기 관리 능력 등을 확인한다는 명목이죠. 하지만 인권 침해 등 부작용으로 압박 면접은 형태를 달리해 구조화 면접으로 자리 잡아 가고 있습니다.

분노는 다시 바뀌어 희소식이 될 수 있고 성냄은 다시 바뀌어 즐거움이 될 수 있지만, 망한 국가는 다시 존재할 수 없고 죽은 자는 다시 살아날 수 없다.
怒可以復喜 慍可以復悅 亡國不可以復存 死者不可以復生
노가이복희 온가이복열 망국불가이복존 사자불가이복생

12편 〈화공〉

오십 이후에는 한순간 욱하는 감정으로 30년, 40년 친구와도 절교하는 경우가 생깁니다. 감정은 단면이고 우정은 축적입니다. 순간의 감정으로 30년 동안 축적한 우정의 적금을 깨는 일은 없어야겠죠. 감정은 계란 같은 것으로 항상 조심해야 합니다. 내 계란이 깨지면 내가 스스로 수습하면 되지만 타인의 계란이라면 내가 수습하기 힘듭니다.

자주
감격하라

【 자신감 】

싸울수록 더 강해지리라.

勝敵而益强
승적이익강

2편 〈작전〉

세상사 단번에 이뤄지는 일은 없습니다. 혹시나 그런 일이 주변에 있는가 싶어 두루 살펴보면 그 어떤 일도 하루아침에 이뤄지지 않았습니다. "로마는 하루아침에 이뤄지지 않았다"라는 명언이 괜히 있는 것이 아닙니다. 개인의 성공도 작은 성공을 반복해 결국 큰 성공을 이루게 된 것이죠. 승리 축적의 결과입니다.

소나기에만 옷이 젖는 것이 아닙니다. 가랑비도 오래 맞으면 옷이 젖습니다. 마찬가지로 아무리 사소하고 하찮은 '작은 달성'도 누적되면 큰 성공이 될 수 있습니다. 벽돌 1장이면 별 볼 일 없어 보이지만 수십, 수백 개가 모이고 쌓이다 보면 위대한 건축물이 되는 것과 같은 이치입니다.

파리의 상징인 에펠탑은 당초 현재의 긍정적인 평가와는 달리 착공 초기부터 도시 미관을 훼손한다는 이유로 '흉물스럽고 추악한 철 구조물'이라는 비난이 있었으며, 1909년에는 철거될 뻔한 위기도 있었습니다. 그러나 현재 에펠탑은 연철과 철판, 리벳이 어우러진 아름다운 모습으로 오랫동안 사람들의 찬사를 받고 있습니다. 에펠탑의 높이는 300미터고 탑에 쓰인 철골 부재의 무게는 7,300톤에 달하며 1만 8,038개의 부재를 잇기 위해 리벳 250만 개가 사용됐다고 합니다. 철판과 리벳은 하나씩 따로 있을 때는 별 쓰임새가 없었지만 함께 모이고 연결되면서 아름다운 탑이 된 것입니다.

작은 승리를 기억하라

전쟁은 돈입니다. 적은 비용으로 이겨야 합니다. 2,500년 전은 요즘처럼 운송 수단이나 물류 시스템이 발달하지도 않았습니다. 500, 1,000킬로미터에 달하는 먼 원정길에서 전쟁 물자를 나르고 사람을 이동시키는 일은 엄청난 일이고 사실상 불가능에 가까운 일이었습니다. 이때 손자가 선택한 방법이 현지(Local) 해결입니다. 물자도 현지에서 조달하고 항복한 병졸도 잘 회유해 자국군으로 전환하는 것이죠. 그러다 보니 전쟁에서 승리할수록 병졸이 늘어나고 강성한 군대로 변신하는 것입니다.

이런 경험에서 나온 말이 "싸울수록 강해진다"입니다. 회사 조직으로 대비해 풀어 보면 기업이 소규모일 때는 직원 뽑기도 어렵고 급여도 복지도 변변치 않습니다. 하지만 중견기업, 대기업으로 성장하면서 급여도 복지도 향상되다 보면 사람들이 서로 입사하려고 경쟁합니다. 승수 효과가 나타나는 것이죠. 이것이 현대적 의미의 승적이익강입니다.

또 다른 측면에서 축적의 의미로 승적이익강이 있습니다. 작은 성공과 자신감의 축적으로 큰 성공을 이뤄 나가는 것입니다. 통상 세상은 작은 승리보다는 큰 성공을 가르칩니다. 어른들은 꿈을 크게 가져야 한다고 강요합니다. 누구나 선망하는 중요 인물이 되라거나 엄청나게 많은 돈을 벌 목표를 세우라고 강요합니다. 그래야 세상에 태어난 보람이 있고 삶의 의미를 찾는다는 것이죠. 하지만 목표가 거창하면 목표를 이루기 어려운 것이 아니라 이룰 수 없습니다. 목표가 너무 크면 목표의 무게에 짓눌린다는 것이죠.

목표는 작아야 이루기 쉽습니다. 쉽게 목표가 이뤄져야 또다시 다른 목표를 이루고 싶어집니다. 저는 가까운 도시 근교 산에 가끔 갑니다. 요즘은 바빠서 자주 못 가고 어쩌다 한 번 가다 보니 산 오르는 것이 예전 같지 않습니다. 출발하기 전에는 오랜만이라

상쾌한 기분에 의욕이 넘치지만 막상 산에 진입하면 등산 초입부터 힘들고 '괜히 왔나? 여기서 쉬다가 내려가서 밥이나 먹고 갈까?' 등 오만가지 유혹이 다 듭니다. 이때 제가 쓰는 마인드 컨트롤이 있습니다. '10분만 더 가 보자', '100걸음만 더 올라가 보자' 하는 식의 다짐으로 스스로의 등을 떠미는 것입니다. 바로 눈앞의 계단 열 개만 더 오른다 생각하고 계속 걸음을 떼는 것입니다.

힘이 약해지고 의욕이 떨어졌을 때, 실패로 목표를 잃고 자신감이 떨어졌을 때, 다시 일어서기 위한 유일한 방법은 목표를 가까운 곳에 두는 것입니다. 그리고 작은 목표를 여러 번 또는 자주 반복하는 것입니다. 목표를 너무 멀리 두면 금방 맥이 빠지고 이내 지칩니다. 이럴 때 산 정상을 떠올리면서 오르면 결코 정상에 오르지 못합니다.

회사 경영도 그렇습니다. 매출이 바닥이고 손님도 없고 월세 독촉으로 마음이 무거울 때는 하루하루가 지옥입니다. 이때 앞으로 1년, 2년의 장기 계획을 염두에 두면 답이 없습니다. 그냥 캄캄할 뿐이죠. 머리에 들어오지도 않고 눈앞의 현실에 막혀 아무런 도움이 되지 않습니다. 저도 겪어 봤으니 그 기분 누구보다도 잘 압니다. 그냥 당장 내일모레, 일주일만 버틴다 생각하고 오늘을 견디는 것이 상책입니다. 그러면 조금은 편안해지고 차분해집니다. 그때 다시 용기를 내서 다음 발걸음을 내딛는 것이죠.

《작은 승리의 법칙》의 저자 이성민 박사는 "나는 당신도 황영 조나 방탄소년단이 될 수 있다고 믿는다. 그들은 큰 목표를 세우고 달성한 것이 아니다. 성공의 방향을 잡고 작은 승리를 누적했다"라고 했습니다. 승리 경험의 기쁨을 계속 품고 있어야 새로운 승리 달성에 대한 의욕이 생깁니다. 그러므로 나의 작은 승리들을 바라보는 태도가 중요합니다. '나도 승리해 봤다'는 생각보다 '나는 늘 승리하는 사람이다'라는 마음을 가져야 합니다. 침소봉대해도 괜찮습니다. 물론 계속 승리를 못할 수도 있습니다. 그러면 그냥 두 번째 승리를 못했다고 여기면 됩니다. 핵심은 비록 작은 승리일지라도 잘 기억하고 수시로 떠올리며 감격하는 것입니다. 큰 성공을 이루는 핵심 비결은 틈만 나면 작은 승리를 머릿속으로 회상하고 즐기는 것입니다.

4장

어떻게 지혜롭게
공존할 수
있는가

【 오십의 인간관계 】

운명은 상대와 내가
함께 만드는 것이다

【 궤도 】

전쟁은 속이는 것이다. 고로 능력이 있어도 없는 듯하고,
군대를 움직이려 하면서도 움직이지 않을 것처럼 보이며,
가까운 데를 노리면서도 먼 데를 노리는 것처럼 하고,
먼 데를 노리면서도 가까운 데를 노리는 것처럼 해야 한다.

兵者詭道也 故能而示之不能 用而示之不用 近而示之遠 遠而示之近
병자궤도야 고능이시지불능 용이시지불용 근이시지원 원이시지근

1편 〈시계〉

"병자궤도야(兵者詭道也)"에서 '궤도'란 무엇일까요? 이 문구를
글자 그대로 해석하면 '전쟁이란 적을 속이는 것이다'라는 뜻입니
다. 전쟁 자체가 속임수라기보다는 전쟁을 하는 과정에는 필연적
으로 속임수가 많다는 의미로 보시면 되겠습니다. 긍정적인 의미

로 다가오지는 않지만 사람이 죽고 사는 전쟁이나 조직의 흥망이 달린 순간에 일어나는 일이라 십분 이해가 되는 측면도 있습니다.

우리는 대개 '착하게 살라'고 교육받습니다. 고대에도 마찬가지였습니다. 동양에서는 유교, 서양에서는 플라톤, 아리스토텔레스의 윤리학입니다. 동서양을 막론하고 윤리학이 보편적 가치로 자리 잡고 있다고 봐야죠. 거기에 반해 법가의 오기, 상앙, 한비자, 이사와 종횡가의 서적들은 이단 취급을 받았고 르네상스 시대 마키아벨리의 《군주론》도 윤리와는 거리가 있어 보편적인 모델로 삼지는 않습니다.

현대 경영에서도 경영 윤리라는 것이 있어 최소한의 도리와 암묵적 룰이 존재합니다. 하지만 전쟁에는 그런 것이 없습니다. 상대를 죽이지 않으면 내가 죽습니다. 생사의 기로에서 수단과 방법을 가릴 틈이 없습니다. 그러니 거기에 속임수가 쓰인다고 한들 특이 사항으로 보이지는 않습니다. 그래서일까요? 도덕군자를 외쳐 대던 유교권의 그들도 병가의 서적은 문제 삼지 않고 그대로 놔뒀습니다. 무인들의 병법 수련 용도의 취지도 있겠지만 당시 극한적 상황에서 나라가 기댈 것은 군사밖에 없었기 때문이겠죠. 지금도 여전히 통용되는 '힘이 있어야 정의가 있다'는 논리 아닐까요?

내 뜻대로 상황을 움직이기 위한 속임수

그런데 기만술, 사기술이라고 바로 직설하면 될 것을 손자는 왜

군이 어렵게 '궤도'라고 했을까요? 《역경》에서는 "음과 양이 번갈아 나타나는 것을 도라고 한다"라고 했습니다. 음과 양은 마치 동전의 양면 같아서 어느 한쪽의 행위는 그것과 대립되는 쪽의 움직임에 영향을 받습니다. 전쟁은 대립하는 쌍방이 상호 작용을 하는 과정입니다. 아무리 완벽한 전략이라도 상대방에 의해 무산될 수도 있습니다. 계획의 성공 여부는 자신의 행동에 달려 있기도 하지만 상대방의 반응에 의해 결정되는 경우가 더 많습니다. 이를 두고 손자는 다음과 같이 말했습니다.

적이 승리하지 못하게 하는 상황은 나에게 달려 있고, 내가 승리할 수 있는 상황은 적에게 달려 있다.

不可勝在己 可勝在敵

불가승재기 가승재적

4편 〈군형〉

앞서 언급했듯이 움직이는 상황에서의 지피지기, 유동성의 지피지기, 변화 속의 지피지기가 필요하다는 것이죠.

책략 없는 전쟁은 없으며 승리의 관건은 힘이 아니라 책략에 달려 있습니다. 궤도는 이런 책략을 기만술과 교란책 등 14가지로 나눠 구체적으로 설명하고 있습니다. 그러나 14가지 궤도를 자세히 들여다보면 전부가 속임수만으로 구성돼 있는 것은 아닙니다.

기만, 교란, 회피, 기습의 네 가지입니다. 먼저 상대방의 판단을 흐리는 직접적인 속임수인 기만이 있습니다.

1. 능력이 있어도 없는 듯이 보이고(能而示之不能, 능이시지불능)
2. 움직이면서도 움직이지 않는 것처럼 보이며(用而示之不用, 용이시지불용)
3. 가까운 데를 노리면서도 먼 데를 노리는 것처럼 하고(近而示之遠, 근이시지원)
4. 먼 데를 노리면서도 가까운 데를 노리는 것처럼 한다(遠而示之近, 원이시지근)

상대방을 교란해 약화시키는 방법도 있습니다.

5. 상대를 이익으로 유인하고(利而誘之, 이이유지)
6. 혼란스럽게 해 이익을 취한다(亂而取之, 난이취지)
7. 상대를 흥분시켜 어지럽게 만들고(怒而撓之, 노이요지)
8. 나를 얕보이게 해 교만하게 하라(卑而驕之, 비이교지)
9. 상대가 편안하면 힘들게 만들고(佚而勞之, 일이노지)
10. 상대가 결속돼 친하면 이간질한다(親而離之, 친이리지)

그리고 상대방의 강점을 대비하거나 회피하는 전략도 함께 제

시합니다.

11. 상대가 튼튼하면 수비만 하고(實而備之, 실이비지)
12. 상대가 강할 때는 싸움을 피한다(强而避之, 강이피지)

결국 최종 지향점은 이런 제반 전략을 통해서 상대의 판단을 흔들어 놓고 전혀 준비되지 않은 곳을 전혀 예상하지 못하는 방법으로 기습 공격한다는 것입니다.

13. 방비가 없는 곳을 공격하고(攻其無備, 공기무비)
14. 예상하지 못한 곳으로 출격하라(出其不意, 출기불의)

"공기무비"는 물리적으로 준비되지 않은 곳을 친다는 의미고 "출기불의"는 정신적으로 준비되지 않은 방법으로 친다는 말입니다. 따라서 모든 궤도의 지향점은 물리적, 정신적으로 전혀 준비되지 않았을 때 예상하지 못한 방법으로 기습 공격하는 것입니다. 그러니 항상 허점을 보이지 않도록 깨어 있는 것이 중요합니다.

이런 손자의 궤도에 대해 동서양의 전쟁 전략 전문가들의 생각은 일치합니다. 《전쟁론》의 클라우제비츠도 "모든 행동은 예외 없이 적이 전혀 예상하지 못한 곳에서 나와야 한다"라고 말했고, 미군의 작전 요강에도 "돌발성은 적의 반응 시간을 지연시켜 지휘

및 통제 시스템에 과부하가 걸리게 하고 혼란에 빠뜨리며, 사병과 장교들을 심리적으로 불안하게 만들어 방어 체계에도 문제를 발생시킨다. 돌발성이 적의 전투력을 약화시킴으로써 공격하는 쪽은 필요한 수보다 적은 병력으로도 승리를 거둘 수 있다"라는 구절이 나옵니다. 모두가 속임수와 기습을 전제로 하는 내용입니다. 유명한 트로이의 목마는 군사 작전에 있어서 속임수가 얼마나 큰 역할을 할 수 있는지를 보여 주는 전형적인 사례입니다. 수년에 걸친 전쟁이 단 한 번의 속임수로 끝난 것이죠.

속지 않으려면 속이는 법을 알아야 한다

궤도 전략은 대규모 전쟁이나 전투에서만 활용되는 것은 아닙니다. 개인에게도 적용할 수 있습니다. 바로 흥선 대원군 이하응의 경우입니다. 그는 미친 척으로 살아남았습니다. 조선 말기 세도 정치 세력 안동 김씨는 권력을 이어 가기 위해 나라야 망하든 말든 조금이라도 왕의 재목으로 보이는 왕족들을 끊임없이 견제했습니다. 정적들에게 역모 누명을 씌워 귀양이나 죽음으로 몰아갔습니다. 이런 상황에서 가계상 왕권과 제법 가까운 자리에 있던 이하응이 목숨을 부지하는 방법은 건달이나 미치광이처럼 행세하는 것이었습니다. 그의 연기가 어찌나 완벽했는지 안동 김씨 가문은 흥선군의 속셈을 전혀 모르고 신경을 쓰지 않았습니다. 야심이 전혀 없는 척 시정의 건달 행세를 하면서 안동 김씨의 의심을 피한 것이죠.

그래서 사람을 겉모습만 보고 판단했다가 큰코다칩니다. '독재자' 히틀러와 '인간' 히틀러의 모습도 정반대였습니다. 청년기의 히틀러는 화가 지망생으로서 그림 엽서나 홍보 그림을 그려서 팔던 알바생이었죠. 그는 주변인에게 예의가 바르고 친절하며 다정했고 화를 잘 안 냈다고 합니다. 사적으로 사람을 대할 때도 연설할 때처럼 화려한 논변술로 사람들을 압도했다거나 성질을 부려 사람들을 위축시켰다는 기록은 전혀 없습니다. 2002년에 사망한 히틀러의 비서이자 타자수 트라우들 융에에 따르면 히틀러는 그녀에게도 항상 친절하고 다정했다고 합니다. 우리가 그에게 속은 것일까요? 아니면 그가 다중인격자였을까요?

현 중국의 명실상부 최고 실력자 시진핑 주석은 수많은 경쟁자 사이에서 부드럽고 온화하며 어떻게 보면 약간 모자란 듯한 이미지를 유지해 온 결과, 결국 강력한 라이벌 구도에서 어부지리로 권력을 움켜쥐었습니다. 그러나 그 이후 시진핑은 부패 공산당 권력자들을 무더기로 처단하는 등 역대 그 누구도 하지 못한 엄청난 개혁을 단행했습니다.

결론은 상대의 궤도, 특히 속임수에 내가 당하지는 말아야 한다는 것입니다. 전쟁 상황에서는 속임수로 뒤통수를 치는 일이나 야습, 기습 등이 너무나 당연히 비일비재하게 벌어집니다. 수단과 방법을 가리지 않는 것이죠. 이것을 두고 전쟁 통에 페어플레이와 협정을 위반했다고 따지거나 항의해 봤자 소용없는 일입니다.

전쟁을 실감하지 못하는 현대 실생활이라고 다르지 않습니다. 전쟁과 마찬가지로 적용할 수 있는 것이 현실입니다. 소송은 개인 간 전쟁이나 마찬가지입니다. 온갖 감춰진 사연이 다 나오며 아니면 말고 식의 재판 지연 전략과 변칙, 술수 등 '법꾸라지(법률+미꾸라지)'가 난무합니다.

이때 설령 내가 그런 속임수를 쓰지는 않더라도 상대가 변칙, 반칙, 속임수, 교란, 회피 전략 등을 사용할 경우 대처할 수 있는 능력과 멘털을 갖추고 있어야 합니다. 마키아벨리는 "천국으로 가는 가장 효과적인 방법은 지옥에 가는 길을 잘 아는 것"이라고 했습니다. 알아야 이깁니다.

편견이 아닌
분별력으로 접근하라

【 눈치 】

바람 없이 나무들이 움직이는 것은 적이 오고 있다는 징후다.
풀숲에 장애물이 많은 것은 의심을 불러일으키려는 것이다.
새들이 날아오르는 것은 매복하고 있기 때문이다.
짐승이 놀라 움직이면 복병이 있는 것이다.

衆樹動者 來也 衆草多障者 疑也 鳥起者 伏也 獸駭者 覆也
중수동자 래야 중초다장자 의야 조기자 복야 수해자 복야

9편 〈행군〉

《손자병법》〈행군〉은 상대방의 움직임을 알 수 있는 것들을 거
리감과 지형, 의심할 만한 조짐, 길에 난 흔적, 사신의 태도, 적의
전투력 저하 징후 등 관찰 포인트별로 다섯 가지 유형으로 나눠
33가지 상황으로 설명합니다. 2,500년 전 전투 상황을 요즘 세상

에 바로 적용하거나 매칭할 수는 없습니다. 하지만 현대 생활에서도 직간접적인 정황으로 알아챌 수 있는 것이 많습니다. 직접 만나서 알 수 있는 말투, 태도, 시선, 옷차림 등도 있고 이메일, 카톡, 인스타그램, 페이스북 등 비대면으로 알 수 있는 것도 있습니다.

이때 남의 마음을 그때그때 상황으로 미루어 알아내는 눈치가 작동되기 시작합니다. 현대백화점이 우수한 실적으로 선정된 의류 및 잡화 브랜드의 '에이스 매니저' 290명을 상대로 설문 조사를 한 결과, 이들 중 무려 79퍼센트가 '지갑 여는 고객이 눈에 보인다'고 응답했습니다. 눈치로 알아차린다는 것이죠. 고객이 정말 물건을 살 의향이 있는지 알아보는 비결로는 '고객의 눈빛'(35.5퍼센트)을 1순위로 꼽았습니다. 단지 구경만 하기 위해 들른 고객의 눈빛과는 분명 차이가 있다는 것이죠.

'눈치'는 영어에는 없는 단어입니다. 굳이 영어로 바꾼다면 'wits', 'sense' 혹은 'taking a hint' 등으로 번역할 수 있겠지만 그 어감을 온전히 전달하기에는 2프로 아쉬운 구석이 있습니다. 한국계 미국인이자 《눈치》의 저자인 유니 홍은 눈치가 본질적으로 '눈으로 가늠하다(eye measure)'라는 의미로서 조화, 신뢰의 관계를 구축하기 위해 타인의 생각과 느낌을 가늠하는 미묘한 기술이라고 했습니다.

눈치는 대인 관계, 사회생활에서의 감각, 판단력, 이해력, 재치 등을 가리키는데 크게 상황의 눈치와 태도의 눈치 두 가지로 나눌 수 있습니다. 먼저 일의 정황이나 남의 마음 따위를 상황으로부터 미루어 알아내는 것으로 '눈치를 채다, 눈치가 없다, 눈치가 빠르다'라고 표현할 수 있습니다. 상황에 대한 인지와 느낌입니다. 다른 하나는 생각하는 바가 드러나는 어떤 태도로, 구체적인 행동으로 표현되는 '눈치를 주다, 눈치를 보다'입니다. 주로 대상이 존재하는 눈치입니다. 구체적으로 눈치의 대상에 따라 자식 눈치, 부모 눈치, 시어머니 눈치, 학생 눈치, 교수 눈치, 팀장 눈치, 사장 눈치, 직원 눈치, 노조 눈치, 정부 눈치 등 주체에 따라 다양하게 생각해 볼 수 있습니다.

눈치는 인간 삶의 숙명이다

인간은 혼자 살 수 없는 존재입니다. 어쩔 수 없이 로빈슨 크루소처럼 된다면 외롭고 재미없을 것입니다. 인간(人間) 사이에서 산다는 것은 욕망 사이[間]에서 산다는 것을 의미하기 때문에 피곤한 일이지만 한편으로 잘 헤집고 나가기만 하면 즐겁고 재미있는 삶이기도 합니다. 아리스토텔레스의 "인간은 사회적 동물이다"라는 말은 인간이 본성적으로 공동체를 구성해 살아가는 동물이라는 의미를 함축적으로 표현한 말일 것입니다.

눈치는 요즘 시대에 적절하지 못한 개념으로 보일 수도 있습니다. 아주 미세한 감각이나 증거만으로 사람을 판단하기 때문입니다. 그러나 살면서 마주치는 대부분의 상황에는 구체적인 증거가 부족하고 우리는 그럼에도 나름의 길을 찾아야 합니다. 이때 눈치는 편견이 아니라 분별력으로 세상에 접근하는 하나의 방법입니다. 《눈치》의 저자 유니 홍은 '눈치의 법칙'을 여덟 가지로 제시했습니다.

1. 선입견을 버리고 마음을 비워라.
2. 관심을 받으려 하지 말고 분위기를 존중하라.
3. 말 없이 보다 보면 대부분의 궁금증은 풀린다.
4. 배려하고 예절을 지켜라.
5. 다른 사람들이 당신보다 오래 머물렀다는 사실을 생각하라.
6. 비언어적 단서를 찾아라. 말이 생각을 완벽하게 반영하지는 않는다.
7. 본의 아니게 해를 끼치는 것이 의도적으로 해를 끼치는 것만큼 나쁠 수도 있다.
8. 신속하게 상황을 파악하고 빠르게 움직여라.

일반적으로 눈치는 '약삭빠르다', '알아서 긴다'의 의미로 쓰여 부정적으로 인식됐던 것이 사실입니다. 약삭빠른 아첨꾼, 나아가 부정부패의 매개 수단으로 활용되기 때문이죠. 눈치의 오용 또는 악용입니다. 예를 들면 상사에 대한 부하의 과도한 눈치는 과도한 의전이나 아부 등 입맛에 맞는 보고를 생산함으로써 조직을 엉뚱한 방향으로 흘러가게 하거나 리더의 오판을 일으킬 수 있습니다.

지금까지 눈치는 주로 을의 독점 언어로 존재했습니다. 을이 살아남기 위해 갑의 눈치를 보거나 경쟁할 때 사용하는 생존의 도구였습니다. 역으로 강자에게는 조직 지배의 도구였습니다. 하지만 눈치도 일종의 소통이고, 그런 측면에서 눈치를 통해 소통을 생략하고 건너뜀으로써 불필요한 절차나 행위를 사전에 줄일 수 있으니 노동 비용을 줄인다는 측면에서는 긍정적 효과도 있다고 볼 수 있겠습니다.

그런데 오십의 나이에 눈치가 무슨 소용인가요? 오십 이후면 어느 정도 사회적 입지도 있을 테고 여러 가지로 안정 궤도에 들어섰을 텐데 말입니다. "눈치 좀 그만 보고 살아라" 하는 분도 있고 "자식, 며느리 눈치 좀 챙겨라" 하는 분도 있습니다. 어느 장단에 맞춰야 할까요? 눈치를 보는 것이 좋을까요, 아니면 눈치 안 보고 사는 것이 좋을까요?

우리 인간은 언뜻 보면 개인주의와 독립성을 중시하는 것처럼 보이지만 사실 살아남기 위해서는 집단생활을 해야 합니다. 집단생활은 개인 간의 접촉과 소통을 수반하고 이 과정에서 눈치가 필요하고 빛을 발휘합니다. 그런 관점에서 눈치는 나이 들었다고 사라지거나 필요 없어지는 것이 아니라 상황의 변화에 따라 종류만 바뀔 뿐입니다. 나이가 듦에 따라 오히려 상황 파악 능력과 수 읽기가 노련해지는 것이죠. 소위 '눈치 100단'에 점차 근접해지는 것이죠. 눈치는 인간의 삶에서 숙명처럼 따라붙는 필수품입니다.

눈치는 상대를 알고 나의 행동을 조정한다는 측면에서 손자의 지피지기와 맥락이 닿아 있습니다. 눈치는 인간의 깊숙한 내면을 읽어 내는 고급 기술입니다.

선택하고
집중하라

【 우정 】

모든 곳을 지키면 모든 곳이 약해진다.

無所不備 則無所不寡
무소불비 즉무소불과

6편 〈허실〉

"저는 등록돼 있는 친구가 5,000명입니다."

어느 연예인이 자랑삼아 말했습니다. 연예인이나 영업직의 경우라면 직업상 충분히 이해가 갑니다. 하지만 이 5,000명은 친구라기보다는 업무상으로 아는 비즈니스 관계일 가능성이 높습니다. 전화번호부의 친구 숫자는 중요하지 않습니다. 일이 없어지거나 경조사를 한두 번 거르면 금방 소원해질 수도 있는 관계들이죠. 한편 '그 많은 인맥을 관리하려면 얼마나 많은 시간과 에너지가 소모될 것인가?', '물리적으로 가능할까?', '그 많은 인원을 챙기다 보면 과연 사색이나 성찰의 시간은 얼마나 될까?'라는 생각도 듭니다.

저도 한때는 친구가 많은 것이 엄청 부러웠습니다. 결혼식장이나 상가 조문을 갔을 때 사람들이 북적이는 정도로 그 사람의 인격이 평가된다고 생각했죠. 인간관계가 좋을수록 손님이 많이 온다고 생각했고 화환이나 조화가 복도 좌우에 가득하면 부러웠습니다. 하객 수를 곧 인간관계 성적표 내지는 인간관계의 상징으로 생각했던 것이죠. 실제로 효과도 봤습니다. 결혼식 날 신랑 측 사진 촬영을 세 번씩이나 나눠서 할 정도였으니까요. 그렇게 되기까지 동창회 등 각종 모임에서 총무, 회장을 비롯해 감투도 여럿 가지면서 매주 토요일, 일요일이면 경조사를 챙기느라 정말 바빴습니다. 요즘과 달리 계좌 이체가 없던 시절이라 대부분 직접 참석했고 오래 머물러 주는 것이 우정의 무게라고 생각해 시간도 많이 썼습니다. 한마디로 우정을 '수집'하고 '더하기' 하던 때였습니다.

퍼블릴리어스는 "성공은 친구를 만들고 역경은 친구를 시험한다"라고 말했습니다. 전성기를 누려 보고 사업도 망해 보고 친구에게 손도 벌려 보고 외면도 당하고 외톨이가 되는 과정도 겪어 봤습니다. 사람은 어려울 때 본성이 드러나더군요. 그러다 보니 그전까지는 전혀 터무니없다고 생각했던 문장이 눈에 확 들어왔습니다.

"평생에 벗이 하나 있으면 많은 것이다. 둘이면 매우 많은 것이며 셋은 거의 불가능하다."

미국의 소설가 헨리 애덤스의 말로, 진정한 벗은 매우 드물다는 뜻입니다.

오십, 지금까지 우리는 주로 생애 주기 관점으로 친구의 범위를 확장해 왔습니다. 초등학교에서 중학교, 고등학교, 대학교에 이르는 성장 과정 중심, 사는 지역 중심, 직장 중심으로 광범위하게 친구 '더하기' 활동을 이어 왔습니다. 여기에 교회, 절, 성당 등 종교 모임과 골프, 야구, 축구, 등산 등 스포츠와 취미 모임이 추가될 것입니다. 대체로 '주어진' 친구들입니다. 분명 내가 선택했다고 생각했지만 곰곰이 생각해 보면 주어졌습니다. 태어난 국가, 부모 형제, 고향 친구들처럼 말이죠.

이제는 타성에 의한 우정관으로는 향후 50년의 우정을 만들어갈 수 없습니다. 오십이라는 우정의 변곡점에서 새로운 국면의 지피지기로 친구 관계를 모색해 놔야 즐거운 노년을 누릴 수 있겠습니다. 과거 우정관의 내용 연수가 다해 폐기 처분할 시기가 된 것입니다.

경조사에 불참하라

손자는 "모든 곳을 지키면 모든 곳이 약해진다"라고 했습니다. 이제는 선택과 집중이 필요한 때입니다. 지금까지 친구가 주어진 관계에다가 '더하는' 것이었다면, 오십 이후부터 친구는 '빼는' 것입니다. 지금까지 우정이 양이었다면 이제부터 우정은 질입니다.

영화 〈자산어보〉에는 "벗을 깊이 알면 내가 더 깊어진다"라는 대사가 나옵니다. 한 명의 친구일지라도 깊이 있게 사귀는 것이 좋겠습니다. '그러면 지금까지는 건성으로 사귀었다는 말인가?' 하고 반문하실지도 모르겠습니다. 하지만 여러분은 친구가 좋아하는 음식, 과일, 취미, 가족까지는 그런 대로 알겠지만 부부 관계, 자녀 상황, 재정 상태, 그가 자주 만나는 사람 등의 질문에서는 과연 어느 정도로 깊이 답할 수 있을까요? 한 발 더 나아가 그의 인생관과 종교관, 정체성, 최근의 관심사, 고민거리에 대해 얼마나 알고 계신가요? 물론 사생활이므로 일일이 물어볼 수 없는 내용도 있겠죠. 그러나 진정한 친구라면 이런 질문들에 대해 어느 정도는 깊이 알고 있어야 한다고 생각합니다. 밥이나 먹고 술이나 한잔 하면서 하나 마나 한 이야기만 하다가 헤어지는 친구라면 겉으로만 친구일 뿐 진정한 친구라고 하기에는 부족하다고 봐야겠죠.

바로 이 지점에서 이제는 '친구 더하기'에 열중해 왔던 과거를 되돌아보고 반대로 '친구 빼기'에 관심을 가져야 할 때가 되지 않았나 생각합니다. 그저 그런 관계를 줄이고 좋은 친구, 진짜 친구에게 집중하는 것이죠. 선택과 집중입니다. 주변 인물에 대한 재평가를 통해 집중할 친구를 선택하고 버릴 친구는 과감히 버리는 것입니다. 표현이 좀 과하게 들리신다면 '친구를 가리기'로 정정하겠습니다. 일부러 싫다고 대놓고 절교를 선언할 필요는 없습니다. 만나는 횟수를 줄이면 자연스럽게 멀어지게 돼 있습니다. 다이어트를 통한 밀도의 조절입니다. 자주 만나 이야기 나누면 밀도가 높아질 것이고 만남이 잦아들면 밀도가 옅어질 것입니다.

너무 추상적인 것 같아 실제 사례를 들어 보겠습니다. 상대방의 경조사에 한번 불참해 보는 것이죠. 의도적으로 안 가는 것입니다. 다소 과격하지만 확실한 방법입니다. 제가 실험해 본 바로는 결혼식이나 문상에 가지 않으면 대개는 그것으로 인간관계가 끝납니다. 수십 년 쌓아 온 우정이라는 이름의 끈끈한 인간관계도 사실 돈으로 환산하면 부조금 10만 원밖에 되지 않는다는 허무한 현실입니다. 불참해도 역지사지로 나의 상황을 이해해 보려고 노력하거나 연락이 계속돼 아무렇지 않게 우정이 유지된다면 그것은 한 차원 높은 인간관계로 발전할 수 있는 비욘드 우정이겠죠.

관계의 밀도를 높이는 다섯 가지 전략

그렇다면 어떻게 "무소불비 무소불과"에 따른 선택과 집중을 해야 할까요?

첫째, 기다리지 말고 먼저 전화하라

지금까지는 상대에게 전화가 오면 만나는 식의 수동적 만남이었습니다. 그러나 만남은 낚시가 아닙니다. 물고기가 되지 말고 강태공이 되십시오. 상대에게 연락이 올 때까지 기다리지 마십시오. 만나고 싶은 사람이 있다면 내가 강태공이라 생각하시고 먼저 낚싯줄을 드리우십시오. 그래야 주도적이고 활기찬 만남이 될 수 있습니다. 비즈니스에서도 대부분은 상대가 전화할 때까지 기다립니다. 상대가 먼저 원해서 만나 주게 되면 내가 갑이라서 편할 것이라고 생각합니다. 하지만 그럴 경우 만남의 주제와 방향에 대해 그의 주도대로 움직일 가능성이 큽니다. 또한 친구 관계일지라도 내가 컨디션이 좋고 준비된 상태일 때 그에게 전화를 거는 것이 좋습니다. 그래야 상대에게 잘해 줄 수 있는 것이 많습니다.

둘째, 만남의 장르를 정하라

무엇 때문에 만나는지, 만남의 장르가 무엇인지 친구를 만나러 갈 때 한번 생각해 보십시오. 예컨대 술, 심심풀이 잡담, 상담, 철학, 멘토, 사업 등 무엇 때문에 그 친구와 내가 만나고 있는 것일까요? 장르를 정하는 것이 좋겠습니다. 물론 인간관계가 복합적이라서 이렇게 무 자르듯 할 수 없는 측면이 있습니다. 또 '만나서 술이나 한잔 하면서 이런저런 이야기도 하고 시간 보내는 것이죠, 뭐…' 하는 분들도 있겠죠. 하지만 오십 이후는 그렇게 낭비할 시간과 에너지가 그리 많이 남아 있지 않은 것 같습니다. 장르를 지정하는 목적은 시간과 에너지를 불필요하게 낭비하지 않도록 하는 데 있습니다. 정말 시간 보내기가 지루하다면 혼자 묵상이나 산책을 하며 자신을 살피는 시간을 갖는 것이 차라리 낫습니다. 그리고 장르의 범위를 기존의 생활 비즈니스에서 취미나 영적인 분야로 확장해 새로운 친구를 맞이해 보는 것도 정신 건강에 좋을 것 같습니다.

셋째, 일대일로 만나라

단체 모임을 지양하십시오. 단체 모임에서 깊이 있는 대화는 힘듭니다. 나이 들어 가면서는 공적이고 대중적인 관계보다는 일대일의 개인적인 만남을 중요하게 생각하십시오. 다자 만남은 시간과 공간을 낭비할 가능성이 높습니다. 물론 정치를 한다거나 특별한 목적성이 있다면 별개 문제입니다. 그래도 가능하면 일대일 만남이 좋습니다. 젊을 때는 인맥 관리의 효율성 때문에 여러 사람을 한 번에 만나는 것이 나름 의미 있었습니다. 그러나 오십 이후에는 목적성 회의 말고는 다자 미팅에서 얻을 것이 별로 없습니다. 가능하면 동창회 같은 자리에서 추억의 대화로 시간만 보내다 올 것이 아니라 마음 맞는 동창을 소그룹이나 일대일로 가려서 만나 대화의 밀도를 높이는 것이 차라리 낫습니다.

넷째, 우정의 밀도를 높여라

친구를 가리고 빼기만 하다 보면 자칫 그동안 있던 친구들조차 다 사라질지도 모릅니다. 선택과 집중을 하되 우정의 밀도를 높이십시오. 주변 친구에 대한 재평가를 통해 좋은 친구를 자주 만나고 밀도는 두 배 이상으로 올리는 것입니다. 경조사 부조금도 과감히 줄이거나 불참하는 대신 좋은 친구에게는 통상의 두 배로 늘이는 것을 고려하십시오. 부조도 선택과 집중입니다.

다섯째, 나이를 따지지 마라

이제까지 주어진 관계 또는 비즈니스로 맺어진 인위적인 관계를 유지했다면 오십 이후에는 지피지기를 통해 가치 관계로 전환해야 합니다. '가치 관계'란 철학이나 이념, 가치관이 비슷한 사람, 가능하다면 소울메이트를 찾아서 좀 더 깊이 있는 대화를 나누는 것입니다. 가치는 나이를 초월합니다. 그래서 오십 이후의 우정에는 나이를 따질 필요가 없습니다.

나이를 기반으로 위계질서가 명확했던 조선 시대에도 나이를 뛰어넘는 우정이 있었습니다. 퇴계 이황과 율곡 이이의 사귐입니다. 율곡은 23세 되던 1558년 2월 도산의 퇴계를 찾았습니다. 이때 퇴계는 율곡보다 무려 35살이나 많은 58세였습니다. 율곡이 머무는 동안 두 사람은 서로 정신이 통하는 경지에 이르렀고 퇴계는 율곡을 '나이를 초월해서 사귀는 벗'을 뜻하는 망년우(忘年友)로 삼았습니다.

또 다른 사례는 실학자인 연암 박지원과 백탑시사(白塔詩社) 멤버들의 우정입니다. 1737년생인 연암을 중심으로 연암보다 나이가 많은 정철조, 홍대용, 서상수와 후배 이덕무, 박제가, 유득공, 이서구, 백동수, 유금, 박제도, 이희경 등이 멤버였습니다. 연암의 제자도 있었고, 연암보다 4살에서 27살 많은 사람도 있었습니다. 선배는 군림하지 않았고 후배는 버릇없이 굴지 않았습니다.

이 밖에도 오성과 한음 설화로 유명한 이항복과 이덕형은 5살이 차이 났지만 1578년 과거 시험장에서 처음 만나 친구가 됐습니다. 산수화의 대가 겸재 정선도 자신보다 5살 위인 시인 이병연과 평생 우정을 쌓았습니다. 신라의 김유신과 김춘추도 7살 차이의 친구입니다. 진실한 우정은 나이와 빈부와 신분의 경계를 넘는 자유로운 영혼들의 만남입니다.

제대로 된 사람에게
맡겨라

【 전문가 】

장차 저의 계책을 잘 들으시고 군대를 운용하면
반드시 이길 것이니 남을 것이지만
저의 계책을 듣지 않고 운용하시면
반드시 패할 것이니 저는 물러갈 것입니다.

將聽吾計 用之必勝 留之 將不聽吾計 用之必敗 去之
장청오계 용지필승 유지 장불청오계 용지필패 거지

1편 〈시계〉

손자가 《손자병법》을 쓴 이유와 목적이 무엇일까요? 《손자병
법》은 오나라 왕 합려의 눈에 들기 위해 쓴 전쟁 전략 기획서입니
다. 위에서 인용한 구절은 오늘날 전문 경영인이 오너와 임원진
앞에서 자신의 능력과 경영 철학을 소신 있게 어필하는 모습을 연

상할 수 있는 대목입니다. 본인의 업무 수행 계획을 브리핑하면서 '향후 이렇게 업무를 수행하겠습니다. 마음에 들면 나를 한번 써 보세요'라고 제출하는 의미라고 볼 수 있죠. 일종의 취업 면담 프레젠테이션용 업무 기획서라고 할 수 있겠습니다. 예술 계통이라면 포트폴리오 같은 것이죠.

군사적 성과로 전문성을 증명한 손자

"나의 전략을 잘 들으면 반드시 승리한다. 그러지 않을 때는 떠나겠다"라는 말은 자기 논리에 확신이 가득 찬 자신만만한 태도지만 어찌 보면 엄포로도 볼 수 있습니다. 당시 상황으로 보면 손자가 다른 나라로 갈 수도 있었기 때문이죠. 능력 있는 인재를 구하고 있던 합려의 입장에서 이 정도 기획 능력과 확신이 있는 인재를 보고 그냥 보내기 아까웠을 것입니다.

다만 한번 뽑게 되면 중용할 수밖에 없고 특별한 일이 없는 이상 그의 소신을 따라야 할 테니 나름 사전 테스트가 필요했을 것입니다. 특히 원정을 전제로 하는 전쟁에서는 현장에서의 자율적인 전쟁 수행 능력이 아주 중요했으니까요. 요즘 회사로 치면 회사 경영 전반을 좌지우지하는 전략 기획 임원을 뽑는 데 신중할 필요가 있는 것처럼 말이죠. 그래서 왕이 손자에게 청했습니다. "이 궁녀들을 대상으로 시범을 좀 보여 줄 수 있겠는가?"라고 한 것이죠. 당신이 쓴 책은 이미 읽어 봤지만 이론만으로는 능력을 확신하지 못하겠으니 실제로 잘하는지 실전 테스트를 하고 싶다는 뜻입니다. 그래서 사마천 《사기》의 〈손자오기열전〉에 나오는 그 유명한 '궁녀 180명' 일화가 생긴 것입니다. 결과적으로 왕이 사랑하는 궁녀 두 명의 목이 날아가면서 테스트가 성공적으로 끝났고 손자는 합격해 상장군으로 취업했습니다.

당시는 요즘처럼 자격증이나 변호사 시험, 국가 공무원 시험이 있는 것도 아니었고 인터넷과 SNS가 있는 시대가 아니었기 때문에 가만히 있으면 어떤 인재가 어디 있는지 알 수 없었습니다. 2,500년 전 상황이니 더욱 그랬을 것입니다. 그러니 뭔가 큰일을 하고 싶으면 연줄을 대든지 본인이 실력자임을 자칭 타칭 알려야 했죠. 하물며 요즘도 책 쓴 저자라면 알아주는 세상인데 그 시대에 그 정도의 논리와 예리한 관점으로 자기 생각을 정리한 사람이라면 당연히 누군가의 추천을 받거나 눈에 들었을 것입니다.

더구나 전쟁이 빈번했던 춘추 시대 말기라면 충분히 상상이 갑니다. 당시 춘추 시대 제자백가의 유능한 인재들이 고국을 떠나 타국에서 관리로 등용돼 자신의 비전을 펼치는 것은 보편적인 현상이었습니다. 최근 인공 지능 시대를 맞이해 AI 분야에서 고급 기술자, 프로그래머 부족으로 인재난을 겪는 것처럼 말이죠. 그 시대 왕들도 전쟁 전략가와 장수 인재를 구하기 위해 이리저리 수소문해야 했고, 입신양명을 꿈꾸는 구직자들도 왕의 눈에 들기 위해 기획서를 들고 다녀야 했습니다. 손자도 그런 과정에서 기원전

515년 오자서의 추천을 받아 오나라 왕 합려의 상장군으로 출발해 당대 최고의 전략가로 자리 잡았습니다.

손자의 전략대로 오왕 합려는 한동안 무리한 군사 행동을 자제하면서 강력한 군대를 육성하는 데만 전력했습니다. 손자는 기원전 512년 초나라 공격을 시작으로 기원전 504년까지 전투에서 오왕 합려의 핵심 참모로서 원정 개념을 설정하는 등 전쟁 전략을 기획하고 수행했습니다. 그렇게 8년이라는 짧은 기간에 탁월한 군사적인 성과를 달성함으로써 병법 13편에 수록된 군사력 운용 개념의 유용성을 증명했습니다.

기원전 496년, 오왕 합려는 월나라를 공격했으나 패배하고 부상 후유증으로 사망했습니다. 결과적으로 합려는 그동안 손자의 의견을 잘 들어 패자(霸者)가 됐지만, 마지막 쯤에는 손자의 말을 듣지 않아 패했습니다. 그리고 그 후 손자는 당초 그가 말한 대로 합려 사망 후 역사 속으로 홀연히 사라졌습니다. 죽임을 당했다는 설, 은퇴했다는 설이 분분하나 사라진 것만은 분명합니다. 기록만으로 볼 때 기원전 504년(합려 11년) 이후로는《오월춘추》,《사기》 등의 사서에서 더 이상 손자의 이름이 나타나지 않았습니다. 당초 손자가《손자병법》의 첫 편〈시계〉에서 "장차 저의 계책을 듣고 군을 운용하면 반드시 이길 것이니 남을 것이지만 저의 계책을 듣지 않고 운용하시면 반드시 패할 것이니 저는 물러갈 것입니다"라고 한 말이 실현된 것입니다.

전문가와 아마추어의 차이

그렇다면 손자가 그토록 자신만만하게 말할 수 있었던 '전문가' 란 어떤 사람을 말하는 것일까요? 여기에서는 현대적 의미를 담아 살펴보기로 합니다.

전문가란 잘하는 것과 더 잘하는 것을 구분할 줄 아는 사람입니다. 일반인도 못하는 것과 잘하는 것 정도는 압니다. 맛있는 것과 맛없는 것, 노래를 잘 부르는 것과 못 부르는 것도 어느 정도 구별할 수 있죠. 하지만 일정 수준을 넘어서면 잘 모릅니다. 여기서 전문가와 아마추어의 차이가 납니다. 전쟁 전략도 그렇습니다.

전문가는 '미묘한 차이'를 구분할 수 있습니다. 몇 년 전 각종 매체에서 경연 대회가 유행한 적 있습니다. 〈미스트롯〉으로 송가인이 세상에 나왔고, 〈미스터트롯〉으로 임영웅이 탄생했죠. 이런 프로그램들을 보면서 제가 가장 궁금했던 것은 다들 잘하는 것 같은데 어떻게 우열을 구별하는가였습니다. 심사 위원들의 판단 능력에 관한 것이었죠. 일반인의 눈과 귀로는 도저히 누가 더 잘 부르는지 알 수 없습니다. 하지만 전문가의 평을 듣고 있노라면 바로 수긍하고 고개를 끄덕이지 않을 수 없습니다. 전문가는 눈과 귀가 정확하고 미묘한 차이를 설명하는 논리도 아주 정연합니다. 남들은 그저 좋다고만 하는데 심사 위원들은 미주알고주알 디테일을 구분할 줄 압니다. 말장난에 그치는 것이 아니라 들어 보면 조목조목 다 옳은 말입니다.

와인도 그렇습니다. 사실 저는 와인을 마셔도 맛을 모릅니다. 단맛, 쓴맛, 떫은맛 정도만 알아차릴 뿐 칠레산인지 프랑스산인지, 오래 숙성된 와인인지 올해 바로 나온 와인인지 알 수 없습니다. 마실수록 취기만 오를 뿐입니다. 하지만 제게 사과를 1알 가져온다면 이야기가 달라지죠. 저는 자칭 사과 전문가입니다. 태어나고부터 20년 동안 사과만 간식으로 먹은 사과밭 집 아들이기 때문이죠. 변변한 간식거리가 없던 시절이라서 아침, 점심, 저녁 온종일 사과만 20개 이상 먹어 치운 임상 데이터 덕분입니다.

저는 사과를 맛볼 필요도, 만져 볼 필요도 없습니다. 딱 보면 한눈에 알죠. 방금 딴 사과인지 몇 달을 창고에서 묵혀 있다가 나왔는지, 껍질이 두꺼운지 얇은지, 단단한지 허벅한지, 단맛인지 신맛인지, 알 속에 꿀심이 있는지 없는지, 육즙이 풍부한지 텁텁한지, 생산지가 산비탈인지 평지인지, 햇빛을 받았는지 봉지로 감싸져 있었는지도 알 수 있습니다. 사과 한 알로 그 맛을 5분 이상 디테일하게 설명할 수 있습니다. 손자도 아마 이렇게 오랜 경험에 바탕을 둔 자신감으로 자칭 '전쟁 전문가'라고 하며 왕에게 자기 말을 경청하지 않으면 떠나겠다는 과감한 베팅을 했을 것입니다.

일의 영역에서도 전문가는 예민하고 미묘한 부분에서 일반인과 큰 차이를 보입니다. 현재 제 전문인 컨설팅 자문 분야도 그렇습니다. 저는 직업상 업체를 방문하거나 사장을 많이 만납니다. 통상 회사 조직이나 CEO의 경영 성향을 파악하는 데 많은 시간이 걸릴 것 같지만 일반인이 생각하는 것보다 간단하고 시간도 그리 많이 걸리지 않습니다. 한 시간이면 회사의 경영 상태, 사장의 스타일, 직원 만족도 등 대강의 그림을 그릴 수 있습니다. 물론 해결책 도출에는 다소 시간이 걸릴 수 있지만 진단은 단시간에 가능합니다.

왜 그럴까요? 그 방면에만 촉이 쏠려 있고 임상 경험의 데이터가 축적된 결과입니다. 이처럼 한 분야에서 오래 일하다 보면 남들이 갖지 못하는 특별한 눈과 촉을 달게 됩니다.

전문가를 잘 활용하는 방법

그렇다면 우리는 전문가를 실생활에서 어떻게 활용하는 것이 좋을까요? 실제로 사람들은 전문가를 잘 활용하지 못하는 것 같습니다. 사례를 하나 들어 보겠습니다. A 사장은 취미로 권투를 배우고 있습니다. 몸으로 부대끼는 운동이다 보니 코치와 아주 친해졌고 여러 가지 이야기를 많이 나누는 사이가 됐습니다. 어느 날 A 사장이 투자를 받게 됐습니다. 그 투자 유치 방법에 대해서 코치와 의견을 나눴습니다. 과연 좋은 상담 결과가 나왔을까요? 나중에 왜 전문가도 아닌 사람에게 자문을 구했냐고 지적했더니 돌아온 대답은 "그냥…"이었습니다. 이런 소통은 에너지 낭비고 오히려 혼란스러워져 판단에 방해만 됩니다.

주변을 보면 A 사장같이 친하다는 이유 하나로 비전문가에게 전문적인 상담까지 하는 경우가 종종 있습니다. 많이 배운 지식인이나 고위 공직자라고 다르지 않습니다. 지위 고하를 막론합니다. 과거 승려 신돈에게 현혹돼 많은 국정 자문을 받았던 고려의 공민왕도 그랬고 불과 몇 년 전의 국정 농단도 그렇고 많은 높으신 분들이 그렇습니다. 부부간 소통을 뜻하는 "베갯밑송사가 옥합을 뚫는다"라는 속담도 연장선상에 있습니다. '약은 약사에게 진료는 의사에게'라는 말이 있습니다. 전문적인 지식을 요구하는 사항에 대해서는 친한 친구가 아니라 전문적인 사람과 상담하는 것이 제대로 된 결과를 얻을 수 있습니다.

조직 인사에서도 마찬가지입니다. 국가 경영이나 개인 조직을 막론하고 빗나간 인사가 많습니다. 각자 부합하는 자리에 배치하는 것이 정상적인 기능을 가능하게 할 뿐만 아니라 조직의 균형을 이루는 데도 도움이 됩니다. 전쟁에서 무공을 세웠다고 해서 문화부 장관에 기용하거나 스포츠에 엄청난 기여를 했다고 해서 국방부 장관에 기용하는 것은 잘못된 인사겠죠. 하지만 심심찮게 커리어에 맞지 않는 인사를 뉴스에서 많이 봅니다. 예컨대 선거에 기여한 공로로 논공행상할 때 흔히 생기는 일이죠. 대통령이 바뀔 때마다 반복되는 일이니까요.

우리도 그렇기는 매한가지입니다. 좋아하는 친구나 지인이 하나를 잘하면 다른 것도 잘할 것 같은 착각에 빠지죠. 하지만 '약은 약사에게 진료는 의사에게' 맡겨야 뒤탈이 없습니다.

가치에 맞게
보은하라

【 보은 】

반드시 사람으로부터 얻어라.

必取於人
필취어인

13편 〈용간〉

대학 후배 A 사장은 마당발입니다. 그는 술을 1잔도 마시지 못하지만 특유의 붙임성과 말솜씨로 상대를 설득하고 친근감을 주는 재주가 있습니다. 그가 어느 날 불쑥 제게 이런 이야기를 했습니다.

"형님, 저 요즘 엄청 속상해요."

"왜?"

"지난번 고등학교 후배 S 사장에게 금융권 관계자와 투자자들을 소개해 줬는데 이야기가 잘돼서 지금은 엄청 잘나간답니다."

"그거 잘됐네. 그래서?"

"S 후배는 그 건으로 약 30억 원 규모로 사업을 키워서 잘됐는데…. 저는 이게 뭡니까? 맨날 장돌뱅이처럼. 그때 이리 뛰고 저리 뛰고 나름 얼마나 신경을 썼는데…."

"소개비로 용돈 좀 달라고 하지 그랬어. 왜 안 했어?"

"대놓고 그런 말 어떻게 해요. 자기가 알아서 주면 몰라도 후배한테…."

사업에 결정적인 도움을 받았던 S 후배는 그에게 거창하게 밥 한번 사는 것으로 고마움을 표했다고 합니다. 선후배 사이에 그 정도로 된다고 생각할 수 있겠지만 30억 원 정도 사업 자금을 알선해 준 대가치고는 한참 미흡하죠. 하지만 이런 일은 주변에서 다반사입니다. 도움받은 S 사장 본인은 도리를 다했다고 생각했을 테고 소개해 준 A 사장은 후배 면전에서는 대가에 대해 말도 못 꺼내고 쭈뼛쭈뼛하다가 돌아서서 아쉬워하고 통탄했습니다. 우리 동양권에서 통상 있는 일이죠. 그 일이 있고 난 후 두 사람은 데면데면해졌고 사실상 이들의 비즈니스 관계는 끝났습니다.

이와 같이 비즈니스로 사람을 소개하거나 좋은 자리를 마련해 주면 밥을 사는 것이 우리의 통상 관례입니다. 그런데 사람들은 잘못 이해하고 있는 듯합니다. 상대는 그 건으로 엄청난 사업 기회가 생겼고 결과적으로 큰돈을 벌었습니다. 계량적 수지 타산으로 따지자면 그에 상응한 소개비를 현금으로 지불하는 것이 마땅합니다. 밥만 사고 끝낸다면 소개해 준 사람 입장에서 섭섭한 일이죠. 특히 소개자의 기대치가 상대적으로 클 경우에는 더욱 그렇습니다.

현재의 이익에 미래의 이익을 더해 계산하라

이런 사례는 매너가 없어서라기보다는 '그런 것으로 선후배 간에 돈을 주고받아야 하나?'라는 우리 동양적인 정서상의 부정적 측면과 거래에 익숙지 않은 관행 때문일 수도 있습니다. 또 보이지 않는 서비스에 대한 대가이므로 가격을 매기는 데 어려움도 있어 밥을 사는 쉬운 방법을 택했을 수도 있습니다. 우리 대개는 다음에 기회가 되면 역으로 은혜를 갚아 주겠다고 기약하며 마무리하고는 하죠. 하지만 은혜를 긴 시간 기억한다는 것이 쉬운 일 같아도 보통 사람으로서는 상당히 어려운 일입니다. 잊지 않고 갚으면 다행이지만 기회가 와도 막상 그때 형편이 되지 않아 본의 아니게 갚지 못하는 경우도 있습니다. 그렇게 후일 잊어버리고 지나치면 '배은망덕한 놈'으로 지목되는 것이 우리네 정서입니다. 그래서 이론상 가장 좋은 방법은 그때그때 바로 정산하는 것이죠.

이런 경우를 서양권에서는 다소 다른 시각으로 보는 것 같습니다. 제가 아는 지인 B는 제조업 하는 친구가 수출에 애로가 있다는 이야기를 듣고 독일의 친구 네트워크를 통해 업체를 소개해 준 일이 있었다고 합니다. 말 그대로 단순 소개였을 뿐입니다. 비즈니스가 잘 풀려 두 업체 간 계약이 성사됐다는 소식을 들은 지 3개월 쯤 지나 독일로부터 전갈이 왔습니다. 고맙다면서 조그마한 사례를 하겠다는 연락이었죠. 얼마 후 그는 1만 달러짜리 전신환을 전달받았습니다.

벼슬, 급여, 예산을 아껴서 적의 정세를 파악하는 데 소홀히 하는 것은 지극히 어리석다.
而愛爵祿百金 不知敵之情者 不仁之至也
이애작녹백금 부지적지정자 불인지지야

13편 〈용간〉

정보를 얻거나 자문을 구하는 데 너무 돈을 아끼려고 하지 마시기 바랍니다. 손자는 전쟁을 치를 때를 염두에 두고 말했지만 현대 실생활에서도 가전제품은 물론 집이나 땅을 사고팔 때 발품 팔고 이리저리 수소문하는 만큼 그 값어치를 한다는 것을 누구나 알고 있습니다.

저도 비슷한 경험이 있습니다. 어느 날 M&A와 헤드 헌팅을 전문으로 하는 지인으로부터 전화를 받았습니다. 어떤 사장이 자기 회사를 매각하려고 하는데 그런 경험이 풍부한 사람의 조언을 듣고 싶어 한다는 것이었죠. 매각 조건, 지분 구조, 절차 등을 상의하고 싶다는 것이었습니다. 두 시간 정도의 상담이 끝나고 호텔 식당 계산대에서 그 사장이 음식값 외 추가로 포도주 1병을 주문하더니 그 꾸러미를 제게 불쑥 내밀었습니다. 감사의 뜻으로 드린다고 하면서 말이죠. 저도 그런 일은 처음 겪어 봐서 엉겁결에 받았는데 그것이 상담의 대가로 적절한지를 떠나 그의 태도가 그리 기분 나쁘지는 않았습니다.

"정보는 돈이다"라고 말하면 대개는 고개를 끄덕이며 수긍합니다. 그러나 보통 사람들은 소개받고 밥만 사는 경우가 허다합니다. 정보에 걸맞은 '기브 앤 테이크'가 제대로 이뤄지지 않는다는 뜻이죠. 돈이 되는 정보를 가져온 사람에게 그에 합당한 돈을 지불하는 것이 합리적입니다. 즉 '사람 소개는 곧 돈'이라는 말이죠. 사장은 일반인들과는 달리 고급 정보가 필요하고 그런 정보를 자발적으로 가져오도록 분위기를 조성해야 합니다. 그러므로 그런 경우가 있다면 밥 사고 술 사는 것도 좋지만 '봉투'를 곁들이는 것이 촉진제라는 것을 말하고 싶은 것입니다. 물론 공직자나 정치인의 경우에는 김영란 법을 염두에 둬야 하니 유념해 행동에 어긋남이 없어야 할 것입니다. 이 글에서 말하는 내용은 단지 비즈니스 전략과 개념 차원으로만 이해해 주시고 달리 오해가 없기를 바랍니다.

요약하면 그 정보로 인해 내가 장차 얻을 미래 이익에 대한 현가를 보상해 주라는 것입니다. 주변에 이런 대가를 정확하게 지불하다 보면 그 풍문으로 보다 많은 정보원이 모여들 것이고 여러분은 결국 정보의 핵심 플랫폼으로 자리 잡을 것입니다. 모든 정보는 처음에는 정으로 시작하지만 차츰 거래로 자리 잡아 갑니다. 요즘 세상에 밥 얻어먹자고 정보 주는 바보는 없습니다. 입으로 나오는 표현과 속마음은 다릅니다.

바랄 때는
때와 날을 살핀다

【 타이밍 】

불을 놓을 적당한 때가 있고 적당한 날이 있다.

發火有時 起火有日
발화유시 기화유일

12편 〈화공〉

사람들은 흔히 '좀 더 일찍 했어야 했는데…'라고 말합니다. 혹은 나중에 가서야 '더 기다렸어야 했는데…'라고 후회하기도 합니다. 이렇게 말하는 것을 보면 불완전한 인간에게는 어떤 일을 해야 할 적절한 때를 판단하는 것이 가장 어려운 일임이 분명합니다. 이런 한계 때문에 인간관계가 깨지기도 하고 실망과 좌절을 초래하기도 합니다.

《손자병법》은 〈화공〉을 중심으로 '때(時)와 날(日)'을 말하고 있는데 구체적으로는 '건조하고 바람이 잘 부는 날'을 말합니다. 건조하면 불이 잘 붙을 것이고 바람이 잘 불면 옮겨 붙는 속도가 빠르기 때문입니다. 오늘날 우리에게도 이런 조건과 타이밍이 아주 중요한 것 같습니다.

심리적 장벽을 허무는 최적의 순간

타이밍에 관한 가장 고전적인 표본은 《삼국지》에 나옵니다. 《삼국지》에서 긴하게 부탁을 하거나 밀담을 나눌 때 빠지지 않고 꼭 나오는 레퍼토리가 있습니다. 술이 '서너 순배 돌았을 때' 또는 '거나하게 취했을 때'라는 표현이 그것이죠. 저는 이 대목을 유심히 봤습니다. 만나자마자 본론으로 들어가면 당황할 수도 있고 괜히 자리했다는 부담도 줄 수도 있으니 적당하게 숨 돌리고 취기가 올라 긴장이 풀리고 기분이 좋아질 때까지 기다리는 것이죠. 이런 술자리와 타이밍은 현대에도 변함없이 적용되고 있습니다.

제가 추억하는 타이밍은 어릴 적 아버지가 시장에 다녀오시는 날입니다. 평소에는 무뚝뚝하시던 아버지가 술이 거나하게 돼 돌아오면 갑자기 자상한 아빠로 변신합니다. 그때가 바로 용돈 타이밍입니다. 스스로 이 타이밍을 알게 된 것은 아닙니다. 엄마가 일러 주시는 대로 하다 보니 차츰 그 타이밍을 익히게 된 것이죠.

사회에 진출하고 나서는 나보다 권력이 있고 권한이 많은 상사에게 특별한 부탁을 한다거나 설득을 해야 할 때가 생깁니다. 이 때 타이밍은 나의 성공 내지 리스크와도 깊은 관련이 있으므로 본 능적으로 조심하게 됩니다. 어쩌면 상대를 설득하거나 의견을 피 력하는 과정에서 오히려 큰 데미지를 입을 수도 있기 때문입니다. 신입 사원일 때는 제가 보고서 작성을 완료하는 시점이 바로 보고 하는 타이밍인 줄로 알았습니다. 하지만 차츰 연륜이 쌓이다 보니 같은 보고서라도 상사가 기분 좋은 타이밍을 잘 찾고 못 찾는 데 따라 승패가 달라진다는 것을 알았습니다. 지피지기를 통한 보고 타이밍의 포착이죠. 혹자는 이런 것을 두고 '잔머리'라고도 하지만 일종의 전략으로 보는 것이 맞겠습니다.

부부간 대화도 타이밍이 필요합니다. 남편이 집에 돌아오자마 자 아내가 자기 하고 싶은 말을 마구 쏟아 놓는다거나 남편이 배 고프고 피곤할 때 심각한 이야기를 시작한다거나 남편이 회사 일 로 머리를 싸매고 있는데 주말에 가족 여행을 기획하는 것 등은 피해야겠습니다. 반대로 아내가 처가 일로 우울한데 남편이 생뚱 맞게 파티에 같이 가자고 한다거나 아내가 아이들 때문에 속상해 하는데 회사에서 생긴 우울한 기분을 아내에게 분풀이하는 것은 지피지기와는 배치되는 타이밍입니다.

칭찬에도 타이밍이 중요합니다. 사안이 발생한 즉시 칭찬을 하 는 것이 가장 타이밍이 적절하겠죠. 시험에 합격했다거나 큰 상을 받았는데 그 일이 있고 난 뒤 1주일이나 1개월쯤 지나서 잊어버렸을 만할 때 축하하거나 칭찬한다면 타이밍 효과가 반감되겠죠.

기다릴 것인가, 만들 것인가

타이밍은 주로 뭔가를 기다리거나 뭔가가 주어졌을 때 그에 맞추는 피동적인 것으로 많이들 생각하지만 반대로 적극적인 성격의 타이밍도 있습니다. 실생활에서 상대방에게 뭔가를 부탁하거나 이야기를 나누고자 할 때 흔히 의도적으로 차를 마시거나 식사를 같이 합니다. 적극적으로 이야기 타이밍을 만들어 가는 것이죠. 한 발 더 나아가 술자리를 같이 한다거나 골프, 등산 등 운동을 같이 하면서 타이밍을 맞춥니다.

좀 더 적극적인 사례도 있습니다. 제가 아는 중소기업 사장이 좋은 사업 아이템이 있지만 브리핑할 기회를 찾지 못하고 고심하다가 생각해 낸 방법입니다. 회장이 이른 아침에 운동한다는 정보를 알고 그 시간에 맞춰 나간 것입니다. 영화에 나오는 얘기 같지만 실제로 있었던 일이고 나름 소득이 있었습니다. 그 일이 바로 사업으로 연결되지는 않았지만 그의 적극적인 아이디어 생산 능력이 인정돼 다른 사업을 제안받은 것입니다. 모든 타이밍은 우연히 주어질 수도 있지만 가끔은 이렇게 인위적으로 개척하거나 조성할 수도 있습니다.

타이밍의 정석은 성경에도 나옵니다. 지혜의 상징 솔로몬이 타이밍, 즉 때에 대해 이렇게 말했습니다.

"모든 것에는 정해진 때가 있으니, 하늘 아래 모든 일에는 때가 있는 법이다. 태어날 때가 있고 죽을 때가 있으며, 심을 때가 있고 심은 것을 뽑을 때가 있다. 죽일 때가 있고 치료할 때가 있으며, 허물 때가 있고 세울 때가 있다. 울 때가 있고 웃을 때가 있으며, 통곡할 때가 있고 춤출 때가 있다. 돌을 내던질 때가 있고 돌을 모을 때가 있으며, 껴안을 때가 있고 껴안지 말아야 할 때가 있다. 찾을 때가 있고 잃은 것으로 여겨 포기할 때가 있으며, 지킬 때가 있고 내던질 때가 있다. 찢을 때가 있고 꿰맬 때가 있으며, 잠잠할 때가 있고 말할 때가 있다. 사랑할 때가 있고 미워할 때가 있으며, 전쟁의 때가 있고 평화의 때가 있다."

때가 이렇게 많은 줄 처음 알았습니다. 모든 것은 타이밍이고 하늘 아래 모든 일에는 지정된 때가 있습니다.

정점에 섰음을
알리지 마라

【 명성 】

잘 싸우는 자의 승리는
지혜롭다는 명성도 없고 용감하다는 공적도 드러나지 않는다.

善戰者之勝也 無智名無勇攻
선전자지승야 무지명무용공

4편 〈군형〉

제가 성공하기 시작했을 때 일입니다. 어떻게 알았는지 별의별 친구와 친인척이 찾아왔습니다. 얼굴도 가물가물한 초등학교 친구, 한 번도 본 적 없는 먼 친척의 조카까지 어떻게 알았는지 제게 왔습니다. 초기에는 우쭐하며 좋았습니다. '내가 이렇게 성공했나? 세상이 나를 알아주는구나…' 등의 감정입니다. 종종 생기는 일이다 보니 성가시기도 했지만 차츰 익숙해지니 점차 하나의 일거리로 자리 잡히고 이성적으로 처리하게 됐습니다. 진짜로 도와줘야 할지, 적당히 도와주는 척하다 말지, 용돈이나 주고 적당히 달래거나 체면치레해 보낼지 등의 결정입니다.

이 과정에서 상대방이 가장 먼저 시작하는 행동은 제 명성과 결과에 대한 칭찬입니다. 통상 "대단하십니다. 언제 이렇게 성공하셨어요? 존경합니다" 같은 칭찬이나 반색에 넘어가지 않을 사람은 세상에 별로 없습니다. 그러면서 언제부터 어떻게 성공하게 됐는지의 비결을 구체적으로 물어 옵니다. 마치 인터뷰하는 것처럼 됩니다. 사실은 진짜 궁금해서 묻는 것이 아니라 교만의 판을 깔아 주기 위한 것인데 저는 그것도 모르고 의도적으로 펼쳐진 운동장에서 떠들기 시작하는 것이죠.

사람들은 성공 가도에 들어서면 자기 자랑하기를 좋아합니다. 그동안 못해 본 것이기 때문이죠. 더구나 상대방의 칭찬과 존경의 추임세가 곁들여지면 점입가경에 빠져듭니다. 성격이 외향적인 사람은 당연하고 내향적인 사람도 꼭 티를 냅니다. 굳이 입으로 말하지 않더라도 뭔가 자랑할 만한 것을 드러내거나 잘난 티를 냅니다. 자동차, 브랜드 양복, 와이셔츠, 명품 시계, 반지, 만년필, 구두…. 인테리어, 책상, 가구, 벽에 걸린 그림, 각종 상패 등 본인만 잘 느끼지 못할 뿐 남들 눈에는 다 티가 납니다. 저도 당시에는 몰랐는데 세월이 흐르고 오래전에 찍어 둔 사무실 사진을 보고는 깜짝 놀랐습니다. 정말 부끄러웠습니다.

'아, 너무 티를 냈구나!'

이런 여러 가지 '티 내기'는 처음에는 승수 효과를 내다가 차츰 부작용으로 전환됩니다. 연예인의 인기 사이클과 비슷한 그래프를 그리는 것이죠. 처음에는 홍보를 위해서 여러 방송이나 신문사 매체에서 인터뷰도 하고 유튜브 영상도 찍지만 나중에 그것으로 문제가 생길 수도 있고 거기에 몰두하다 보면 본질을 잊게 되는 경우도 생깁니다. 결론은 소문내서 좋을 때와 좋지 않을 때가 있고, 할 때와 멈출 때가 있습니다. 그리고 정점을 찍으면 반드시 내려오게 돼 있습니다.

모두가 아는 승리는 승리가 아니다

낚시하는 사람의 상징으로 알려져 있는 강태공은 실은 주나라 장군이자 승상이었습니다. 그는 고수를 이렇게 표현하고 있습니다.

남과 다툴 때 번쩍거리는 칼을 쓰는 것은 진정한 고수가 아니다.
爭勝于白刃之口 非良將也
쟁승우백인지구 비량장야

하수들이나 싸울 때 번쩍거리는 칼을 들이대며 온 세상 사람 모두 보란 듯이 싸웁니다. 그러니 아무리 성공을 해도 그 승리 뒤에는 갈등과 원망, 원한이 있을 수밖에 없는 구조인 것이죠.

고수는 조용히 싸우고 조용히 이깁니다. 고수는 승리를 해도 자랑하지 않습니다. 고수는 사람들의 환호와 갈채에도 연연하지 않습니다. 그러니 상대방이 시기 질투를 할 수 없는 구조인 것이죠. 내게 진 사람이 자신의 패배를 스스로 인정할 수밖에 없도록 만드는 구조, 감히 넘볼 수 없는 초격차의 구조를 만드는 것입니다. 결코 경계심과 질투심을 유발하지 않는 구조를 갖는 것, 이것이 진정한 고수의 모습입니다.

일반 대중이 다 아는 정도의 승리는 최선의 승리가 아니다. 전쟁에서 이겼다고 천하의 모든 사람이 칭찬한다면 최고 중의 최고는 아니다.

見勝不過衆人之所知 非善之善者也 戰勝而天下曰善 非善之善者也

견승불과중인지소지 비선지선자야 전승이천하왈선 비선지선자야

4편 〈군형〉

지난 2023년 연말 한국 대통령이 사우디아라비아를 비롯해 전쟁 중인 중동 지역에서 '대한민국 제1호 영업 사원'을 자처해 무

기 세일즈를 한다는 보도가 쏟아졌습니다. 국가 안보실 제1차장이 "작년 우리 역사상 최대 규모인 173억 불 방산 수출 실적을 달성했다"라며 자랑도 했습니다. 스톡홀름국제평화연구소(SIPRI)의 선임 연구원 시몬 베제만은 "한국이 앞으로 몇 년 안에 5위 무기 수출국이 될 것"이라는 전망도 했습니다.

한국뿐만 아니라 과거 제2차 세계 대전의 전범 국가였던 독일과 일본도 살상 무기를 개발해 수출까지 하고 있다고 합니다. 보도에 따르면 이스라엘과 하마스의 전쟁이 2개월째 접어드는 사이 독일은 떼돈을 벌었다고 합니다. 작년보다 열 배 수익을 냈는데 한국 돈으로 따지면 약 4,210억 원 넘는 무기와 군사 장비를 이스라엘에 수출했다는 것입니다.

그런데 무기 수출이 자랑할 일인가요? 개인도 자기 정체성이 있듯이 국가도 정체성이 있습니다. 중앙승가대학교 교수 금강 스님은 최근 칼럼을 통해 이 점을 우려했습니다. 남북이 대립하고 있는 한반도에 무기가 배치되고 무기를 만들고 보유하는 것은 물론 방어의 마음에서 비롯된 것도 있지만 동시에 공격과 파괴의 마음이 깃들어 있음을 간과해서는 안 된다는 점입니다. 이대로라면 한반도 전체를 관통하는 경제나 정치, 문화와 일상의 언어에도 그런 마음이 담기게 될 것이고 개개인이 겪는 대립, 갈등, 좌절로 인한 우울증이나 자살도 이런 흐름과 무관하지 않다는 우려입니다.

과거 전쟁 피해 당사자였던 나라가 무기를 생산하고 수출까지하게 됐으니 좋아할 일일 수도 있지만 언론에 대서특필하고 대통령까지 나서서 떠들면서 다닐 일은 아니라고 봅니다. 결국 그 무기로 인해 누군가는 죽어야 하고 과거의 우리처럼 고통받아야 할 테니까요. 물론 국가가 개인이 추구하는 가치관처럼 현실적으로 항상 도덕적이거나 정의로울 수는 없을 것입니다. 하지만 현실이 그렇다고 해서 이런 국가 정체성의 기준도 전혀 고려하지 않고 이익만을 추구할 수도 없는 일이라고 생각합니다. 개인이나 국가나 항상 기억하고 있어야 할 주제입니다. 따라서 무기 수출 같은 것은 조용하게 영업하고 조용하게 수출하면 좋겠습니다.

물가의 경치가 드러날 때까지 기다리는 자세

직장에서도 자기의 성공이나 자랑거리를 드러내지 않고 참는 것은 정말 어려운 일입니다. 대개의 직원은 권한이 부여되면 그 자리와 영예가 마치 자기 것인 양 행동하는 경향이 있습니다. 거인의 어깨 위 원숭이라는 사실을 잠깐 잊는 것이죠. 보스는 본능적으로 이런 호가호위(狐假虎威)나 자기 복제를 경계합니다. 가장 싫어하는 대목이기도 하죠. 신문 보도나 주변 중소기업에서 신임받던 핵심 참모가 어느 날 별다른 이유 없이 공식 석상에서 사라지거나 퇴임하게 됐다는 소식을 듣는데 알고 보면 바로 이런 케이스입니다. 공식적인 이유를 엉뚱하게 둘러대면서 체면을 살려주지만 실은 보스 행세하다가 쫓겨나는 것이죠.

실제 사례를 들어 보겠습니다. E 이사는 회사 설립 때부터 20년째 회장과 근무 중입니다. 본인 말로는 회장과 동고동락한 동지라고 합니다. E 이사는 늘 그리 생각하고 회사 일도 자기 일처럼 열심히 했습니다. 일이 남으면 집에 들고 가서 밤새워 처리하기도 하고 출퇴근 구분 없이 일했습니다. 하지만 회장은 그를 어디까지나 부하이자 충성스러운 직원일 뿐이라고 생각했습니다. E 이사는 회장이 술자리에서 추켜세우느라 '동지'라고 딱 한 번 말한 것을 곧이곧대로 마음 깊이 새겨들은 것이죠.

어쨌든 20년 쭉 같이 일하다 보니 회사 관리상 중요한 일은 거의 E 이사가 도맡았습니다. 총무, 인사, 세무, 회계, 운전 등 회장이 직접 움직이지 않는 모든 일은 그의 몫이었죠. 심지어 은행 업무도 개인 정보가 꼭 필요한 일 외에는 회장 묵인하에 E 이사가 대신했습니다. 이것이 화근이었습니다. 어느 날 금융 업무를 하는데 그가 회장 행세를 하는 것을 회장이 지나가다 우연히 직접 듣게 된 것이죠. 소문으로 듣는 것과 직접 듣는 것은 느낌이 다릅니다. 회장이 직접 보니 매우 불쾌했고 이래서는 안 되겠다는 판단이 퍼뜩 들었던 모양입니다. 얼마 후 E 이사는 신규 사업부 전담 이사로 발령 났습니다. 말이 신규 사업부지 직원도 없고 최근 할 수 없이 떠맡은 이름만 있는 부실 사업입니다. 그는 내쳐진 것입니다.

나중에 들은 이야기지만 이런 일이 이번만은 아니었다고 합니다. 주변에서도 그런 우려로 간혹 말이 돌았지만 워낙 미주알고주알 비밀도 많이 알고 있는 터라 괜히 잘못 건드렸다가는 E 이사가 반발할 경우 여러 가지 후속 처리 문제가 간단치 않아 차일피일 미뤘다고 합니다. 마키아벨리 《군주론》에 의하면 자신의 힘에 근거하지 않은 권력의 명망처럼 취약하고 불안정한 것은 없다고 했습니다. 사장, 리더에게도 동일하게 적용할 수 있습니다.

결론적으로 조직에서 모든 성과와 영광은 항상 팀장의 몫이 돼야 합니다. 보스의 영광을 가로채는 일은 위험천만하고 가장 큰 불경이 될 수도 있습니다. 보스는 아랫사람이 자기를 대신하는 것은 용인하지만 부여된 권한이 자기 것인 양 행동하는 것을 참지 못합니다. 그것은 권위에 대한 도전이며 보스에 대한 존중심이 없다는 뜻으로 해석됩니다. 이렇게 말을 이어 가면 혹자는 '꼰대 같다'고 말할지도 모르겠습니다. 하지만 현실은 꼰대가 대부분의 조직을 이끄는 핵심 리더라는 것이고 인간 본연의 속성이 그렇다는 것입니다. 성경에서도 이를 뒷받침할 만한 대목을 찾아볼 수 있습니다. 〈민수기〉에서 모세는 "우리가 당신들을 위해 이 바위에서 물을 내면 되겠소?"라며 하느님 대신 '우리'라고 표현했습니다. 실제로 기적을 행한 하느님의 권능을 자신의 것으로 둔갑시키는 불경을 저질러 하느님의 분노를 샀습니다.

공적을 함부로 드러내지 않는다거나 1인자 흉내를 함부로 내지 않는다거나 하는 행동이 2인자, 3인자 등 고위 간부에게만 해당하는 덕목은 아닙니다. 이번에는 관점을 바꿔 직원 입장에서 이야기해 보겠습니다.

가끔 공치사 좋아하는 일부 직원 중 "이번 프로젝트는 사실 내가 낸 아이디어야" 하고 떠벌리는 사람이 있습니다. 이런 사람은 한마디로 조직에서 성공하기 어렵습니다. 위험한 행동을 하고 있는 것이죠. 설령 팀장이나 사장이 "이번 건은 김 과장 당신 아이디어야"라고 지목하더라도 "아닙니다. 저는 일러 주시는 대로 보고서만 작성했을 뿐입니다"라면서 손사래를 쳐야 합니다. 이럴 때 공을 덥석 물면 하수입니다. 윗사람에게 공을 돌리면서 한발 물러나야 합니다. 조직에서 공은 항상 보스의 것이라는 것을 잊지 마셔야 합니다. 내 공도 보스의 것, 보스가 직접 세운 공도 보스의 것입니다.

제가 이렇게 말하면 아마 "말도 안 되는 소리! 너무 손해 보는 것 아니냐. 옛날에는 그랬을지 몰라도 지금은 아니다. 시대가 변했어"라고 말할지도 모릅니다. 그렇다고 명백한 연구 결과물이나 저작권까지 양보하라는 말은 아닙니다. 다만 본인의 공치사 부분에서 한두 발짝 물러나는 제스처를 취하라는 뜻입니다. 최소 두 번은 그러셔야 합니다. 겸손한 태도의 유지죠. 시간이 흐르다 보면 머잖아 당신의 실력으로 만들어진 작품이라는 사실이 사내에 파다하게 퍼질 테고, 이때 그 약간의 겸손은 오히려 더욱 빛날 것입니다.

"강물이 빠져 바닥이 드러나면 멋진 물가 경치가 보인다(水落石出, 수락석출)"라는 말이 있습니다. 그때까지 기다리십시오. "저 친구 실력도 좋은데 인성도 괜찮네. 사실은 이번 프로젝트 김 과장이 다 한 거야"라는 평판이 들릴 때까지 기다리는 전략적 태도입니다. 사람들은 가끔 확실한 실체보다 어렴풋한 소문을 더 즐기는 경향이 있습니다. 실루엣을 더 좋아하는 것이죠. 실루엣의 흐릿한 그림자는 호기심을 유발하고 때로는 실체보다 더 강조되는 승수 효과도 누릴 수 있습니다. 진짜 승리는 조용하게 이뤄져야 합니다. 소리 소문 없이 정상에 오르십시오.

5장

내일은 어제와 무엇이 달라야 하는가

【 오십의 태도 】

현재를 파악해
미래를 예측한다

【 관찰 】

모래 먼지가 높이 날아오르면 전차가 오는 것이고,
먼지가 넓고 낮게 퍼지면 보병이 진격해 오는 것이다.
모래 먼지가 한군데 뭉쳐 있지 않고 여기저기 분산돼 가닥으로 보이면
군사들이 땔나무를 하는 것이고,
적은 수의 병사가 오락가락하면 막사를 만드는 것이다.

塵高而銳者 車來也 卑而廣者 徒來也
진고이예자 거래야 비이광자 도래야

散而條達者 樵採也 少而往來者 營軍也
산이조달자 초채야 소이왕래자 영군야

9편 〈행군〉

《손자병법》〈행군〉에서는 적군과의 거리감과 지형, 의심할 만

한 조짐, 길에 난 흔적, 사신의 태도, 적의 전투력 저하 등의 관찰 포인트를 다섯 가지 유형으로 나누고 이에 대해 33가지로 상세히 설명하고 있습니다. 외적인 동태를 파악해 적의 의도를 판단하고 이에 대해 적절한 대응책을 강구하라는 것이죠. 위의 문장은 33가지 중 네 가지를 뽑은 것입니다.

〈행군〉에서 말하는 '행군'이란 땅 위를 걸어가는 것을 말합니다. 그리고 행군에는 처군(處軍)과 상적(相敵)이 있습니다. 먼저 처군은 병력이 가다가 적당한 곳에 멈춰 주둔하는 것을 말합니다. 상적은 행군 도중에 마주칠 수 있는 적을 경계하고 수시로 대비해 전후좌우로 사람을 내보내 정찰하도록 하고, 멈춰 주둔할 때도 초소를 세워 보초를 배치하는 등 언제 어디서나 적의 상황 변화를 관찰하는 것을 말합니다. 이 상적의 관찰법이 바로 다섯 가지 유형의 33가지 사항입니다.

상적의 '상'은 '관상(觀相)' 할 때 '상'입니다. 상은 얼굴만 주로 보는 것으로 알고 있지만 주름살, 사마귀, 점, 모발, 상처의 흔적, 손발의 형상, 신체 움직임의 특징, 음성, 기색과 심상 등을 함께 봅니다. 그래서 신체의 상은 얼굴, 뼈, 손, 눈썹, 코, 입, 귀, 가슴, 발의 생김새 등이 관찰 대상이고, 신체 동작의 상은 언어, 호흡, 걸음걸이, 앉은 모양, 누운 모양, 먹는 모양 등이 관찰 대상입니다. 한마디로 상은 '관찰'입니다. 세상 모든 것은 관찰의 대상이고 관찰이 필요하지 않거나 적용되지 않는 분야는 없습니다.

징후를 포착하는 능력

손자 이후 2,500년이 흘렀지만 전쟁의 수단과 방법만 달라졌을 뿐 적의 징후를 포착하려는 노력은 여전하고 더욱더 정교해졌습니다. 가장 최근의 이런 전형적인 관찰 모델을 살펴보도록 하겠습니다. 1978년 12월 미·중이 수교 선언에 이어 1979년 새해 첫날 공식 수교를 단행하자 소련의 대미 불신과 경계감은 더욱 깊어졌습니다. 소련 지도부는 미국이 핵전력 우위를 활용해 소련을 선제 공격할 수 있다고 봤습니다. 이에 KGB는 1979년 '미국의 선제 핵 공격 조기 경보를 위한 새로운 정보 활동 방안'을 마련해 '라이언 작전(Operation RYaN)'에 착수했습니다.

수집할 정보도 치밀하게 기획했습니다. 우선 정보 활동이 중구난방으로 이뤄지지 않도록 중점 수집 분야를 군사, 정치, 정보, 경제, 민방위 다섯 가지로 범주화해 체계화했습니다. 미국이 선제 공격을 준비한다면 이 다섯 가지 분야에서 반드시 이상 징후가 나타날 것이라고 봤죠. 특히 일상에서 나타날 수 있는 놓치기 쉬운 전쟁 준비 징후를 중요한 정보 수집 목표로 선정했습니다. 가령 백악관, 국방부, 국무부 등 전쟁 주무 부서의 회의가 비정상적으로 증가하거나 대통령, 하원 의장 등 고위 정치 지도자들이 특별한 이유 없이 휴가나 행사를 취소하는 것도 체크 대상이었습니다. 심지어 육류 도축이 갑작스레 증가하는지 여부도 정보 수집 대상에 포함시켰습니다. 장기 보관이 가능한 육류 도축량의 증가는 전쟁 준비의 중요한 지표로 볼 수 있기 때문이죠. 민방위와 의료 분야도 중점 수집 목표였습니다. 전쟁 준비를 위해서는 민간인 대피 시설 점검, 혈액 비축량 확대, 병상 확보 등 분명히 이상 징후가 있을 것으로 보았습니다. 이렇게 선정한 정보 수집 목표가 292가지였습니다. 이를 '292개 전쟁 징후 지표(The 292 Indicators)'라고 불렀습니다.

관찰을 통한 징후 포착은 전쟁뿐만 아니라 산업 재해, 사회 사고 전반에도 적용됩니다. 미국의 보험사에 근무하던 윌리엄 하인 리히는 회사에 접수된 수많은 사고 자료를 검토해서 1:29:300이라는 통계 법칙을 발견했습니다. 한 건의 큰 상해 사고가 발생하면 그 전에 같은 원인으로 29건의 작은 상해 사고가 발생하고, 상해를 입을 뻔한 300건의 무재해 사고가 발생한다는 사실입니다.

하인리히 법칙은 작은 사고에 어떻게 반응해야 하는지 보여 줍니다. 큰 사고는 작은 사고가 누적된 결과입니다. 따라서 작은 사고일지라도 큰 사고 징후로 받아들이고 적극적으로 관리해야 합니다. 작은 사고를 그냥 넘기면 사람의 생명이 위협받는 대형 사고로 이어집니다. 예컨대 공장에서 부주의로 인한 작은 오류를 방치한다면 결국에는 큰 사고로 이어질 수 있다는 뜻입니다.

하인리히 법칙은 1931년 하인리히가 펴낸《산업 재해 예방: 과학적 접근》에서 소개된 법칙입니다. 하인리히는 재해의 88퍼센트 정도가 인적 요인으로, 10퍼센트가 물리적 요인으로 발생한다고 분석했습니다. 나머지 2퍼센트는 어떤 방법으로도 막을 수 없는 불가항력적인 요인으로 발생한다고 봤습니다. 사고와 재해의 주원인이 사람에 있다는 것이죠.

스포츠에서도 관찰은 승리를 하는 데 중요한 역할을 합니다. 야구 감독 김성근은 그냥 감독이 아니고 '야신'이라고 불리는 감독입니다. 이렇게 불리게 된 사연이 있습니다. 그가 매번 약체 팀을 맡아 전력 이상의 성적을 거두는 것을 보고 누군가 "야구의 신 같다"라고 한 뒤부터 야신은 김 감독의 별명이 됐습니다. 하지만 그가 가장 좋아하는 별명은 따로 있습니다. 선수들이 붙여 준 별명 '잠자리 눈깔'입니다. 앞에만 보는 것 같은데 실은 다각도로 모든 것을 보며 넓은 시야를 갖고 있다는 뜻입니다.

"눈은 세 가지가 있다고 봅니다. 물체를 보는 눈이 있고, 관찰하는 눈, 마지막으로 속으로 파고드는 눈이 있어요. 감독은 그런 3가지 눈을 모두 갖추고 있어야 합니다. 선수가 무슨 생각을 하고 있는지, 어떤 행동을 하는지 모두를 볼 수 있어야 팀을 이끌 수 있습니다."

그는 또한 자신의 야구는 소질이 아니라 오직 관찰에서 나온 것이라고 말했습니다. 손자의 다섯 가지 유형 33가지 상황 파악법과 김성근 감독의 '잠자리 눈깔'의 공통점이 바로 관찰입니다.

모든 일에는 예고편이 있다

회사의 경우도 잘되는 회사와 안되는 회사에는 각기 특징, 패턴, 징후가 있습니다. 안되는 회사들은 대개 수익이 적고 고객이나 주주를 무시하고 직원들의 사기가 떨어져 있습니다. 직원은 수익이 오르나 떨어지나 자신들의 월급과는 아무 상관이 없기 때문에 의욕이 없죠. 또 임원실과 사장실은 쓸데없이 넓고 경영진들은 각기 전용차를 타면서 필요 이상의 경비를 낭비합니다. 후지노 히데토의 《잘되는 회사 안 되는 회사의 법칙》에 나오는 내용입니다.

부실 기업은 부도나기 직전에 여러 가지 비재무적 징후를 보입니다. 한국신용평가에서는 실제로 부도가 발생한 기업의 사례 연구를 통해 부도 기업을 판별할 수 있는 30가지 진단법을 제시했습니다.

부도의 30가지 징후 중 몇 가지를 예를 들면 '회사의 수위나 안내양이 불친절하다', '사원들의 출근율이 저조하다', '사내의 기강이 문란하다', '회의가 빈번하고 장시간이다', '간부와 사원의 퇴사가 잦다', '낯선 사람들이 드나들기 시작한다', '화장실이나 창고가 지저분하다', '간판이 쓰러져 있거나 쇼윈도가 지저분하다' 등이 있습니다.

잘되는 회사도 몇 가지 특징이 있습니다. 여러 가지 많지만 세 가지만 얘기하겠습니다.

안되는 회사는 동료애를 중시하지만 잘되는 회사는 능력과 성과를 중시합니다. 안되는 회사는 유력 인사와의 친분이 결정적인 영향을 미치고 주변과 무난하게 지내면서 욕먹지 않는 사람이 각광받습니다. 반면 잘되는 회사는 인간관계는 업무의 부차적인 것으로 보고 자기 성과를 내는 데 열중합니다. 물론 동료애, 인간관계가 중요하지만 그것은 단지 프리미엄일 뿐 결국은 성과입니다.

두 번째는 바쁜 사람보다 일하는 사람을 우대합니다. 바빠 보이는 것과 일 잘하는 것은 다르기 때문입니다. 회사 조직이란 기본적으로 사람의 모임이기 때문에 게으름뱅이나 아첨꾼도 있고 성실하고 능력 있는 사람도 동시에 존재합니다. 아첨꾼일수록 자신을 중요한 사람으로 인식시키는 데 능숙하며, 게으름뱅이는 겉으로는 바쁘게 일을 하는 듯 보이지만 실제로 성과가 별로 없는 경우가 많습니다.

세 번째는 사내에 주식 투자 성공담이 떠돌지 않습니다. 주식은 적은 돈으로 성과가 즉시 나타나는 것이 특장점인 만큼 요즘 시대에 직원들이 주식에 관심을 갖는 것은 자연스러운 현상입니다. 하지만 주식은 부동산과는 달리 시세 변동이 잦아서 많은 시간과 노력이 들어가지 않으면 성공하기 어렵습니다. 특히 매매 타이밍을 찾기 위해 시세 확인도 자주 해야 하고, 투자 정보를 위한 정보 교환도 열심히 해야 합니다. 따라서 사내에서 주식 투자 성공담이 많아진다는 것은 직원들이 근무 시간에 딴 데 신경 쓰고 있다는 반증입니다. 이 경우 회사 업무 집중도가 떨어지는 것은 당연하며, 조직 분위기에 적색 신호가 켜진 것으로 봐야겠죠.

모든 것은 '관찰'이라는 것을 알 수 있습니다. 《손자병법》은 〈행군〉에 나오는 적의 상황 변화를 관찰하는 33가지 방법 외에도 아래와 같이 책 전편을 통해 관찰의 중요성을 말하고 있습니다. 바로 찰(察)을 포함해 지(知)를 전제로 하는 '찰(察), 식(識), 려(慮), 색(索)' 등의 단어로 이루어지는 여러 선지(先知)활동입니다.

존망의 길이니 살피지 않을 수 없다.

存亡之道 不可不察也

존망지도 불가불찰야

1편 〈시계〉

정찰을 통해 적의 잉여와 부족 부분을 살펴라.

角之而知有余不足之處

각지이지유여부족지처

6편 〈허실〉

장군의 임무는 중대하니 세심히 관찰하라.

將之至任 不可不察也

장지지임 불가불찰야

10편 〈지형〉

스스로를
속이지 않는다

【 규칙 】

법령은 잘 집행되는가?

法令執行
법령숙행

1편 〈시계〉

손자는 적군과 아군의 전력 파악을 위한 체크리스트 7항목(七計, 칠계)을 제시하고 이를 통해 전쟁의 승패를 가늠했습니다. 이 중 하나가 바로 '법령은 잘 집행되는가?'입니다.

손자는 "법령숙행(法令執行)", 즉 법과 규칙은 반드시 지켜져야 한다고 했습니다. 실제로 손자도 오왕 합려와 처음 대면했을 때 지휘하던 궁녀 중 두 명이 군령을 어기자 그들의 목을 시범으로 날림으로써 규칙의 엄중함을 보여 줬습니다. 동서고금을 막론하고 왜 이처럼 법을 지켜야 할까요? 제갈량이 굳이 아끼는 장수 마속의 목을 울면서 베야 했던 '읍참마속'의 이유가 무엇일까요? 죽음과 맞바꿀 만큼 법이 가치가 있는 것인가요?

군대를 비롯한 모든 조직에서 법이나 규칙, 나아가 시스템 규정은 조직을 운영하고 유지하는 핵심입니다. 작은 조직이든 국가와 같이 큰 조직이든 똑같습니다. 특히 천방지축 제멋대로 질서가 잘 잡혀 있지 않은 조직이나 오합지졸의 경우에는 더 유효합니다. 생사를 오가는 전쟁터에서 규칙을 지키지 않거나 장수의 명을 따르지 않는 군대는 패할 수밖에 없습니다. 지켜져야 법이고 법은 지켜야 합니다. 다 같이, 누구나 말이죠.

우리 삶에서 '법령은 잘 집행되는가?'

법은 잘 지켜야 합니다. 너무나 당연한 말이고 우리는 사회가 다 그렇게 돌아가는 줄 알고 있습니다. 하지만 우리 생활 가까이에서 법이 법대로 지켜지지 않고 규칙이 규칙대로 지켜지지 않는 사례를 아주 흔하게 볼 수 있습니다. 가장 대표적인 예가 법을 만드는 국회 의원의 법을 이용한 횡포입니다. 특히 국회 의원을 비롯한 한국의 권력자에게 법은 자신들의 생활 도구쯤으로 전락한 지 오래됐습니다. 그들은 잘 지킨다고 항변할지도 모릅니다. 그러나 아리스토텔레스는 신뢰도란 말하는 사람이 아니라 고스란히

'듣는 사람이 내리는 평가'라고 했습니다. 국민의 눈에는 법을 가장 잘 지키지 않는 사람들이 바로 국회 의원으로 보입니다.

그들은 법을 어긴 혐의에 대한 경찰과 검찰의 수사도 무조건 정치적 탄압이라고 말합니다. 법원에서 유죄를 선고받아도 자신은 잘못이 없다면서 판결이 불공정하다고 주장합니다. 최종심인 대법원의 유죄 판결에 대해서도 하늘을 우러러 부끄러움이 없다면서 역사의 법정에서는 이길 것이라고 합니다. 자신들이 만든 법을 스스로 부정하고 있습니다. 한마디로 국회 의원들은 부끄러움을 모릅니다. 그러면서도 입에 가장 달고 사는 말이 '국민의 뜻', '국민을 위해', '국민을 대신해'입니다.

어찌 된 셈인지 21대 국회 의원 선거 결과 국회에 진출한 법조인 출신 의원은 전체 국회 의원 300명 가운데 총 46명입니다. 이 중 15.3퍼센트에 해당하는 국회 의원이 이른바 판사, 검사, 변호사인 '율사' 출신입니다. 아직까지는 우리 국민이 정의로운 사람보다는 똑똑한 사람, 말 잘하는 사람을 선호하나 봅니다.

힘없는 일반인에게도 법이나 규칙에 대한 엄중함이 예전 같지 않아 보입니다. 사소한 문제라고 할 수도 있겠지만 전철의 에스컬레이터에서 왼쪽으로 걷고 뛰는 것이 어느덧 일상화됐습니다. 주변에 버젓이 "뛰기, 걷기 금지"라는 경고 문구가 붉은 글씨로 크게 쓰어 있는데 말입니다. 어쩌다 에스컬레이터 좌측에 서 있으면 마치 불법이라도 저지른 것처럼 뒤에서 걸어오던 사람이 밀치고 지나가기 일쑤입니다. 초기에는 미안하다는 말도 했는데 이제는 그마저도 없이 길 방해꾼 취급을 하고 째려봅니다.

규칙을 어기는 것도 모두가 함께하면 관행처럼 당연시됩니다. 악화가 양화를 구축하는 것처럼 말이죠. 모두가 규칙을 지키지 않을 때 규칙을 지키는 사람이 유별난 사람으로 보이는 것입니다. 썩은 사과 한 개가 멀쩡한 사과 한 박스 전체를 곰팡이로 물들이는 것처럼 우리도 이런 분위기에 있는 것 같습니다. 에스컬레이터의 안전도를 지나치게 신뢰하는 것인지, 아니면 규칙을 대수롭지 않게 여기는 것인지는 모르겠지만 아직까지 우리 사회 구성원이 생각하는 안전도와 실제 위험도에는 큰 간극이 있는 것 같습니다. 지금 같은 에스컬레이터 타기 관행이 지속된다면 언제가 될지는 모르겠지만 꼭 한 번은 대형 사고가 일어나리라 우려됩니다.

일상생활에서 우리는 수많은 법과 규칙에 규제되며 살아가고 있습니다. 법은 자유를 누리는 개인이 지켜야 할 의무입니다. 또한 개개인이 법을 지켜야 비로소 사회의 질서가 유지됩니다. 하지만 우리는 일상생활에서 얼마나 많은 법을 알고 지키고 있을까요? 아마도 귀찮아서, 남들도 안 지켜서, 나만 지키면 손해 볼 것 같아서 안 지키는 법이 있을 것이고 잘 몰라서 지키지 않은 법도 있을 것입니다.

이와 같이 사회에서 주어진 법이나 규칙을 지키는 것도 중요합니다. 오십은 자기 중심을 잡아야 하는 나이입니다. 누가 이래라

저래라 하는 것에 잘 좌우되지 않습니다. 스스로에게 부끄럽지 않은 규칙에 유의할 필요가 있습니다. 남들이 보는 데서는 착한 일을 하고 말을 예의 바르게 하지만 남들 보지 않는 데서는 교통 신호를 지키지 않는다거나 침을 함부로 뱉기 쉽습니다. '신독(愼獨)'이라는 말이 있습니다. 홀로 있을 때도 스스로 속이지 않고 선악의 기미를 잘 살펴야 한다는 말입니다. 오십 이후에는 이런 신독의 경지를 목표로 규칙이나 사회 질서를 바라봐야 할 것 같습니다. 경지라고 하니 무슨 도를 닦는 듯하지만 그런 것은 아닙니다. 다만 스스로에게 부끄럽지 않도록 혼자 있더라도 나름의 도덕성을 지향하는 것이 오십 이후의 규칙에 대한 시선이라는 뜻으로 말씀드립니다.

규칙이 복잡하지 않게 하라

최진하 전 KLPGA 투어 경기 위원장에 의하면, 골프 규칙은 태초에 없었다고 합니다. 규칙 없이도 골프는 유행하고 있었습니다. 1457년, 골프의 발상지라고 일컬어지는 스코틀랜드에 골프 금지령이 선포될 정도였습니다. 골프 때문에 활쏘기 훈련도 게을리 하고 일요일에는 성당도 빠진다는 이유 때문이었죠. 이후 1744년에 '성문 골프 규칙'이 만들어지기까지는 300년에 가까운 간격이 있었습니다. 최소 3세기 동안은 규칙 없이 골프가 플레이된 셈이죠.

그 후 다시 300년 가까이 흘렀습니다. 이제 골프는 세계적으로 사랑받는 스포츠가 됐고 한 페이지짜리였던 세계 최초의 골프 규칙은 2023년 기준으로 200배 늘어 200페이지 책이 됐습니다. 그래서 골프 레프리나 골프 박사들조차도 규정이 헷갈린다고 합니다. 골프 규칙이 복잡해질수록 골퍼들에게 '규칙은 어렵다'는 인식이 생길 것입니다. 그러면 규칙을 알려는 노력을 하지 않게 돼 결국은 지켜지지 않는 규칙으로 전락할지도 모릅니다.

MIT 슬론 경영대학원 교수 도널드 설과 스탠퍼드대학교 교수 캐슬린 M. 아이젠 하트는 《심플, 결정의 조건》에서 복잡한 문제는 복잡한 해결책으로 대응하는 것이 아니라 간결한 의사 결정 프레임, 즉 '단순 규칙'으로 관리하는 것이라고 했습니다. 결론적으로 오십 이후의 규칙은 타인에 의해 강요되는 규칙이 아니라 스스로를 향한 약속이며, 단순해야 하고, 혼자 있어도 지키는 규칙이 돼야 할 것입니다.

단순함을 보고
복잡함을 안다

【 단순함 】

미각의 기본은 다섯 가지지만
이것이 변하면 모두를 맛보기가 불가능하다.
전술도 원칙과 변칙의 두 가지에 불과하지만
기정이 변화하면 모든 것을 알기는 불가능하다.

味不過五 五味之變 不可勝嘗也 戰勢不過奇正 奇正之變 不可勝窮也
미불과오 오미지변 불사승상야 전세불과기정 기정지변 불가승궁야

5편 〈병세〉

세상 원리는 몇 가지에 불과하지만 변화와 응용은 무궁무진합
니다. 그러므로 변화된 형상만으로 문제를 바라보면 해결이 불가
능하다고 풀이할 수 있겠습니다. 이를 역으로 뒤집어 보면 '많은
변화도 알고 보면 기본 원리는 몇 가지로 압축된다'고도 볼 수 있

습니다. 따라서 줄이고 버리고 요약하고 압축하는 과정을 거쳐 단순화함으로써 본질에 접근이 가능합니다. 이런 해석을 근간으로 단순함과 복잡함의 개념에 대해 이야기를 풀어 볼까 합니다.

작은 움직임에 압축된 수십 년의 노하우

우리는 두 가지 서로 상반되는 가설 속에서 살아가고 있습니다. '세상은 복잡하다'와 '세상은 단순하다'가 그것입니다. 이 말도 맞는 것 같고 저 말도 맞는 것 같습니다. 왜 이런 생각이 들까요?

'단순하게 살라'는 요즘 떠오르는 화두입니다. 하지만 여기서 우리가 오해하는 것이 하나 있습니다. 단순함을 정말 단순함 그 자체로 오해하는 것입니다. 단순한 것을 단순하게 만드는 것과 복잡한 것을 단순하게 만드는 것은 많이 다릅니다. 후자는 한 분야에 정통해 핵심을 꿰뚫고 있어야만 가능한 일이고 이를 위해서는 어느 정도 노력과 지혜가 필요합니다. 눈에 보이는 결과치만 봤을 때는 단순, 간결하게만 느껴져도 그렇게 도출해 낼 수 있는 과정과 능력은 결코 간단하지 않습니다. 어설픈 생략, 줄임, 버림의 단순화가 아니라 압축과 고밀도를 전제로 한 단순함이기 때문입니다.

골프나 테니스를 예로 들어 보겠습니다. 처음 배울 때 코치는 단순 동작을 구간별로 나눠 수없이 반복할 것을 주문합니다. 그러다가 한 동작이 익숙해지면 다음 동작을 단계별로 익히게 하고 최종적으로 전체 동작을 연결해 연습시키죠. 이때 그동안 배운 동작

중 많은 부분이 빠르게 연속되거나 일부 생략됩니다. 그래서 프로 선수들의 스윙을 보면 간결하고 자연스럽고 유연하게 보입니다. 하지만 사실은 그 단순한 동작 안에 많은 연속과 생략이 숨어 있는 것이죠.

회사 보고서나 기획서를 작성할 때도 단순함의 기술이 비슷하게 적용됩니다. 1,000페이지의 방대한 보고서를 들이밀면 좋아할 사람은 아무도 없습니다. 그러므로 단 1페이지로 요약이 가능해야 하고 그것을 펼쳤을 때 다시 1,000페이지가 되도록 해야 합니다. 생략의 기술이죠. 상대, 상황, 타이밍에 따라 생략도 가능하고 확장도 가능해야 합니다.

알아야 생략도 가능하고 요약도 잘할 수 있습니다. 즉 1,000페이지에서 세 페이지, 세 페이지에서 한 페이지, 한 페이지에서 간단한 메모 정도로 기획이 간단해질수록 보고자의 전문성과 디테일은 반비례한다고 볼 수 있습니다. 그래서 아마추어의 간단한 기획에는 누락이 있지만 프로의 간단한 기획에는 생략이 있을 뿐입니다. 생략 뒤에는 보이지 않는 엄청난 내용의 디테일이 숨어 있다고 봐야겠죠.

서울에서 공부하던 시절 가끔 기차를 타고 고향을 오가던 때의 일입니다. 기차역 플랫폼에서 기차를 기다리다 보면 나이 듬직한 검수원이 한 뼘 남짓한 조그마한 망치 하나를 들고 왔다 갔다 하는 모습을 볼 수 있었습니다. '큰 덩치의 기차에 전혀 어울리지 않는 장난감처럼 작은 망치로 뭘 하겠다는 걸까?' 저는 늘 궁금했습니다. 호기심 가득했던 어린 대학생의 마음에 별별 생각과 상상이 다 들었죠. '뭔가를 점검하는 것 같은데 저 작은 망치로 가능할까?', '장군이 지휘봉을 갖고 다니듯 폼으로 들고 다니는 걸까?' 등입니다. 나중에 안 일이지만 그는 30센티미터의 작은 망치 한 개로 열차를 두들겨 보고 전해 오는 소리와 촉으로 열차의 이상 유무를 진단하고 있었던 것입니다. 망치 한 개에 검수원의 오랜 노하우가 집약돼 있었던 것이죠.

현대 미술의 거장 피카소도 마찬가지입니다. 파리의 한 카페에 피카소가 앉아 있었습니다. 그를 알아본 한 여인이 그에게 다가가 자신을 그려 달라는 부탁과 함께 원하는 만큼의 대가를 주겠다고 말했습니다. 간곡한 그녀의 청에 피카소는 단 몇 분 만에 여인의 모습을 그려 줬습니다. 그리고 그림을 건네며 50만 프랑을 요구했습니다. 여인은 깜짝 놀라 피카소에게 따져 물었습니다.

"불과 몇 분밖에 안 걸렸는데 어떻게 50만 프랑이나 받아요?"

피카소는 웃으며 이렇게 말했습니다.

"방금 당신을 그리는 데 걸린 시간은 단 몇 분밖에 되지 않았지만 당신을 이렇게 그릴 수 있게 되기까지 40년이 걸렸습니다."

피카소의 유명한 일화입니다. 그림을 그리는 시간은 단 몇 분이었지만 40년의 노력과 능력치를 기준으로 값을 제시한 것이죠. 보통 사람들 눈에는 간단한 스케치, 사소한 소리, 간단한 말 한마디지만 그 단순한 결과물이 나오기까지 수십 년 동안 축적된 경험과 지혜가 그 안에 스며 있는 것이죠. 나름대로 해석하자면 피카소가 5분간 연필을 잡은 값이 1만 프랑, 그림의 노하우 값이 49만 프랑이라는 것입니다. 단순함 속에 수많은 변화의 단층이 빽빽하고 밀도 있게 압축돼 있습니다.

세월을 견디며 경험을 축적하다 보면

이번에는 단순함에 내재된 밀도에 대해 이야기해 보겠습니다. 대체로 성공한 사람은 겉모습만 봐서는 수더분하고 소박해 보입니다. 그가 열어 놓은 창문과 담장은 낮아서 쉽게 넘어갈 수 있을 것 같고 그가 이룩한 성공도 쉽게 달성할 수 있을 것 같아 보입니다. 한마디로 단순해 보입니다.

성공한 사람들의 경험은 압축돼 밀도가 점차 높아집니다. 그래서 보이는 부분이 오히려 작게 보일 수 있습니다. 그들에 관한 수많은 자기 계발서나 성공 스토리에도 실제로 그것을 보고 성공하는 사람은 한정적인 것도 그 때문이고 여전히 그런 류의 책이 지속적으로 팔리는 이유도 바로 그 때문입니다. 눈여겨보지 않고 대개는 건성으로 보니까 보통 사람과 크게 특이점이 보이지 않죠.

고수일수록 축적된 생각과 경험의 밀도가 높아서 한눈에 알 수도 없고 증명하기도 쉽지 않습니다. 그러나 그가 치른 전쟁이나 프로젝트 결과를 보면 분명하게 드러납니다. 이때 하수의 눈에는 승리의 결과만 보이고 고수의 눈에는 축적된 경험치와 과정의 디테일이 보입니다. 하수는 단순하게 양파 껍질만 보니 단순하게 보이고 고수는 그 안에 겹겹이 싸인 속을 음미하니 복잡하게 보이는 것이죠. 그래서 무도(武道)에서도 고도로 진입할수록 그 몸놀림이 춤추듯 부드럽고 작고 느리지만 칼끝은 여유롭고 예리하고 강하고 빈틈이 없습니다. 고로 고수에게만 고수가 보입니다.

사실 여러분의 오십이라는 나이는 그냥 얻어진 것이 아닙니다. 그동안의 세월을 갈고닦고 견디고 극복하면서 축적된 삶입니다. 지금 세상은 돈, 명예 등 단순한 잣대로 업적과 사람을 평가하지만 이제는 그들의 시선에 의한 잣대를 거두셔도 됩니다. 여러분은 충분히 자신이 걸어온 길에서 나름의 고수입니다. 자신감과 자존감을 갖고 세상을 바라보시기 바랍니다.

내일은 새로운 날임을 기억하라

【 방심 】

적의 강한 곳을 피해 약한 곳을 공격하라.

避實擊虛
피실격허

6편 〈허실〉

전쟁과 테러의 특징은 갑작스러운 기습입니다. 지나고 나서 밝혀진 사실이지만 모두가 평화롭고 안전하다고 외칠 때, 즉 쉬는 날이 가장 위험합니다. 지난 2023년 10월 7일 하마스가 이스라엘을 공격한 날도 명절이었습니다. 7일은 유대력상 7대 절기 중 하나인 수코트(초막절)가 끝나는 안식일인 '심하트 토라(율법의 기쁨)' 축제일이었습니다. 과거 베트남전 대공세도 설날이었고 한국의 6·25전쟁도 일요일 새벽에 터졌습니다. 모두가 쉬는 때를 골라 벌어진 일들입니다. 바로 실(實)한 때를 피하고 허(虛)한 때를 공격하는 '피실격허'입니다.

1986년 4월 15일 미국이 리비아를 기습했을 때 아무도 그 거리를 날아와서 공격해 올지 상상하지 못했습니다. 거리가 아주 멀었지만 공격 시간이 짧고 행동도 돌발적이었습니다. 왕복 비행 시간만 13시간, 총 비행 거리 약 1만 킬로미터의 사상 최장거리 작전이었습니다만 단 12분 만에 성공적으로 공격을 마무리했습니다.

오전 4시 48분, 아무도 그 시간에 바다 한복판에 떠 있는 배를 공격해 올지 상상하지 못했습니다. 2011년 1월 21일에 있었던 '아덴만 여명 작전'도 피실격허였습니다. 한국 해군 특수전 요원들이 소말리아 해적에게 납치된 삼호주얼리호 선원 21명을 극적으로 구출했습니다. 청해부대 최영함은 링스 헬기의 엄호 사격 아래 고속 단정으로 특수 요원들을 삼호주얼리호에 투입시켰고, 그들은 격렬한 총격전을 벌인 끝에 오전 9시 56분 해적을 제압하고 21명 전원을 구출했습니다.

적과 몇 년을 대치해도 전쟁의 승패는 단 하루아침에 결정된다.

相守數年 以爭一日之勝

상수수년 이쟁일일지승

13편 〈용간〉

안전하다고 생각할 때가 가장 위험하다

스탈린은 히틀러가 소련을 침공하지 않을 것이라고 확신했습니다. 1939년 체결한 독·소 불가침 조약 때문이었죠. 그래서 조약의 경제 협력 조항에 따라 나치 독일을 지원하기 위해 1941년 6월 22일 새벽 1시 45분에 소련 군수 열차가 곡물을 싣고 독일과 소련 국경을 통과했습니다. 통과한 지 불과 1시간 반 후인 새벽 3시쯤에 나치 독일이 소련을 기습했습니다. 불과 1시간 30분 전까지만 해도 우방국이었던 나치 독일의 공격을 스탈린은 왜 까맣게 몰랐을까요?

스탈린은 자신의 전략과 배치되는 정보에는 귀를 기울이지 않았고 독일의 소련 침공 가능성을 경고한 중요한 정보들을 무시했습니다. 미 국무부 섬너 웰스 차관이 독일의 소련 침공 계획인 바바로사 작전을 알려 줬으나 관심을 보이지 않았습니다. 또 당시 소련 최고의 스파이 리하르트 조르게도 1941년 5월 19일 주일 독일 대사관을 통해 독일의 침공이 임박했다는 긴급 정보를 타전했으나 무시했고 결국 스탈린의 소련은 독일의 침공으로 국가적 재앙을 자초했습니다.

신사 협정은 국가 간의 전쟁은 물론 정치권에서도 여러 차례 등장합니다. 2007년 한국의 정당 대표들은 투명한 대선을 치르자며 자금 내역 공개, 지역주의·금권 공세 금지 등의 협약을 맺었지만 며칠 가지 못했습니다. 지난 대선 때 야당은 '원팀 협약식'을 하고 네거티브 공방 진화에 나섰으나 싸움은 더 격해졌죠.

특히 전쟁과 연관해서 우리는 신사 협정을 좋아합니다. 단어 '신사(gentleman)'의 유래는 15세기 영국으로 거슬러 올라갑니다. 장미 전쟁으로 귀족 수가 줄어들면서 영주권을 갖지 않은 부농들도 명문가 계층에 편입돼 '젠틀맨'으로 불렸습니다. 산업 혁명 뒤에는 자본가를 포함해 상류층 전반을 지칭했습니다. '신사 협정'이라는 용어가 정확하게 언제 만들어졌는지는 분명하지 않지만, 이 용어가 널리 쓰이게 된 것은 1947년 엘리아 카잔 감독의 〈젠틀맨 어그리먼트〉가 큰 사회적 반향을 일으키면서부터입니다. 외교, 법률 관계 등에서 통용되는 신사 협정은 성명, 선언 등 문서화하지만 법적 구속력이나 강제성이 없다 보니 벌칙도 없습니다. 오직 상호 신뢰를 기반으로 합니다. 그래서 신사 협정, 평화 협정을 맺고 사람들이 '안전하다', '평화다'라고 외칠 때가 가장 위험한 때라는 역설이 성립합니다. 손자는 "적이 공격하지 않을 것을 믿지 말라(無恃其不攻, 무시기불공)"라고 했습니다. 신사 협정은 '실'의 모습으로 포장된 '허'입니다. 그러므로 모든 신사 협정은 결과적으로 깨지기 위해 존재합니다.

오십은 인생에 익숙한 나이대입니다. 그리고 세상 모든 사고는 익숙함에서 일어납니다. 사람들은 과거를 기반으로 미래를 예측합니다. 잘하고 있다고 착각하고 10년 전에도, 어제도, 그제도 했던 일이라 내일도 그럴 것이라 생각합니다. 하지만 내일은 과거와는 전혀 다른 새로운 날입니다. 그럼에도 착각에 빠지는 것은 여태까지 연속돼 왔으니 앞으로도 그럴 것이라는 믿음 때문입니다. 일종의 함정이고 방심입니다. 오십에는 이런 믿음과 방심이 편견과 고집으로 자리 잡기 쉬운 나이입니다. 그러다가 남의 말을 잘 듣지 않는다거나 자기만의 판단으로 위험에 빠지기도 합니다. 끝까지 방심하지 마시고 내일은 새로운 날이라는 사실을 잊지 마시기 바랍니다. 인생의 모든 순간이 새로운 시작점입니다.

허울에
의미 부여 하지 마라

【 완장 】

장수는 진격할 때 명예를 구하지 않고 후퇴할 때 죄를 회피하지 않는다.

進不求名 退不避罪
진불구명 퇴불피죄

10편 〈지형〉

나이가 오십에 접어들면 이런저런 이유로 감투가 많아집니다. 본인이 원해서일 경우도 있고 어쩔 수 없는 경우도 있습니다. 중고등학교와 대학교, 대학원의 동창회, 고향 향우회, 교회 등 종교 단체, 친목 모임, 각종 포럼, 연구회, 골프 모임 등에서의 감투입니다. 감투는 회장, 총무, 간사, 사무총장, 고문, 명예 회장 등 이름도 기능도 다양합니다. 나이 오십이면 누구나 이런 감투 한둘은 갖게 되죠. 그래도 젊을 때는 실질적인 활동을 주로 하지만 점차 돈만 내는 명예직이 됩니다. 이때 주어진 대로 덥석덥석 감투를 쓰다 보면 돈은 돈대로 쓰고 불필요한 데 시간만 낭비하며, 잘못하면 엉뚱한 일에 연루돼 낭패를 보는 일도 생깁니다.

최근에 스포츠 예능 프로그램을 본 적이 있습니다. 주로 은퇴선수로 구성된 야구팀이 전국 고등학교, 대학교 등 아마추어 팀을 상대로 대결을 펼치는 프로그램입니다. 이 프로그램 PD가 '단장'이라는 이름으로 가끔 등장하고는 했습니다. 처음에는 '재미있게 하려고 그렇게 호칭하나 보다' 하고 웃어넘겼는데 보다 보니 진심인 것 같았습니다. 통상 PD는 보이지 않는 무대 뒤에서 기획 조정을 하는 사람입니다. 실제로는 프로그램을 좌지우지하지만 시청자 눈에는 보이지 않는 존재죠. 하지만 여기서는 너무 자주 등장해 존재감을 드러내는 바람에 마치 이 프로그램의 출연자 내지는 주인공처럼 보였습니다. 아마도 젊은 PD라서 명예와 감투를 좋아하는 본성을 감추기 힘들었으리라 짐작됩니다. 그러나 세상에는 보여야 좋은 경우와 보이지 않아야 좋은 경우가 있는 것 같습니다. 디바는 얼굴을 많이 보여 줘야 어울리지만 국가 정보 요원은 얼굴을 보이지 않아야 어울리는 것처럼 말이죠.

회사에서도 감투와 완장은 유용합니다. 통상 돈과 함께 직원이 가장 좋아하는 것이 칭찬과 격려입니다. 대개의 인간은 칭찬과 격려에 약하죠. 칭찬과 격려가 포장되고 공식화된 것이 바로 명예입니다. 명예는 보이지 않는 무형의 것이지만 이를 보이는 유형으로 가시화한 것이 훈장과 완장이죠. '최우수 직원' 같은 것입니다. 전통적으로 군이나 국가에서 많이 활용해 왔고 이를 극명하게 보여 주는 사례가 북한 체제라고 할 수 있습니다. 그들이 공식 석상에서 가슴에 주렁주렁 달고 나오는 훈장들을 보면 보기 민망할 정도입니다. 우리가 보기에는 민망스러운데 본인들은 자랑스러운가 봅니다.

대개의 인간은 돈을 좋아하고 감투에 춤추죠. 누구나 다소의 명예욕은 있습니다. 자제를 못하고 지나치니까 문제가 됩니다.

남이 주는 것에 연연하지 않는다

"성을 높이 쌓고, 식량을 널리 모으고, 왕으로 자처하는 일을 서두르지 말라."

명태조 주원장의 명나라 건국 기본 국책입니다. 특히 '왕으로 자처하는 일을 서두르지 말라'는 이 전략의 근본 목적은 원나라에 반하는 정치적 색채를 최대한 희석해 원나라 왕조의 경계심을 늦추는 것이었습니다. 또한 지나치게 일찍 원나라의 주력군 및 제후국 군대와 맞서게 되는 일을 피하거나 줄여서 그동안 차근차근 실력을 쌓는 데 있었습니다.

주원장은 이를 위해 형식적으로 소명왕과 군신 관계를 계속 유지했습니다. 그는 송나라 정권의 연호와 홍건적의 붉은 깃발을 그대로 사용해 자신이 소명왕의 신하임을 드러냈습니다. 주원장의 여러 벼슬은 모두 소명왕이 임명한 것입니다. 남경을 기반으로 활동하던 반란 세력 중의 하나인 진우량을 파양호 전투에서 격파한 후 주원장은 오왕으로 칭해졌지만 여전히 소명왕과의 군신 관계를 강조하며 자신에게 이목이 집중되는 것을 피했습니다.

과거 역사에서 스스로가 왕이라고 했던 자들은 다 망했거나 조기에 몰락했습니다. 항우는 거병 후 2년 만에 패왕으로 군림했고 다시 2년 만에 몰락했죠. 나폴레옹도 1804년 황제 즉위 10년 후 엘바 섬으로 유배되며 몰락했고, 고종도 일제하 몰락하는 조선 왕조의 황제라 칭했지만 허울에 불과했습니다.

R 광고 회사의 경우는 직원이 달랑 다섯 명뿐인데 명함을 보면 사장, 대표 이사, 부사장, 이사, 부장으로 전 직원이 임원입니다. 또 B 제약 유통 회사는 직원이 93명인데 20여 명의 영업 사원이 대부분 전무, 상무입니다. 충분히 의사 결정권을 위임받은 직원임에도 평사원증이나 대리 명함을 내밀면 통상 무시하는 경향이 있습니다. 고객은 항상 의사 결정 권한이 있는 사람과 거래하고 싶어 하죠. 그래서 중소기업에서는 이에 부응해 가짜로 또는 선행 개념으로 상위 직급을 허용하고 있습니다. 일반적으로 대기업과 중소기업의 직급 간 차이가 생기는 이유 중의 하나입니다. 예컨대 대기업 과장이라면 중소기업에서는 부장이나 이사가 되는 것이

죠. 이때 부풀려진 명함은 외부용이지만 한편으로 직원의 직급에 대한 허영과 명예욕을 채워 주는 완장 효과도 있습니다. 다소의 부족한 연봉도 명예욕으로 참을 수 있는 것이 인간이기 때문이죠.

대학의 시간 강사도 그렇습니다. 학생들이 불러 주는 '교수님' 호칭에 처음에는 어색해하다가 어느 순간부터 그 호칭의 매력에 빠져듭니다. 어쩌다 '강사님'이라는 진짜 호칭을 들으면 오히려 기분이 상하는 것이죠. 호칭의 부풀림은 사람을 기분 좋게 해 주는 효과가 있습니다만 실속 없이 그것에 빠져 있는 시간이 길어지다 보면 평생 그러고 지낼 수도 있습니다.

반대의 경우도 있습니다. A 디자인 회사의 사장은 직원이 달랑 일곱 명 있는 회사의 오너 사장인데 그의 명함에는 '실장'이라고 적혀 있습니다. 발주처 실무 담당이 대리급, 과장급이라서 그들에게 좀 더 편하게 접근하기 위해서죠. 비록 상대방이 '을'일지라도 거래처 사장이면 아무래도 일을 시키고 대하기가 껄끄러울 것을 배려한 전략적 '완장 허물기' 전략인 셈입니다. 경주 최 부자 집안의 가훈 중에는 "과거를 보되 진사 이상의 벼슬은 하지 마라"라는 말이 있습니다. 아마도 조선 시대 사색당쟁에 휘말리지 않기 위한 나름의 보신책으로 보입니다.

한편 직장에서의 완장은 성취 욕구를 자극하는 중요 요소지만 한편으로 너무 연연하다 보면 직장 노예로 전락할 가능성이 높습니다. 직급 호칭의 본질은 획득이라기보다는 '주어지는 것'이기 때문이죠. 특히 중소기업 사장은 언제든지 마음만 먹으면 호칭을 만들거나 주면 되는 사람입니다. 한마디로 사장은 완장 제작자입니다. 마음대로 제작해 던지는 사람과 그것을 하나의 성취로 생각하는 사람과는 생각 구조가 180도 다르죠. 직장인은 직급에 연연하고 사장은 그것을 대수롭지 않게 던지며 오직 수익에만 열을 올립니다. 그래서 직장인은 완장에 따라 기분이 업되기도 하고 다운되기도 합니다.

그러므로 왕이라는 칭호에, 완장에, 승진에 너무 많은 에너지나 의미를 부여하지 마시기 바랍니다. 특히 거품 낀 완장을 조심해야겠습니다. 적당하게 구하십시오. 오직 전투에만 집중하십시오. 승진하는 것과 무공 훈장, 인센티브, 폼 잡는 데만 신경을 곤두세운다면 자칫 판단을 흐리게 되고 인생의 다른 중요한 것들까지 날릴 수 있습니다. "진격할 때 명예를 구하지 말라", 손자가 바로 그 점을 지적한 것입니다.

약세는
강세로 전환한다

【 기세 】

'세'는 이익에 따라 나에게 유리하도록 상황을 만들어 가는 것이다.

勢者 因利而制權也
세자 인리이제권야

1편 〈시계〉

손자는 '세(勢)'의 목적을 《손자병법》의 총론이라고 할 수 있는 〈시계〉에서 분명히 밝힙니다. 여러 편에 걸쳐서 과하다 싶을 정도로 세에 대해 언급합니다. 그만큼 중요하다는 의미겠죠.

세에는 기세(氣勢)와 형세(形勢)가 있습니다. 다소 학문적이기는 하지만 리링 교수의 《유일한 규칙》을 참조해서 설명드리겠습니다.

기세의 '기'는 일반적으로 생명 에너지, 힘의 의미로 쓰입니다. '기분이 좋다', '기가 막힌다', '기가 차다', '기가 죽다', '기가 약하다' 등의 쓰임새입니다. 성경의 "흙으로 사람을 지으시고 콧구멍으로 생명의 호흡을 불어넣으셨다"라는 말씀도 같은 예라고 볼 수 있습니다. 기는 크기, 형체, 색깔, 무게와 냄새는 없지만 우리 몸을 움직이는 힘입니다. 이 '기'에 '세'가 합쳐진 것이 바로 기세입니다. 기세는 움직이는 힘의 흐름입니다. 형태도 없고 보이지는 않지만 분명 느낄 수는 있습니다. 다만 《손자병법》에서 기세는 '남에게 영향을 끼칠 기운이나 태도'로서 상대적인 의미를 내포하고 있습니다.

형세는 형상, 형태, 형식 등과 관련이 있습니다. '형'은 주로 정지 상태의 사물이나 고정돼 있는 모양을 말합니다. 형은 형태가 있어서 볼 수 있지만, 세는 형태가 없어 볼 수 없습니다. 그래서 형과 세는 별개가 아니라 동전의 양면과 같이 하나를 이루고 있습니다. 《손자병법》〈병세〉에서는 형세를 "강함과 약함을 결정하는 것이 진형이다(強弱 形也, 강약 형야)"로 언급하고 있습니다.

형세의 전형적인 모델이 진형(陣形, 전투 대형)이고 이의 기초가 되는 훈련이 바로 군대의 제식 훈련입니다. 군인이 받는 기초 훈련의 하나로 우리가 흔히 국군의 날에 보는 열병식이 제식의 전형이라고 할 수 있겠습니다. 제식 훈련은 전투나 전쟁과는 아무런 상관이 없는 듯 보이지만 제식이라는 형식 속에 세로 힘을 내재화

시키려는 것입니다.

따라서 기세는 보이지 않는 힘의 흐름이고 형세는 보이는 힘의 모양이라 보시면 되겠습니다.

흐름은 내 뜻대로 조정하는 것이다

스포츠에서는 세를 '흐름' 또는 '분위기'라는 표현으로 많이 사용합니다. 중계를 보면 해설자가 '흐름이 아주 좋습니다' 또는 '이런 흐름은 끊어 주는 것이 좋겠는데요' 등의 표현을 자주 사용합니다. 그만큼 스포츠에서는 경기가 진행되는 분위기, 즉 흐름이 경기의 승패를 망치기도 하고 좋은 결과를 이끌어 내기도 하기 때문이겠죠.

골프처럼 개인 멘털이 중요한 종목의 경우 긍정적인 흐름을 타면 좋은 결과를 불러올 수 있습니다. 스윙에도 자신감이 생기고 어떤 샷을 하더라도 잘 맞을 것 같습니다. 그런 흐름이 신체적으로도 긴장을 완화해 편안한 스윙을 할 수 있는 선순환을 타게 되는 것이죠. 반면 흐름이 좋지 않은 경우에는 불안감으로 자신감도 떨어집니다. 잘못될까 두려움이 앞서면 몸도 긴장해 경직되고 스윙도 순조롭지 않죠. 당연히 샷 결과도 좋지 않고 다음 홀에도 연결되는 악순환의 흐름을 타게 됩니다.

야구도 기세의 스포츠입니다. 선수 개개인뿐만 아니라 팀 전체의 기세 모두 중요합니다. 야구에서 팀의 이 모든 것을 아우르는 것이 기세입니다. 선수 개인이 상승세의 기회를 살리지 못할 경우 팀 전체에 위기감이 발생하고 이로 인해 투수나 수비에 영향을 미쳐 실제 위기로 이어질 가능성이 높습니다. 한 경기 내에서도 수차례 기세가 뒤바뀔 수도 있습니다. 결국 흐름을 잘 포착하고 잘 전환하는 팀이 강팀으로 살아남습니다.

농구 또한 기세가 중요한 스포츠입니다. 농구는 한 경기, 한 쿼터 내에서도 빠르게 흐름이 변하는 스포츠이기 때문에 순간순간의 기회를 잘 살리고 흐름을 잘 유지해야만 승리할 수 있습니다.

이때 이런 흐름을 인위적으로 조정하고 전환하려는 시도가 바로 작전 타임입니다. 특히 단체 종목인 농구, 배구, 탁구 등의 스포츠 경기에서 작전 타임은 경기 중 짧은 시간 안에 이뤄지지만 경기의 흐름을 완전히 뒤바꾸는 전환점 역할을 하는 것을 볼 수 있습니다. 경기 진행 중에 별도의 작전 타임이 없는 야구, 축구 등에서는 진행 중 또는 쉬는 시간을 활용해 감독과 선수들이 작전을 논의하거나, 사인을 준다거나, 선수 교체 등으로 흐름을 바꾸기 위한 시도를 합니다.

'작전 타임'에 더해 단체 경기의 경우 흐름을 바꾸는 방법이 바로 용인술입니다. 감독이 선수 이동이나 교체 등을 통해 흐름을 조정 컨트롤하는 것이죠. 비즈니스 세계에서 사장과 리더가 인사이동, 사장단 교체 등을 통해 조직의 분위기 조정이나 쇄신을 꾀하는 것도 같은 맥락입니다. 《손자병법》에서도 이점에 대해 분명하게 기술하고 있습니다.

> 능력 있는 자를 택해 임명하고 그에게 기세를 준다. 기세를 잘 조정하는 자는 전쟁을 할 때 병사들을 목석처럼 전환시킨다.
>
> 能擇人而任勢 任勢者 其戰人也 如轉木石
>
> 능택인이임세 임세자 기전인야 여전목석

5편 〈병세〉

경영에서도 흐름이 중요합니다. 한번 매출에 불이 붙어 상승 곡선을 그으면 한동안 그런 추세가 지속됩니다. 그 상승 곡선이 가파를수록 더욱 그렇습니다. 마치 주식 시장에서 주가 그래프가 상승할 때와 똑같습니다. 한번 추세선을 돌파하면 더욱 더 상승하려는 경향이 강해지는 것이죠. 회사 매출도 마찬가지입니다. 지지부진 횡보하던 매출이 어떤 동기나 자극으로 성장 추세에 들어서면 그러한 관성을 지속하려는 경향이 있습니다.

CEO는 이러한 추세선에 들어섰을 때 기회를 놓쳐서는 안 됩니다. 달리는 말에 더욱더 채찍질하듯 직원을 북돋우고 독려해 세를 이어가야 합니다. 물 들어올 때 노 젓는 것이죠. 대다수의 중소기업이 대기업 반열에 진입하지 못하고 성장 문턱에서 탈락하거나 머무는 이유는 바로 이 순간의 선택에서 CEO가 머뭇거리거나 가속의 힘을 더하지 못하기 때문입니다. 이를 두고 《손자병법》에서는 다음과 같이 말하고 있습니다.

전쟁을 잘하는 자의 기세는 둥근 돌을 천길 높이의 산에서 굴리는
것과 같다. 이것이 기세다.
善戰人之勢 如轉圓石於千仞之山者 勢也
고선전인지세 여전원석어천인지산자 세야

5편 〈병세〉

회사가 성장 추세에 진입했을 때 CEO는 '순간 출력'을 최대한
으로 높여 세를 유지해야 합니다. 성능 좋은 자동차의 기준을 '제
로백(0-100, 정지 상태에서 시속 100킬로미터까지 도달하는 시간
을 말하는 속어)'으로 삼는 것처럼 단시간에 최고의 속도를 내 지
금까지와는 다른 궤도, 다른 차원에 조직을 올려놓는 것이죠. 경
영에서도 이런 순간 고출력 능력을 활용한 추세선의 돌파가 기존
의 틀을 깨고 큰 회사로 탈바꿈하는 계기가 됩니다. 이때 사장이
머뭇거려 실기(失機)하거나 안주하면 늘 고만고만한 중소기업으
로 머물고 말겠죠.

구심력을 벗어나려는 용기
개인의 세에 대해서도 알아보겠습니다. 사람들은 누구나 어떤
식으로든 삶의 패턴을 갖고 그 패턴 속에서 살아가고 있습니다.

크게는 성공 패턴과 실패 패턴 두 가지입니다. 즉 성공하는 사람은 계속 성공의 세를 이어 가고, 실패하는 사람은 계속 실패의 세를 반복하는 경향이 있다는 것이죠. 마치 주식 시장에서 강세장, 약세장이 있는 것처럼 말이죠. 바로 세의 흐름 때문입니다.

'부자는 망해도 3대 간다'라는 말도 이런 기세의 결과입니다. 《부자 아빠 가난한 아빠 1》에서 저자 로버트 기요사키는 부자들이 따르는 돈의 규칙이 따로 있고, 부자가 아닌 사람들이 따르는 돈의 규칙이 따로 있다고 했습니다. 이때 규칙은 '세'라고 할 수 있습니다. '부자의 규칙을 따를 것인가, 가난의 규칙을 따를 것인가?'를 바꿔 말하면 '강세에 몸을 실을 것인가, 약세에 몸을 실을 것인가?'의 선택입니다.

가끔 성공 패턴을 이어 가던 사람도 어쩌다 실패를 맛보기도 합니다. 그러나 곧바로 실패에서 성공 패턴으로 되돌아오죠. 반대로 실패를 거듭하던 사람도 어쩌다 반짝 성공합니다. 하지만 곧바로 실패 패턴으로 되돌아가 불행의 세를 이어 가는 경향이 있습니다. 성공 되돌이표, 실패 되돌이표죠. 이렇게 되돌이표로 기운이 반복되는 핵심 이유가 바로 그 경향, 패턴, 세의 관성 때문입니다

관성은 다른 말로 안주라고 표현할 수 있습니다. 성공에 안주가 있듯이 실패에도 안주가 있습니다. 흔히 생각하기를 성공의 안주는 이해가 되지만 실패나 좌절의 바닥에서 무슨 안주가 있겠냐며 당연히 누구나 탈출하고 싶을 것이라 생각하겠지만, 바닥에서

너무 지치고 늘어지면 그 자체에 젖어 안주하기를 희망하는 심리도 생기나 봅니다. 영화 〈빠삐용〉에서 빠삐용은 수차례의 탈옥 시도 끝에 악마의 섬에서 자유를 찾아 떠나지만, 드가는 섬에 남아 닭과 돼지들을 키우면서 탈출의 기회를 스스로 포기하는 장면이 있습니다. 그 자리에 안주한 것이죠. 실패의 세흐름과 그 관성에 억눌려 주저앉아 버린 경우입니다. 저도 그런 경우를 본 적 있습니다.

코스닥 대표로 한창 활동이 왕성하던 중에 손님과 함께 강남의 유명한 곱창 집을 간 적 있습니다. 입구에 들어서는데 대학 동창을 만났습니다. 반갑다는 인사를 하는데 그의 손에 숯불이 들려 있었습니다. 속으로 짐작하기를 '이 친구가 전공을 접고 음식점을 차렸나 보다' 생각하고 잠시 뒤 "장사는 잘되나? 언제 개업한 거냐?" 조용히 물어봤습니다. 알고 보니 그는 그 집에서 2년 가까이 숯불 담당 종업원으로 일하고 있었습니다. 대학 때 성적도 좋았고 중소기업에 입사한 이후로 소식이 끊겼는데 퇴사 후 시작한 사업이 어려워져 알바를 하고 있는 중이었던 것이죠. 그 사정을 딱하게 생각한 나는 며칠 후 내 딴에는 오지랖을 발휘해 적당한 취직 자리를 제시했는데 그는 거절했습니다. 이유는 머리 쓰고 싶지 않고, 결론은 지금 그 상태에 만족한다는 것이었습니다. 이런 경우 물론 저의 주관적인 판단이지만 세의 관성에 굴복한 것이라고 밖에는 딱히 다른 이유가 생각나지 않았습니다.

성공을 계속 유지하는 것도, 실패에 좌절해 포기하고 주저앉는 것도 세입니다. 실패도 성공도 세입니다. 다만 그 세를 벗어나려면 이탈에 필요한 어느 정도의 속도가 필요합니다. 로켓이 지구 궤도를 이탈하려면 초속 11.2킬로미터의 속력이 필요합니다. 그래야 지구의 대기권을 벗어나 우주로 날아갈 수 있습니다. 지구를 벗어날 수 있는 힘(속도)입니다.

일정 수준 이상의 성공과 실패에서는 그 자리에 안주하려는 구심력과 벗어나려는 원심력 간의 갈등이 생깁니다. 그 상태를 벗어나려면 현재의 흐름을 넘거나 깨부술 수 있는 힘이 필요하겠죠. 즉 용기가 필요합니다. 이를 두고 《손자병법》에서는 다음과 같이 말하고 있습니다.

용맹과 비겁을 결정하는 것이 기세다.

勇怯 勢也

용겁 세야

5편 〈병세〉

성공이든 몰락이든 그 흐름에 한번 들어서면 빠져나오기 힘들 수 있습니다. 실패도 성공도, 좋은 일도 나쁜 일도, 행복도 불행도 습관입니다. 이왕이면 실패보다는 성공, 불행보다는 행복의 흐름을 타십시오. 단어의 뜻은 180도 다르지만 글자 수는 같습니다.

상황을 견디는 고민의 부피도 같습니다. 그러니 이왕이면 다홍치마, 행복의 흐름에 올라타십시오.

사실 〈빠삐용〉의 마지막 장면에서 드가나 빠삐용이나 왠지 제 느낌에는 둘 다 편안하게 보였습니다. 저는 그 장면에서 드가가 느끼는 바닥에서의 행복을 봤습니다. 정상에도 행복이 있지만 바닥에도 행복이 있을 수 있다는 것을 알았습니다. 하지만 가능하다면 드가의 행복보다는 빠삐용의 행복을 권하고 싶습니다. 드가처럼 섬에 남지 마시고 빠삐용처럼 섬을 떠나십시오. 당신의 용기를 응원합니다.

위태로울수록
멈추지 않는다

【 위즉동 】

나무와 돌은 편안한 곳에서는 움직이지 않고
위태로운 곳에서는 움직인다.
모난 것은 멈추고 둥근 것은 구른다.

木石之性 安則靜 危則動 方則止 圓則行
목석지성 안즉정 위즉동 방즉지 원즉행

5편 〈병세〉

　권투 선수가 평소에 로드웍과 줄넘기를 하고, 링에 오르기 전에
도 끊임없이 움직이며, 링에 올라서도 끊임없이 스텝을 밟는 이유
는 단 하나입니다. 움직여야 맞지 않고 상대의 움직임에 기민하게
대응할 수 있기 때문입니다. 기업도 그렇습니다. 꾸준히 움직여

야 합니다. 잘나갈 때도 움직여야 하고 위험할 때는 더욱 더 그리해야 합니다. 망할 뻔 했지만 꾸준히 움직이고 위기를 전환점으로 받아들여 다시 일어선 기업들이 있습니다.

위기를 기점으로 상승한 기업과 하강한 기업

준비를 늦추지 않았던 '태양의 서커스'

'태양의 서커스'는 1894년 캐나다 몬트리올에서 길거리 유랑 공연으로 시작해 20여 년 만에 세계 주요 대도시에 44개의 쇼를 동시에 공연하고 연 매출 10억 달러, 수익률 20퍼센트, 매년 관람객 수 1,500만 명을 달성하는 글로벌 기업이 됐습니다. 이는 브로드웨이 쇼 39개의 관객 수를 합친 것보다 많은 숫자입니다. 값싼 길거리 오락으로 폄하되던 서커스를 종합 예술의 경지로 끌어올린 태양의 서커스의 앞길에는 거칠 것이 없어 보였습니다. 하지만 2020년 초, 코로나19로 전 세계 44개에 이르는 모든 쇼가 중단됐고 매출은 '0'이 됐습니다. 법원에 파산 보호 신청을 하고 직원의 95퍼센트인 4,679명을 해고했습니다.

망해 가던 태양의 서커스가 부활한 것은 2020년 11월입니다. 시장에서 12억 7,500만 달러라는 기업 가치를 인정받고 신규 투자를 유치했습니다. 코로나19의 기세가 수그러들고 일상이 회복되기 시작하자 다시 살아나기 시작했습니다. 2021년 가을 〈미스테르(Mystere)〉, 〈비틀즈 러브(Beatles)〉 등 태양의 서커스의 상징 같은 라스베이거스의 상설 공연들이 차례로 돌아왔습니다. 미국 라스베이거스에서 팔린 티켓 판매량은 코로나19 이전인 2019년보다 더 많았습니다.

태양의 서커스는 일부 행정직을 빼고 팬데믹 기간에 해고됐던 직원 중 85퍼센트를 재고용했습니다. 부회장 다니엘 라마르는 이렇게 빨리 일어날 수 있었던 이유로 직원들을 꼽았습니다. 해고됐던 직원들은 다른 일을 하면서도 지하실, 차고 등 장소를 가리지 않고 계속 연습했고 다시 부름을 받았을 때 바로 갈 준비가 돼 있었습니다.

태양의 서커스가 다시 일어난 것은 브랜드의 힘과 위기의 상황에서도 항상 깨어 있는 마음으로 움직이면서 준비하는 직원들이 있었기 때문입니다. 이것이 바로 '위태로운 곳에서는 움직인다'는 "위즉동(危則動)"입니다.

주력 분야를 바꾼 소니

1980년대에서 1990년대 사이의 '소니' 하면 떠오르는 이미지는 '전자' 아니면 '워크맨'입니다. 당시 워크맨 없는 학생이 없었으니까요. 워크맨의 추억만 남기고 망했다던 기업, 소니가 되살아나고 있습니다. 최근 대박을 친 애니메이션 〈귀멸의 칼날〉이 소니의 작품입니다. 소니는 '전자'를 버리면서 되살아났습니다. 1980년대에서 90년대 세계 전자 시장을 제패했던 소니의 '3대 상품'은 워크맨,

바이오 노트북, 트리니트론 TV이었습니다. 소니 브랜드의 차별성은 '기술과 디자인의 연결'에 있었습니다. 타사를 압도하는 디자인과 장인 정신에 기반을 둔 견고한 만듦새, 탄탄한 품질은 애플의 창업자 스티브 잡스도 심취했을 정도입니다. 그는 디자이너들에게 수시로 "소니라면 어떻게 만들지 생각하라"라고 닦달했다고 합니다.

소니가 잘나갈 때는 1989년 컬럼비아 영화사를 34억 달러에 인수했고 2002년에는 AT&T로부터 뉴욕 고층 빌딩을 사들였습니다. 1990년대 중반에는 애플 인수도 검토했을 정도입니다. 하지만 그랬던 소니도 기세가 꺾였습니다. 2003년 4월, 불과 이틀 만에 주가가 27퍼센트 폭락하는 '소니 쇼크'를 맞습니다. 이후 2009년부터 2014년까지 연속 적자의 늪에 빠졌고, 2012년에는 국제 신용 평가사 피치가 소니의 신용 등급을 투자 부적격 수준인 'BB-'로 강등했습니다.

세상의 변화에 맞춰 능숙하게 성공을 취하라.

能因敵變化而取勝

능인적변화이취승

6편 〈허실〉

그랬던 소니가 10년 만에 부활했습니다. 더 이상 가전 브랜드가 아닌 소니 뮤직, 소니 픽처스를 앞세운 문화 콘텐츠 강자로서입니다. 〈귀멸의 칼날〉, 〈더 라스트 오브 어스〉 같은 인기 PC 게임과 드라마 등도 소니의 대표 상품입니다. 소니가 처음으로 영업 이익 1조 엔(약 9조 원)을 돌파한 2021년도 매출 중 27퍼센트가 게임·네트워크 서비스 부문입니다. 여기에 음악(11퍼센트), 영화(12.2퍼센트) 등을 더하면 그룹 매출의 절반 이상을 게임과 미디어가 차지했죠. 2000년만 해도 소니 매출의 69퍼센트가 전자였고 게임(9퍼센트)과 음악(9퍼센트), 영화(8퍼센트)의 비중이 미미했던 것과 대비됩니다. 변화를 위한 소니의 다음 도전은 전기차입니다. 소니는 2020년 세계 최대 ICT 전시회인 CES에서 전기차 플랫폼인 비전S 프로토타입을 발표했습니다.

시장의 변화를 읽지 못한 도시바

한때 일본을 대표하던 전자 기업 도시바가 2023년 12월 20일부로 상장 폐지됐습니다. 1949년 도쿄 증시에 상장된 이후 74년 만입니다. 도시바는 약 150년 전인 1875년 도쿄 긴자에서 과학 기술자 다나카 히사시게가 지은 '다나카 제작소'라는 이름으로 설립됐고, 이후 인수 합병을 거쳐 현재 '도시바'라는 상호를 갖게 됐습니다. 1980년대에서 1990년대 반도체, 노트북 등에서 세계 시장을 주름잡으며 일본 대표 기업으로 이름을 날렸지만, 이후 한국 등 후발주자와의 경쟁에서 밀리며 내리막길을 걸었습니다. 사업성

없는 사업은 유지하고 수익성 있는 사업은 매각하는 등 시장 변화를 읽어 내지 못한 결과였습니다. 위태로운 곳에서는 움직이라 "위즉동"을 소홀히 한 것입니다.

끝났다고
끝난 것이 아니다

【 인생의 오후 】

끝났는가 싶더니 다시 시작하는 것이 해와 달 같다.
죽었는가 싶더니 다시 살아나는 것이 사계절 같다.

終而復始 日月是也 死而復生 四時是也
종이부시 일월시야 사이부생 사시시야

5편 〈병세〉

과학과 문학의 경계를 넘나드는《이기적 유전자》로 유명한 리처드 도킨스는《리처드 도킨스, 내 인생의 책들》말미에서 다음과 같이 말했습니다.

"우리는 운이 좋아서 태어나는 특권을 누렸다. 왜 우리 눈이 열

리고 지금처럼 볼 수 있는지를, 그 눈이 영원히 감기기 전 짧은 시
간 동안 이해할 기회를 선사받았다."

우리도 오십 이후에 이렇게 여유로운 덕담을 할 수 있는 인생
이 되면 좋겠습니다. 하지만 대부분의 인생은 여유 있는 도킨스와
는 좀 다른 것 같습니다. 현대를 살아가는 우리는 대부분 힘들게
살아가는 구조 속에 있습니다.

먼저 우리는 미리 이 시대, 이 지역, 이 사회 집단에 속하기를
계획하고 태어나지 않았습니다. 어쩌다 여기에 온 것입니다. 더구
나 나의 성격, 뇌 구조 같은 것들을 우리 부모님이 미리 계획했을
리도 없습니다. 부모가 만나다 보니 내가 태어난 것입니다. 마찬
가지로 내 아들딸도 우리 부부의 계획대로 진행된 일이 아닙니다.
"생물은 유전자의 자기 복제 속에 만들어진 기계적 존재에 불과하
다"라는 도킨스의 말처럼, 그들의 유전자와 성격은 내 의지가 작
용해 설계한 것이 아니라 조물주의 보이지 않는 힘에 의해 주어진
것입니다. 그리고 보면 내가 태어나기도 전에 이미 나의 인생 일
정은 나도 모르게 시작된 것이나 마찬가지입니다.

이렇게 계획하지는 않았지만 어쩔 수 없이 주어진 일정들이 일
생을 두고 계속 이어져 갑니다. 예컨대 태어나 젖을 먹고, 걸음마
를 배우고, 유치원에 가고, 초등학교에 입학해서 뭔가를 배우는
일입니다. 규칙적으로 정해진 길을 따라가는 일정입니다. 이런 일

정은 짧게는 십 대 후반까지고 대개는 이십 대 중반까지도 계속됩니다. 부모라는 권위로, 의무 교육이라는 제도로 우리는 인생 선배들의 지식과 기존의 노하우를 익히고 받아들입니다. 미성년이라는 이름표를 달고 부모님의 교훈을 받아들입니다. 닭장의 새들이 주어진 먹이를 받아먹는 것처럼 말이죠. 이렇게 주어진 삶에서 나의 삶으로 깨어나는 때가 이십 대쯤이고 생활 전선에 뛰어들어 정신 없이 살다가 또다시 2차로 자아가 깨어나는 때가 대략 오십 대 전후가 됩니다. 이때 사람들은 흔히 자기가 살아온 인생의 결과물을 여러 가지 각도로 평가해 보기 시작합니다. '이것이 내 능력 덕분인가? 아니면 노력 덕분인가? 그것도 아니라면 운인가?' 하고 말이죠.

최근 저는 '인생 성취의 8할은 운'이라는 내용의 글을 읽었습니다. 처음에는 '사주 명리학자의 이야기인가? 아니면 점술가나 예언가의 글인가?' 생각했다가 글쓴이가 비교적 젊은 경제학 교수라는 것을 알고 부쩍 관심을 가졌죠. 《경제학이 필요한 순간》의 저자 김현철은 사회를 치료하는 의사가 되고 싶어 경제학 박사 학위를 받은 사람입니다. 젊고 유능한 사람이 인생의 8할이 운이라고 하니 갑자기 관심이 생겼고 한편으로 위로가 되기도 합니다.

서둘러 경기를 끝내지 마라

오십이 되면 좋든 싫든 지나온 과거에 대해 자평을 하지 않을 수 없습니다. 자평까지는 아니라도 지나온 흔적과 결과물에 대해 여러모로 생각이 많아지는 것은 어쩔 수 없는 일입니다. 이때 생각해야 하는 문제가 '나의 실력이 과연 어디에서 온 것인가'입니다. 그 근원지를 생각해 보는 것입니다. 성공해 좋은 결과를 냈든 실패로 점철된 인생을 살았든 말입니다.

먼저 인생에서 좋은 실적을 낸 경우부터 얘기해 보겠습니다. 결론부터 말하면, 주어진 재능과 부가 오롯이 자기의 재주인 양 뻐기는 것은 어릴 적 치기입니다. 젊을 때는 몰라도 오십 이후에는 좀 자중해야겠죠. 이제 그런 교만에서 벗어날 때가 됐습니다. 주어진 80으로 100을 이뤘다고 하더라도 자기 실력은 20뿐이고 실제 달성률도 25퍼센트니 겸손해져야 한다고 생각합니다. 한 발 더 나가면 겸허해야겠습니다. 겸손은 남들에게 나를 낮추는 것이지만 겸허는 스스로 자신의 존재에 대해 묵상해 보는 것이니까요.

반대로 실패로 점철돼 살아온 사람들은 용기와 희망을 가져야겠죠. 그 정도까지는 아니더라도 기는 죽지 말아야 합니다. 유명한 사람, 대단한 사람에 비해 상대적으로 인생이 초라하다고요? 그 사람에 비해 절반도, 10분의 1도 안 된다고요? 외형만 봐서는 그럴지도 모릅니다. 하지만 평가 기준을 달성률로 바꾸면 달라집니다. 20에서 출발해 50, 60까지 달려왔으니 얼마나 대단합니까? 절대 수치에서는 80이 주어진 사람보다 좀 밀리겠지만 달성률은 무려 150퍼센트에서 200퍼센트 훨씬 높습니다.

제 결론은 이렇습니다. 잘한 것도 못한 것도 모두 지나간 과거일 뿐이니 인생의 절반에서 그리 크게 자신을 탓하거나 자책하거나 실망할 필요가 없다는 것입니다. 지나간 과거의 8할은 김현철 교수의 말마따나 운 탓일 뿐이라는 핑곗거리도 생겼으니 이참에 접어 두고 이야기 할 수 있어 마음이 참 편안합니다. 컴퓨터를 리셋해 재부팅하는 기분입니다.

끝났다고 끝난 것이 아닙니다.
終而復始
종이부시

5편 〈병세〉

오십, 이제 막 인생의 오후가 시작됐습니다. 그런데 사람들은 마치 경기 종료 휘슬이라도 울린 것처럼 낙담하고 경기장을 떠나려고 합니다. 그리고 육십, 퇴직 후에는 오로지 먹고 마시고 산과 바다를 찾고 팔도 관광 유람을 하며 마지막 한순간이라도 더 즐겨보려는 생각으로 다들 부산합니다. 노는 데 포한이 맺힌 사람들처럼 미친 듯이 집중합니다. 놀고 마시고 쉬는 것이 나쁘다는 것은 아닙니다. 다만 지레 경기장에서 빠져나오려고 서두르지는 말자는 것입니다. 괴테는 유명한 장편 희곡 〈파우스트〉를 23세에 집필하기 시작해서 죽기 1년 전인 82세에 이르기까지 무려 60년에 걸쳐 완성했습니다. 지금 여러분이 하고 있는 일들도 아직 끝나지 않았습니다. 지혜의 상징 솔로몬은 말했습니다.

"아침에 씨를 뿌리고 저녁 때까지 손을 쉬지 마라. 어떤 것이 성공할지, 이것일지 저것일지, 혹은 둘 다 잘될지 네가 모를 일이다."

그렇습니다. 아직 경기 종료 휘슬이 불지 않았습니다. 당신 몸의 세포는 지금도 여전히 매일 약 3,300억 개의 세포를 갈아 치우고 있으며 매일 새로 태어난 세포들이 당신의 지휘봉을 바라보고 있습니다. 당신의 인생 경기는 오늘도 계속 진행 중입니다. 우리 앞에 놓인 삶이 짧을지 길지 언제 끝날지 아무도 미리 알 수 없습니다. 그러니 가는 데까지 가 봐야죠. 이제 겨우 오십인 걸요.

참고 문헌

책

《100세까지 즐기는 골프의 기본》, 유응렬 지음, 가림출판사, 2022
《3분 고전》, 박재희 지음, 김영사, 2023
《갈등 해결의 지혜》, 강영진 지음, 일빛, 2009
《군주론(초판본)》, 니콜로 마키아벨리 지음, 이시연 옮김, 미르북컴퍼니, 2019
《김종필 증언록》, 김종필 지음, 와이즈베리, 2016
《나는 누구인가》, 강신주 외 5명 지음, 21세기북스, 2016
《나와 타인을 번역한다는 것》, 줌파 라히리 지음, 이승민 옮김, 마음산책, 2023
《눈치》, 유니 홍 지음, 덴스토리, 2020
《대원군과 명성황후의 도전과 응전》, 육광남 지음, 유페이퍼, 2017
《도둑맞은 집중력》, 요한 하리 지음, 김하현 옮김, 어크로스, 2023
《리처드 도킨스, 내 인생의 책들》, 리처드 도킨스 지음, 김명주 옮김, 김영사, 2023
《부자 아빠 가난한 아빠》, 로버트 기요사키 지음, 황금가지, 2000
《사장으로 견딘다는 것》, 최송목 지음, 유노북스, 2021
《삶을 위한 죽음의 심리학》, 권석만 지음, 학지사, 2019
《소설 손자병법》, 정비석 지음, 은행나무, 2002
《손자 군사사상과 병법이론》, 이병호 편역, 울산대학교 출판부, 1999
《손자병법》, 손무 지음, 박창희 해설, 플래닛미디어, 2017
《손자병법》, 손무 지음, 유동환 옮김, 홍익출판사, 2022
《손자병법 교양강의》, 마쥔 지음, 임홍빈 옮김, 돌베개, 2009
《손자병법, 동양의 첫 번째 철학》, 임건순 지음, 서해문집, 2016
《손자병법의 탄생》, 웨난 지음, 심규호·유소영 공역, 일빛, 2011
《손자, 이기는 경영을 말하다》, 궁위전 지음, 와이즈베리, 2011
《손정의의 선택》, 소프트뱅크 아카데미아 특별 강의 지음, 김정환 옮김, 소프트뱅크커머스, 2013
《수축사회》, 홍성국 지음, 메디치미디어, 2018
《실전사장책》, 최송목 지음, 메타세쿼, 2023

《심플, 결정의 조건》, 도널드 설 지음, 와이즈베리, 2016

《숨겨진 차원》, 에드워드 홀 지음, 최효선 옮김, 한길사, 2013

《오륜서》, 미야모토 무사시 지음, 양원곤 옮김, 미래의창, 2002

《유일한 규칙》, 리링 지음, 임태홍 옮김, 글항아리, 2013

《이기적 유전자》, 리처드 도킨스 지음, 홍영남·이상임 옮김, 을유문화사, 2018

《인생은 순간이다》, 김성근 지음, 다산북스, 2023

《인생은 왜 50부터 반등하는가》, 조너선 라우시 지음, 김고명 옮김, 부키, 2021

《작물보다 귀한 유산이 어디 있겠는가》, 한상기 지음, 지식의날개, 2023

《작은 승리의 법칙》, 이성민 지음, 나무와 열매, 2019

《잘되는 회사 안되는 회사의 법칙》, 후지노 히데토 지음, 유수경 옮김, 아카데미북, 2001

《지켜야 법이다》, 박유미 지음, 김정환·박성철 감수, 명인문화사, 2021

《천하제일 도둑》, 박운규 지음, 정승희 그림, 문학과지성사, 2006

《초심으로 읽는 글로벌 시대 손자병법 해설》, 신병호 지음, 행복에너지, 2021

《칭기스칸의 리더십 혁명》, 김종래 지음, 크레듀, 2006

《트렌드 코리아 2024》, 김난도 외 10인 지음, 미래의창, 2023

《푸코, 바르트, 레비스트로스, 라캉 쉽게 읽기》, 우치다 타츠루 지음, 이경덕 옮김, 갈라파고스, 2010

《품격》, 이시형 지음, 중앙북스, 2011

《하루 5분 손자병법》, 안토니 커민스 지음, 박은희 옮김, 동글디자인, 2022

《한국 고전소설사 큰사전》, 조희웅 지음, 지식을만드는 지식, 2017

논문

〈국제경영에서 손자병법의 적용에 관한 연구〉, 이영·오한모, 전북대학교 산업경제연구소, 2016

〈손자병법과 국제경영전략〉, 이우채, 2020

〈손자병법에 나타난 전쟁사상 연구〉, 양은식, 경상대학교 행정대학원, 2006

〈손자병법의 性格에 관한 연구〉, 박재일, 논산 : 국방대학교, 2019

〈손자의 전쟁관과 정치사상〉, 고가, 서울대학교 대학원, 2019

〈행복지수 개발에 관한 연구〉, 김미곤 외 4명, 한국보건사회연구원, 2017

〈不渡企業과 그 徵候에 關한 考察〉, 오만식, 경기대학교 경영대학원, 1992

기사·칼럼

〈148년 만에 몰락한 도시바의 교훈〉, 중앙일보, 2023

〈200쪽 골프 규칙 너무 복잡, 명랑골퍼는 8쪽 요약본이면 충분〉, 최진하, 중앙선데이, 2024

〈거대한 가속의 시대〉, 양성희, 중앙일보, 2023

〈"고개 들어 별들을 보세요… 나는 자유롭습니다" 스티븐 호킹의 주옥같은 어록〉, 황효원·이진경, 아시아경제, 2018

〈골프 라운드 중 흐름 활용법〉, 마인드골프, 2014

〈골프 손자병법-(6) 임팩트와 어드레스〉, 유응렬, 한국일보, 2005

〈기란 무엇인가 氣(기)란 무엇인가 / 홍익공과 氣사랑방〉, 씨앗도사 김형동, 고려신문, 2017

〈김기현, '퍼스트 펭귄'이 돼야〉, 류시훈, 한국경제, 2023

〈김성근 감독 "손가락도 길이 다르지만 제 역할이 있다"〉, 김창영, 경향신문, 2008

〈끝이 안 보이는 우크라이나 전쟁…다발 전쟁 시대 대비해야〉, 신각수, 중앙일보, 2023

〈나는 '참치형'인가 '가자미형'인가?〉, 고두현, 한국경제, 2024

〈나를 어루만지는 타인의 손〉, 이은혜, 중앙일보, 2023

〈나이와 권위〉, 김종경, 경상일보, 2006

〈노병천의 손자병법 인문학 - 세상은 속임수로 가득하다〉, 노병천, 방송과 기술, 2017

〈노이요지(怒而撓之)〉, 이정랑, 충청메시지, 2020

〈대단한 불혹의 윌리엄스 자매〉, 박강현, 조선일보, 2023

〈"더는 韓서 일 못한다" 美간호사 시험 보는 간호사 8,350명〉, 채혜선·정은혜, 중앙일보, 2023

〈등록 쉬운 인터넷신문…한 사람이 제호 90여 개 소유도〉, 유정무, 반론보도닷컴, 2023

〈뛰는 놈 위에 나는 놈〉, 조경구, 동아일보, 2016

〈리차드 윌리엄스의 테니스 성공 신화〉, 이진국, 테니스피플, 2012

〈망한 줄 알았던 태양의 서커스, 어떻게 살아났나〉, 김수현, SBS뉴스, 2023

〈매출 제로·직원 해고 딛고… '태양의 서커스' 귀환〉, 이태훈, 조선일보, 2023

〈무기 수출? 자랑할 일인가〉, 금강, 중앙일보, 2023

〈미국 정부는 최고의 엔지니어들을 어떻게 영입했을까?〉, 신수정, 네이트 뉴스, 2023

〈"미국에 협조하라, 아니면 석기 시대로 되돌려 놓겠다"〉, 주성하, 동아일보, 2006

〈미 "협력하지 않으면 석기 시대로 만들겠다" 파키스탄 위협〉, 윤동영, 한겨레, 2006

〈민주당식 신사 협정〉, 홍영식, 한국경제, 2023

〈번개 치듯…105초 만에 끝낸 엔테베 구출〉, 노병천, 중앙선데이, 2012

〈부도 30가지 징후〉, 매일경제, 1992

〈부전승은 공짜 아니다 … 그 뒤엔 보이지 않는 '힘' 있다〉, 노병천, 중앙선데이, 2011

〈불가근 불가원〉, 이철, 기독신문, 2002

〈비서실장에게 던진 이건희의 티스푼, 질경영 시발점 됐다〉, 김영욱, 중앙선데이, 2023

〈비이교지(卑而驕之), 저자세를 취하여 교만하게 만든다〉, 이정랑, 뉴스프리존, 2021

〈성공하고 싶다면 '이기는 싸움'만 하라〉, 신현만, 매거진 한경, 2016

〈숍매니저가 고객 마음 읽는 법은?〉, 권재현, 경향신문, 2006

〈승자의 저주〉, 류시훈, 한국경제, 2023

〈신뢰도가 꼴찌인 집단〉, 김정기, 중앙일보, 2023

〈아프리카 농민의王, 치매 아내 간병 '한국인 슈바이처'〉, 김성윤, 조선일보, 2020

〈안희정과 '제왕적 리더십'〉, 김방현, 중앙일보, 2023

〈'어썸킴'의 골드글러브 수상〉, 윤성민, 한국경제, 2023

〈"연합군 노르망디 안 올 것" 히틀러 오판, 2차 대전 패배〉, 최성규, 중앙선데이, 2023

〈열일한 당신 떠나라, 작곡가 로시니 37세에 펜 놓은 이유〉, 민은기, 중앙선데이, 2023

〈오너들의 경영 수업, 3가지 방법은?〉, 서명훈·이상배·유현정, 머니투데이, 2012

〈왜? 끊임없이 자신에게 질문, 경기 즐기기보다 미쳐야〉, 정영재, 중앙선데이, 2023

〈요즘 유행하는 '구구팔팔·일이삼사'를 아십니까?〉, 박명윤, 아시아기자협회, 2016

〈우직지계(迂直之計)〉, 박재희, 농민신문, 2023

〈"의사 연봉, 약사의 3배 간호사의 5배"⋯의료 분야 직종별 임금 격차 심화〉, 기정훈, YTN, 2022

〈"의전 중독, 여성 편력⋯ 우상 안희정은 이렇게 몰락했다"〉, 김지은, 한국일보, 2023

〈이스라엘 국방 "레바논을 석기 시대로"⋯헤즈볼라에 또 경고〉, 박진형, 연합뉴스, 2023

〈이쟁일일지승(以爭一日之勝) — 손자(孫子) 용간 제13편〉, 노병천, 군사저널, 2016

〈인도네시아 세계 최장수 노인 146세로 숨진 사연〉, 한인포스트 인도네시아, 한인포스트, 2022

〈"인생 성취의 8할은 운⋯골고루 운 나누는 게 국가 역할"〉, 서경호, 중앙일보, 2023

〈인생 오후 '1에서 0으로' 변화〉, 김경록, 중앙일보, 2023

〈"일본 기술의 자부심이었는데"⋯150년 기업, 74년 만에 상장 폐지〉, 신윤재, 매일경제, 2023

〈임원들 LA로 부른 이건희 회장의 특명 "쇼핑하고 오라"〉, 김영욱, 중앙선데이, 2023

〈재해를 길들일 수 있을까? 재해와 사고를 예측한 하인리히 법칙〉, 최혜원, 기술과 혁신, 2022

〈전유성 "지금도 '지구에 처음 온 사람처럼' 호기심을 먹고 삽니다"〉, 구은서, 한국경제, 2023

〈전쟁 앞두고 장교 수당 100만 달러로 올린 히틀러〉, 임근호, 한국경제, 2023

〈정치에서 도덕이란 外皮를 찢어버리다!〉, 임건순, 월간조선, 2019

〈조선 시대에는 다섯 살 차이 나도 친구였대요〉, 지호진, 조선일보, 2019

〈'직원 대비' 최고 연봉 CEO 김택진⋯이재현·정용진·이부진 제쳤다〉, 동아일보, 2023

〈청원 경찰 은메달리스트〉, 서화동, 한국경제, 2023

〈출기불의(出其不意)〉, 김원중, 동아일보, 2012

〈캄보디아 김연아' 피아비 "한국, 뭐든 가능한 기회의 땅"〉, 신수민, 중앙선데이, 2023

〈판매-소비자 '정보 비대칭' 줄이니 신뢰도 쑥쑥〉, 전성민, DBR, 2020

〈퍼플레인 출신 피아니스트 이나우 "청중 마음 가져올 자신 있다"〉, 김호정, 중앙일보, 2021
〈평범하거나 몰락하거나…한국 영재들 수난사〉, 노영현, 일요신문, 2023
〈"한 줄이라도 더 긋고 싶다" 멈춤 없던 '연필 수행자'〉, 이은주, 중앙일보, 2023
〈"한화, K-9 생산 2배 늘려…한국, 세계 5위 무기수출국될 듯" WSJ〉, 무역뉴스
〈AI 세상, 올해의 단어는 '진짜'〉, 오로라, 조선일보, 2023
〈F-22, B-52 수도권 상공 출격… 미국 '3개의 전선 끄떡없다' 과시〉, 이근평, 중앙일보, 2023
〈KGB 미 전역 실시간 감시, 육류 도축량 등 292개 징후 수집〉, 최성규, 중앙선데이, 2023
〈難得糊塗〉, 신경진, 중앙일보, 2010
〈敵은 밤에 도둑같이 오리라〉, 윤성민, 한국경제, 2023

블로그

https://blog.naver.com/choebuja/220940972480
https://blog.naver.com/ebay0415/220701947751
https://blog.naver.com/phyton538/221545351077
https://m.cafe.daum.net/iamceo/4kJz/383
https://next-archi.tistory.com/87
https://post.naver.com/viewer/postView.nhn?volumeNo=31393986&member-No=23003980

사이트

https://brunch.co.kr/@jinpyo15/1
https://ersan.tistory.com/416
https://hwj8888.tistory.com/41
https://wwwdev.kmooc.kr/asset-v1:SKKUk+SKKU_34+2019_T1+type@asset+block@ArtofWar_10.pdf